中国传媒大学青年学者译丛
媒介与艺术系列　段　鹏　主　编
　　　　　　　　关　玲　副主编

创意经济与文化
创意产业的挑战、变革与未来

［澳］约翰·哈特利（John Hartley）　著
温　雯　李士林
罗　青　邢玉堂　李朝渊　毕建录　译

Creative Economy
and Culture

Challenges, Changes and
Futures for the Creative Industries

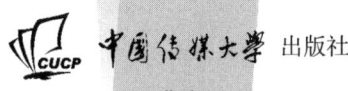
·北京·

图书在版编目(CIP)数据

创意经济与文化：创意产业的挑战、变革与未来 /（澳）约翰·哈特利（John Hartley），温雯，李士林著；罗青等译. -- 北京：中国传媒大学出版社，2021.2
（中国传媒大学青年学者译丛 / 段鹏主编. 媒介与艺术系列）
书名原文：Creative Economy and Culture：Challenges，Changes and Futures for the Creative Industries
ISBN 978-7-5657-2746-7

Ⅰ.①创… Ⅱ.①约… ②温… ③李… ④罗… Ⅲ.①文化产业—产业发展—研究 Ⅳ.①G114

中国版本图书馆 CIP 数据核字（2020）第 142577 号

Creative Economy and Culture：Challenges，Changes and Futures for the Creative Industries© John Hartley，Wen Wen and Henry Siling Li 2015
本书中文简体中文字版专有翻译出版权由 SAGE Publications，Ltd. 公司授予中国传媒大学出版社。未经许可，不得以任何手段和形式复制或抄袭本书内容。
著作权合同登记号 图字：01-2017-0258

创意经济与文化：创意产业的挑战、变革与未来
CHUANGYI JINGJI YU WENHUA：CHUANGYI CHANYE DE TIAOZHAN、BIANGE YU WEILAI

主　　编	段　鹏
著　　者	［澳］约翰·哈特利（John Hartley）
	温　雯　李士林
译　　者	罗　青　邢玉堂　李朝渊　毕建录
责任编辑	蒋　霞
特约编辑	刘　楠
责任印制	李志鹏
封面设计	运平设计

出版发行	中国传媒大学出版社
社　　址	北京市朝阳区定福庄东街 1 号　　邮　编　100024
电　　话	86-10-65450528　65450532　　传　真　65779405
网　　址	http://cucp.cuc.edu.cn
经　　销	全国新华书店
印　　刷	北京玺诚印务有限公司
开　　本	787mm×1092mm　1/16
印　　张	14.5
字　　数	250 千字
版　　次	2021 年 2 月第 1 版
印　　次	2021 年 2 月第 1 次印刷
书　　号	ISBN 978-7-5657-2746-7/G·2746　　定　价　66.00 元

本社法律顾问：北京李伟斌律师事务所　郭建平
版权所有　翻印必究　印装错误　负责调换

中国传媒大学青年学者译丛

总　序

从广播电视到互联网、移动互联网，传媒让这个世界变得绚丽多姿、神奇诡秘。传媒正在急速地改变这个世界，通过新闻传播，人类分享现实中的信息资讯，通过艺术，人类分享脑海中的想象力。基于传播科技百年激荡的新闻传播和艺术学，推动着历史发展，也影响着历史发展。

中国传媒大学是中国传媒人才的摇篮，建校六十多年来，为信息传播领域输送了大批高层次人才。从培养高层次、复合型创新人才的社会责任出发，中国的传媒事业亟须高校培养出一批谙熟新闻传播规律和艺术传播规律并具有创新意识和创作才能的新闻人才和艺术人才。

在全国众多高校中，中国传媒大学以在信息传播领域"小综合"的学科特色而闻名，2017年入选首批"世界一流学科建设高校"，新闻传播学、戏剧与影视学入选教育部"双一流"建设学科名单。同年12月，在教育部学位与研究生教育发展中心公布的全国第四轮学科评估结果中，新闻传播学、戏剧与影视学这两个一级学科均拿到了A+名次。从"双一流"学科建设的教育使命出发，中国的传媒事业亟须高校在媒体融合发展的顶层设计下，推进理论体系、教学理念、教学内容、方法手段、体制机制等全方位的创新研究，成为国家传媒事业发展强有力的理论支持和智力支持力量。

因此，在整个世界传统媒体与新兴媒体融合发展的时代大背景下，我校文科科研处于2015年着手组织翻译出版一套"中国传媒大学青年学者译丛"，借此整理西学前沿著作，以期对当代中国新闻传播和艺术学在理论建设和成果创新方面提供借鉴，帮助广大传媒学者和媒体一线从业者寻找解决问题的途径。

此套丛书的译介工作由中国传媒大学与新闻传播领域的国际权威出版机构SAGE国际出版集团合作，遴选了两批共计18册由SAGE出版并经过教学与实践严格检验的优秀书目，力求全面、系统地反映出当下新闻传播和艺术学在理论研究、方法研究以及实务研究等方面所进行的最新探索。译丛是我校与SAGE国际出版集团继合作出版《全球媒体与中国》（*Global Media and China*）英文期刊之后，又一个重要的合作项目，前后筹备四载有余，最终完稿、付梓，倾注了新闻传播学和艺术学领域的知名教授和青年学者的大量心血，力争为每一本书做出"信、达、雅"的翻译。

自"五四"以来，译丛便是中国知识分子和青年学生获取西方最先进理论知识的重要桥梁之一。中国传媒大学在20世纪80年代就已开始译介、学习和研究国外新闻传播学、艺术学的方法和成果，建立与世界新闻传播学、艺术学界对话的共同经验范围。毋庸置疑，我们的工作是卓有成效的。

正如习近平总书记在哲学社会科学工作座谈会上所强调的，"不忘本来，吸收外来，面向未来"。借船出海、借梯登高，主动接轨，优势互补，共同发展，为尽快赶上国际先进水平，尽早实现"双一流"学科建设争创世界一流的伟大目标，我们应该虚心学习和推介国外前沿的新闻传播理论与优秀的实务指导教材，以培养出更多国际化的新闻传播人才和艺术人才。译丛带来的新鲜理论和鲜活实务，也有助于我校在"双一流"学科建设中，进一步优化学科结构，凝练学科发展方向，突出学科建设重点，增强学校在国际上的竞争力。

但值得注意的是，我们应当以批判的态度保持与西方新闻传播和艺术学对话的姿态，在借鉴西方优秀教材和经典专著时不妨思考，有哪些是缘木求鱼，有哪些是举一反三，想想本土社会中产生的经验与问题在哪里。我们应该明确，我们的目标是制定具有中国特色的新闻传播和艺术学学科标准，积极建设和探索新闻传播学、艺术学本土化发展的道路。

所以，在译丛工作完成之后，我们还要推进"西方理论—中国问题"向"中国实践—中国理论"的转型，立足本土，跨越东西，高效地将科研成果结合当代中国传媒行业发展诉求，转化为服务社会发展的实在生产力，最终实现"中国特色，世界一流"。

最后，希望本译丛还可以成为一个促进思想交流、激发智慧灵感的载体，增进东西方在新闻传播和艺术学领域的深度学术交流，接收来自全世界新闻传播和艺术学领域多元化的声音，促进新闻传播和艺术学研究在媒体融合时代更大的繁荣，让新闻传播和艺术学成为改变世界的最大正能量。

丛书主编

致　谢

感谢澳大利亚研究理事会对以下研究的支持，本书正是在这些研究的基础上完成的，特别是：

- 本书第一作者约翰·哈特利(John Hartley)获得了澳大利亚研究理事会研究资助，获资助课题名称为《多媒体的使用：公民消费者、澳大利亚数字内容的创意参与和创新》(FF0561981)，2005-10。
- 部分研究是在澳大利亚创意产业和创新卓越中心进行的(SR0590002)，2005-13（文化科学项目）。

本书所表达的观点仅代表作者的观点，不代表澳大利亚研究理事会的观点。

本书作者温雯和李士林感谢中国国家留学基金委员会支持他们攻读博士学位，其研究成果为本书第3章至第5章提供了部分材料。

感谢澳大利亚科廷科技大学人文学院在温雯为准备本书的编写而长时间访问西澳期间提供的支持。感谢深圳大学文化产业研究院，尤其是李凤亮教授在约翰·哈特利和李士林访问深圳期间给予的支持。科廷大学文化与技术中心对哈特利和李士林为本书做研究期间的支持，让我们能够成功地将本书写完。

感谢Sage出版集团(SAGE Publications)的同仁，特别是本书策划编辑Chris Rojek、责任编辑Gemma Shields和Delayna Spencer、制作编辑Katherine Haw。

本书第2章的第1、2节部分改编和更新自哈特利为Lucy Montgomery(2010)的*China's Creative Industries: Copyright, Social Network Markets and the*

*Business of Culture in a Digital Age*一书所撰写的导言。"城市符号"（urban semiosis）的想法源于哈特利的论文*Creative Industries and the Clash of Systems', International Journal of Cultural Studies*, 18(1), 2015。本书第3章的部分内容改编自李士林的博士论文：Li, Henry Siling (2012) *Seriously playful: The uses of networked spoof videos in China*, PhD thesis, Queensland University of Technology。第4章的部分内容改编自温雯的博士论文Wen, Wen (2012) *Scenes, quarters and clusters: New experiments in the formation and governance of creative places in China*, PhD thesis, Queensland University of Technology。

图表目录

1.1　文化和技术，展品A："全家人共享的电视幸福！"1951年的广告（《时代周刊》）　**12**

1.2　文化和技术，展品B："超过10万人住在狭小的'隔间公寓'"；城市（香港）居民在这些狭小的空间里生活，在一个角落睡觉，在另一个角落吃饭，把物品存放在第三个角落，或许还在第四个角落看电视　**13**

1.3　地球系统：地圈和生物圈的总和　**16**

1.4　为后代保存：位于莫斯科的沃尔纳德斯基之墓——由一个有机玻璃柜子保护着　**18**

1.5　一个推测图表显示了人类知识的增长，与媒体技术的变化（x轴）和连续的经济时代（y轴）相关　**20**

2.1　创意产业的四个阶段——从产业集群与服务到创意公民与城市　**62**

2.2　城市符号：城市是社交网络市场的孵化器　**70**

3.1　叫兽的面具与他的网上头像　**83**

3.2　《叫兽周刊》封面　**88**

3.3　透露社的墓碑　**89**

4.1　创客嘉年华的发展　**96**

6.1　这个将毁灭那个：雨果《巴黎圣母院》插图　**150**

6.2　控制：不是混乱的对立面，而是一种在"稳定系统"中处于"液态"或"反混乱"的状态　**156**

6.3　秩序、混乱、稳定及政策　**158**

6.4　保尔·贝恩1964年绘制的图解　**162**

6.5　2011年中国家用电器和电子产品库存总量　**173**

7.1　泰薇·盖文森在纽约参加"创客：造就美国的女性"活动　**202**

目 录

中国传媒大学青年学者译丛总序　/1
致　谢　/1
图表目录　/1

第一部分　挑战　/1

1　理　论　/3
经济+文化+技术=新事物　/3
全景图——层层包裹的圈　/15
三大因素——"每个人""每个事物""每个地方"　/23

2　历　史　/36
创意产业的"时刻"　/36
回到基本原则　/49
从创意产业到创意经济　/61

第二部分　变革的力量和机制：发挥作用的三大因素　/73

3　每个人　/75
技　术　/75

4 每个事物 / 91

经济（1）创客 / 91

经济（2）场景 / 106

5 每个地方 / 113

地理（1）——金砖国家 / 113

地理（2）——薄荷国家等 / 128

第三部分　塑造未来（三个"但是"）　/ 147

6 怀疑主义 / 149

"这个将毁灭那个" / 149

三个"但是" / 159

7 乐观主义 / 184

塑造未来 / 184

参考资料 / 205

第一部分

挑 战

❖ ❖ ❖

1
理 论

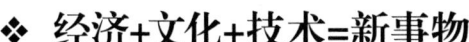

❖ 经济+文化+技术=新事物

一个系统如何才能发展并忠于自己?

——尤里·洛特曼(Yuri Lotman, 2009: 1)

创意产业属于谁?

创意产业属于谁？我们需要提出这个问题，因为在政府层面、学术界和行业内有很多关于创意产业或创意经济（也称文化产业）的讨论，但对创意产业属于谁这个问题的回答却相当有限。已有的关于这个问题的答案通常是"创意产业"描述的是经济中的一个专业部门；只有某些类型的工作或职业才被视为有创意；能够标榜自己拥有创意经济的国家并不多。还有一种假设认为，"创意产业"指的是"版权"产业，其商业计划的基础是将有才华的个人的创造性产出转化为"知识产权"，然后再将其出售。

我们认为这些都不是令人满意的答案。在本书中，我们想重新提出这个问题，使答案尽可能广泛和包容。在这里，我们将这个答案称为"三大因素"：

- 创意产业并不局限于受过训练的艺术家或企业精英，甚至（或许）可以包括**每个人**。
- 创意产业并不局限于经济中的某一个部门，甚至（或许）可以描述**每个事物**。
- 创意产业并不仅仅是发达国家或富裕国家的特征，甚至（或许）可以在**每个地方**。

我们在上述表述中使用"或许"一词并不是为了显得规范，而是为了描述一种情况，在这种情况下，我们认为一个更广泛的答案是可能的。我们提出"创意产业属于谁？"这个问题，在某种程度上是进行一种"思维实验"，因为很明显，把创造力在当代文化和经济中扮演的而角色广泛概念化并不是人们日常生活的一部分，也不是构成创意产业"概念社区"或"话语公众"的人们的日常谈话的一部分，无论他们是学者、政策制定者、顾问，还是业内人士。因此，本书的总体目的是提出一个连贯的观点和论据，将这些答案摆到桌面上，作为当前概念的替代方案。我们想表达的并不是创意经济和文化能够抓住每个人、每个事物、每个地方的创意生产力，而是要把这个想法作为一个新的标准，用来检验创意产业的全部潜力是否正在发挥，或者是否可以利用现有的定义、雄心、政策和实践来实现；如果不是，又有什么其他的概念和安排能够取而代之。

之所以这么做，是因为我们认为到目前为止，创意产业概念在整体上还缺少一些东西，又或者说缺少几样"东西"，它们是：

- **民众**：目前的创意产业概念中缺失的最重要因素是**每个人**——普通民众。自从数字技术、社交网络和用户生成内容出现以来，普通民众就在（而不仅仅是声称）从事大规模的创造性活动，我们称之为**微生产力**，这是经济发展的一个主要驱动因素。
- **技术**：每个人与数字网络的结合对于实现我们的目标至关重要，因为我们不会追踪产生创意的每个人，而是会在**网络系统**中进行追踪。我们也将文化和经济视为系统，尽管比迄今任何技术都更复杂、更多样化。由于其规模和变异性，"自然"文化系统是很难研究的。另一方面，技术系统是人类联系的一种经验形式，可以加以研究（Arthur, 2009）。我们认为有两个技术系统最为重要：一个非常古老——城市，另一个非常新——互联网。我们认为，城市技术和数字技术的生产力、创造新思想，以及将其分配给整个人口的能力，是人类文化中这些相同品质的代替品。因此，我们认为创意产业的主导概念并没有充分地将"创意生产""数字网络"以及我们所谓的"城市符号"整合在一起。

- **文化**：我们认为，在大多数人对创意产业的思考中，文化是受到误解和局限的。正如将在本书中论述的那样，我们把文化看作是人类的发明，其功能是产生**群体**或"**类群**"——可以在个人无法生存的地方生存的群体（Pagel，2012a；Hartley和Potts，2014；见第3章）。我们认为，这些群体之间的纽带是**知识**；文化的"产出"不是遗产、习俗、艺术，甚至不是手工艺品（商品和服务），而是**创新**——文化是在不确定条件下"产生新事物"的机制（Potts, n.d.；Hutter等人，2010）。因此，对我们来说，文化是面向未来的。文化是经济的驱动力，而非相反。它需要被重新概念化，并纳入经济思想和政策；同样，按照目前的结构，那些致力于文化和艺术的人也需要了解文化在经济发展中的作用。

- **地球**：最后，我们认为，在大多数关于创意产业和创造力的描述中，无论是在文化还是经济层面，都缺少比"房间里的大象"（指明明存在却被刻意回避的问题）更大的东西——地球。直到19世纪中叶，我们人类才知道这个星球的范围和构成：它的陆地和海洋位于哪里，它的地质、生物和人口构成情况，以及它的各个系统是如何相互作用的。在人类漫长的历史长河中，对整个地球的**认识**还不到两个世纪。就学科主题的"全球化"进程的速度而言，人文学科（文化）和社会科学（经济学）是最慢的学科，它们保留了本土的、学术的或民族的观点，而不是寻求将其研究对象理解为一种全球现象的方法。如果地质学家、海洋学家、环境科学家、气象学家甚至矿工将自己限制在世界的某个角落，而不去了解这个角落是如何以及在哪里与其他地方联系的，那将是很奇怪的。但是，对意义生成的研究和对财富创造的研究（即文化研究和经济学；本书将对二者进行一体化的研究）仍然是非常狭隘的。在目前的情况下，全球文化系统或创意经济的概念几乎是**不可想象的**，除非是来自其他学科的具有远见卓识的人，如贾雷德·戴蒙德（地理学）或爱德华·威尔逊（生物学）。事实上，许多批判性的文章都在否定全球文化是一个系统，对此持否定态度，认为它只是一个政治问题，并将其归因于大公司或强国。与之不同的是，在本书中，我们将文化视为一个"符号圈"（Lotman，1990），一个动态的差异系统，其局部特征（身份和表达、价值观念、物件、行动）只能通过产生它们的系统的动因和相互作用来解释。

如何研究创意经济

尝试撰写一本关于创意产业的书，或者更广泛地说，一本关于创意经济的书，一开始就注定是在冒险，因为创意产业是一个不受欢迎的概念（Miller, 2004; Ross, 2007; Cooke & Lazzeretti, 2008; McGuigan, 2010; Connor, 2010）。然而，我们相信，属于它的时代才刚刚开始：这是创意经济的时代。我们认为，创意经济不是一个部门，而是一个新时代（见下文，图1.5），是以往（不断加速的）各个时代的延续，每一个时代都与知识技术的爆炸性发展有关。

- **狩猎采集时代**，相伴而生的是通过**语言和石器**进行的交流；大约在7万年前（哈拉里，2014）。
- **农业时代**，相伴而生的是**文字**、畜牧业和手工耕作；从大约1万年前（农业）到5000年前（文字）。
- **工业时代**，相伴而生的是机械通信，包括**印刷**、机器等；从16世纪到19世纪，各国先后进入工业化时代。
- **信息时代**，随之而来的是**电子通信**，包括电报、电影、广播、电视、计算机；从19世纪末到20世纪末。
- **创意时代**，随之而来的是**互联网**，全球各地所有相互关联的用户和制造商都能够交流；我们正处于这个时代。

因此，本书讲述的是在一个长期的时间框架内出现的新现象——创意经济。它的未来尚不确定，但我们对它的未来感兴趣，因为这可能比它的过去重要得多，前提是那些有着利害关系的经济、学术或创意领域的人能够很好地对创意经济进行概念化、关注和培育。

为了想象和预测创意经济的未来，重要的是要了解过去和现在的安排：哪些要素、动因和进程已经具备，哪些行动可能帮助或阻碍未来实现创意经济的潜力。就创意经济而言，这正是问题所在，因为到目前为止，关于创意经济的定义和研究局限于过于狭窄的一系列活动、媒介和地点，所谓的创意产业只是被看作整个经济的一个子集。因此，创意产业这一术语试图描述的更广泛的现象往往被人们忽视。

我们的研究提出了这样一个观点，即在比以往更大的规模上重新构想创意产业。这并不是为了迎合"炒作"或"文化民粹主义"，或是赞同旨在谋取权力和利益的"新自由主义"的诡计。出人意料的是，与上述话题相关的讨论对于我们的目标几乎没有意义。扩大研究范围是为了确保我们了解创造力来自哪里，以及它如何把人们联系起来，又用于什么目的。这就涉及文化。正如本书书名所示，创意经济与文化密不可分，尤其是当基于社交、身份、传播和意义的文化活动已转移到网络和数字媒体时，无论是商业营销还是自我表达，均是如此。因此，文化、技术和经济现已成为一个整体的研究对象。这对现有的学科划分提出了挑战，因为长期以来，社会科学与人文艺术之间存在明显的界限，前者主要研究经济，而后者的核心概念是文化，尽管"文化"这一概念具有争议。

因此，在学术范围内进行创意产业研究，其问题在于"创意"属于一个学术传统，而"产业"则属于另一个学术传统。这样一来，创意产业研究人员就来自两种不同的学术传统，有着不同的专业和教育背景、不同的方法和目标，他们在大学的不同部门工作，取得了不同程度的成绩和成就，更糟的是，他们对各自团队的忠诚度和团队成员之间的思想观念差异可能产生质疑。例如，经济或产业领域的学者更有可能从有利于市场的角度开展工作，将国家在创意和文化事务中的作用降至最低，而文化和创意领域的学者倾向于支持公共文化，对基于市场的商业文化持批评态度。

在这种情况下，我们获取知识的方式对我们的知识储备产生的影响似乎是不成比例的，因而有必要超越现有的学科界限，借鉴其他学科的长处并为之做出贡献，采取能够促使研究人员走出个人舒适区（即他们的专长）的研究方法，更好地研究新出现的超越传统学科分类方法的问题。

创意经济就是这样一个领域。它将个人的身份和表达与全球范围的市场和系统结合起来；在梅希塔·伊奎尼（Mehita Iquani, 2012: 148）的暗示性双关语中，"我与人交流"（亦可理解为"眼神交流"）是通过一个中介的象征性环境进行的，在这种环境中，"我"是谁——以及我如何确立我的身份——与全球系统（媒体、市场）和技术（网络、"大数据"和通信设备）是密不可分的（Leaver, 2012）。此外，在这种环境中，技术和社会变革如此迅速，从19世纪继承下来的学科划分方法已经无法解释当下正在发生的事情（Lee, 2010）——什么是原因，什么是结果，以及如何最好地研究当代生活的创意、文化和经济等方面。在这种背景下，创意经济专业的学生面临的挑战不是将自己局限于更多的专业领域,而是要与他人合作(见第7章),以便开发一种多学科的方法,认真研究不同现象之间的关系:创意与经济、自我与系统、文化与技术、现有知识与新趋势或未来的可能性。

文化是创新的源泉

本文作者从文化研究的角度来探讨这一问题(Hartley & Potts, 2014),文化研究提供了涉及传播、文化和创意的系统观,而不是个体主义或行为学提供的进化论而非选择论的经济学观点。很明显,我们不会像大多数"产业"或"政策"领域对创意经济定义的(DCMS, 1998)从"个体人才"切入。我们并不否认个体的才华;事实上,我们相信,更多的人比他人认为的更有才华(特别是从这个术语的经济层面来看),而创意经济如果能够适当地(即大力地)实现概念化和功能化,它将让这些人才之花全面开放和繁荣,而不是仅限于精英阶层或商业范围。

但个体主义不是我们的出发点,因为我们认为人才之花的开放是复杂系统的成果(而不是个体行为引起的)。产生创意的系统是文化,而不是直接来自技术或经济,也不是个体本身。然而,近几年,"创意"一词在经济和高科技领域引起的关于政策和批判性方面的关注是最多的。这是因为创意与商业环境中的创新联系在一起。因此,创意创新是一种受到广泛追捧的品质,被认为是推动当代后工业经济整体表现的因素。同时,创意在人文科学和创意艺术领域也是司空见惯的,而这两个领域(至少根据某种思维方式)与经济和技术则是一种奇怪的组合。正因如此,人们在试图理解创意经济这样一个看似简单的经济现象时,通常会关注文化、传播、创意、艺术和人文领域,以及与之相关的批判的、与商业无关的思想。

文化是迈克尔·赫特(Michael Hutter, 2010)等人所说的新事物[①]的来源。文化建立在群体或类群内部之间交流的基础上(Hartley & Potts, 2014)。它是新事物的源泉,是因为文化是在群体而不是个体层面上发挥作用,同时,文化也是创新得以运用的背景。通过无数的修补和试验,从蒸汽动力到互联网连接,运用推动了适应新技术的创新,其中一些新技术被普遍采用。反过来,与新颖性不同的是,"新事物"是创新的另一种说法。

---

① 另见http://www.wzb.eu/en/news/analyzing-innovation和www.wzb.eu/en/research/society-and-economic-dynamics/cultural-sources-of-newness。

新颖性和新事物之间的区别在于：新颖性是一种"猜想"或"试验"，如果没有在一个系统或网络（无论是技术性的还是社会性的）中被采用和使用，它是不会持久的；"新事物"不是在发明或发现的时候发生，而是在被他人接受时，或在新思想的社会工具实现中发生（Potts，2011）。因此，新颖性是指对新颖性的使用——它是文化上的，而不是技术上的或经济上的。从进化的角度来看，新颖性是个体的、有效的随机性的"变异"，而新事物是在一个群体中选择和复制的"适应"。

创新的文化来源，尽管是在匿名的、手工艺的或用户创造的微生产规模，也可以解释包括与工业革命有关的动态增长的宏观层面的进展（Mokyr，2009），尽管"创新"通常被严格视为一种商业过程。事实上，许多商界、科技界、经济界和政界人士都认为，这是动荡时期经济增长和繁荣的一个基本要求。以下是商业论坛中如何讨论创新的典型例子：

> "不创新就灭亡"已成为21世纪的流行语。现代组织在不连续的变化中运作，并面临着不断挑战其完整性和生存的诸多影响。这些因素包括快速全球化的影响、不连续的变化、竞争的加剧、技术变革、不稳定的经济状况、从工业社会向知识社会的过渡、劳动力的多样化和日益复杂的外部环境。[1]

这段话听起来像是陈词滥调，是因为它描述了一个现在已经司空见惯的现实：不创新的公司遭到灵活的新手——"创造性的破坏"（经济学家熊彼特语，Schumpeter，1942）。即使是大企业也不能仅仅依靠规模、组织和成本削减来维持生存。

文化驱动产业和技术

从初创企业到科技巨头，企业需要企业家的想象力、适应性和活力才能在不确定的环境中茁壮成长。它们现在比以往任何时候都更需要关注协作和关系（彼此之间、与用户之间以及与前沿思想之间的关系），关注设计、叙事、意义和时尚前卫，这

---

[1] 引文出自约翰·卡佩列里斯（John Kapeleris）载于"澳大利亚创新节"网站（n.d.）的文章，网址是http://www.ausinnovation.org/articles/innovate-or-die.html。本文还从新产品或新服务、流程、营销、组织安排和商业模式的角度提出了创新的定义。

不仅限于电影等"创造性"产品,也包括通信(如智能手机)甚至食品领域。换句话说,最不显眼的商品,从咖啡到藜麦,都充满了意义,也正是意义决定了商品的经济价值。因此,创新就是成功地为现有对象或过程赋予新的含义(即新的用户和价值)的过程。

既然创新现在是一种公认的当代商业价值,那么这与创造力、文化和交流又有什么关系呢?让科技巨头英特尔来回答这个问题。2013年,英特尔委托相关机构在巴西、中国、法国、印度、印度尼西亚、意大利、日本和美国对12,000名18岁以上的人士进行了调查。结果表明:

> 千禧一代(18—24岁)被认为是沉迷于技术的数字原住民,但他们在调查中表现出的态度与此形成了鲜明对比。他们中的大多数人认为,技术使人变得不那么人性化,社会过于依赖技术。①

换句话说,最沉迷于数字技术、社交媒体和线上参与的群体,也是对技术给世界带来的个人和社会影响不满的群体——技术"使人变得不那么人性化",以及社会"过于依赖技术"。对于英特尔这样的公司来说,不管它在技术上多么创新,这令人担忧。如果存在一种"千禧一代不适",作为技术"原住民"的年轻人都开始拒绝技术,则经济可持续性的前景堪忧。那么,文化凌驾于技术和经济之上吗?

英特尔以在创新研发方面投入巨资而著称,据说其研发预算比澳大利亚的全国研发预算还要高。②它依赖于研发投资,是因为每年年初它都不知道哪一种发明到年底会风靡全球。英特尔公司联合创始人戈登·摩尔曾提出"摩尔定律"③:在价格不变的情况下,集成电路芯片上的晶体管数量大约每两年会增加一倍。摩尔在1965年做出的这一预测在当时显得很大胆,但是半个世纪后,这一预测仍然正确。英特尔把赌注押在"摩尔定律"上,目前来看取得了成功(尽管维持指数式发展速度的成本不断

---

① "英特尔的研究揭示了科技倡导者和态度的变化:千禧一代对技术态度强硬,女性是科技的火炬手,数字技术富有者分享数据财富",2013年10月17日,详见http://newsroom.intel.com/community/intel_newsroom/blog/2013/10/17/future-of-technology-may-be-determined-by-millennial-malaise-female-fans-and-affluent-data-altruists。
② 据英特尔首席执行官克雷格·贝瑞特(Craig Barrett)介绍,详见http://mailman.anu.edu.au/pipermail/link/2002-September/020884.html。
③ 维基百科上关于"摩尔定律"的词条值得一读。

上升)。反过来,英特尔芯片容量的增加改善了"内置英特尔"的大量设备和应用的性能与范围。英特尔在技术领域取得了卓越的成就,在速度和规模上都取得了创新。如果现在人们认为技术使人变得不那么人性化,那么英特尔将面临失败。

但也许文化并没有以这种直接的方式凌驾于技术之上。也许文化正是技术找到意义和用处的地方,因此它也是技术成功的决定因素。这不是一场"非此即彼"的游戏,不是一场零和博弈。找准文化,让技术与之结合,从而有可能让人们认识不到他们所使用的是技术。这正是澳大利亚人类学家吉纳维芙·贝尔(Genevieve Bell)的想法。她领导英特尔的"互动与体验研究",管理着一家有着100名员工的研究实验室,每年的预算为3500万美元(这项投资也比大多数国家在文化和技术交叉领域的投资大得多)。贝尔对英特尔上述调查结果的解读如下:

> 乍一看,千禧一代似乎在拒绝技术,但我怀疑现实是更复杂、更有趣的。对这一结果的另一种解读可能是千禧一代希望技术为他们做更多的事情,而我们要有所作为,使技术更加个人化、更轻松。①

我们从中得到的启示不是文化和技术不能结合,而是必须结合。公司必须了解技术使用者和物理知识。在澳大利亚皇家墨尔本理工大学②的一次演讲中,吉纳维芙·贝尔展示了一组幻灯片,其中一张展示的是通常在公司董事会和实验室散发的用户的"形象",另一张是公司技术的实际运行环境和实际用户的图片。这两张图片简直有天壤之别。我们可以在这里使用类似的对比图片(图1.1和1.2)重现贝尔的思维实验。在公司高管和计算机科学家的心目中,消费者的形象与广告中描绘的20世纪50年代核心家庭的形象大致相同(见图1.1)。像这样的电视机广告甚至在第一次发布时就受到批评(Spigel, 1992),因为"电视幸福"是提供给一对完全抽象或理想化的有两个孩子的郊区白人异性恋夫妇。当注视着他们的科技产品时,所有人都笑了,每个人都愿意被广告上的商品所取悦。贫富、阶级、性别、种族和性取向方面的差异

---

① 详见http://newsroom.intel.com/community/intel_newsroom/blog/2013/10/17/future-of-technology-may-be-determined-by-millennial-malaise-female-fans-and-affluent-data-altruists。
② 详见http://www.designresearch.rmit.edu.au/events/presentation-duck-dolls-divine-robots-designing-our-futures-with-computers-genevieve-bell-friday-28-september-2012。

等社会现实被排除在封闭的窗帘之外，而幸福则被解释为在电视屏幕上共享同一个核心家庭的戏剧化图像——而没有暗示彼此之间有着相互冲突的偏好。

图1.1 文化和技术，展品A："全家人共享的电视幸福！"
1951年的广告（《时代周刊》）
图片来源：图片由杜克大学图书馆约翰·W.哈特曼（John W. Hartman）销售、广告和营销史中心提供。[1]

文化，作为公认的新事物的来源，在这里被解释为"家庭幸福"，但家庭不是产品的来源。因果关系链是清楚的：文化是情绪、情感和家庭角色的源泉，但所有这一切都可以转化为一种行为——消费，因为那些复杂的情感、关系、身份和意义，无论是共享的还是其他的，都可以通过购买智能的技术，甚至更智能的品牌来实现，这些技术和品牌都通过材料得以表达，就像摩托罗拉声称的那样——"因为25年来在

---

[1] 图片来源：http://library.duke.edu/digitalcollections/media/jpg/adaccess/lrg/TV0213.jpg。图片编号TV0213。

电子行业的开拓"。这种思维方式是创新的工业模式的起源,把发明、技术和知识的增长限制在生产者手中,并使文化成为消费的领域,从严格的行为角度来看,其主要目的是"增加更多的乐趣"。即使母亲扮演提供者的角色,家庭仍被视为无须工作的(非生产性的)炫耀性消费的避难所,公司营销部门事先知道"所有家庭"的需求、欲望和共享意义(Spigel,1992),但"消费者"在确定购买行为以外的这些含义方面没有发挥任何作用。在摩托罗拉版的"家庭幸福"中,人们与技术关联,而不是与彼此关联,一个富有创造力的家庭创造性地利用他们在一起的时间为自己创造意义的想法并不存在。

但正如吉纳维芙·贝尔所指出,现实情况可能与此大不相同。图1.2展示的是中国香港地区的情形。同样的元素也都具备:室内、家庭成员、消费,以及屏幕和声音电子设备。从一个角度来看,这两幅图片只是记录了理想化的企业欲望与人们所谓的现实生活之间的错配。我们已经从盎格鲁·撒克逊后裔的白人新教徒单一文化转向全球、种族、多元文化,从"炫耀性消费"(将消费品作为带有"昂贵符号"的奖杯)转向"永不间断"的互联互通,技术融入到了个人环境中。从另一个角度看,图1.2显示了

图1.2 文化和技术,展品B:"超过10万人住在狭小的'隔间公寓'";城市(香港)居民在这些狭小的空间里生活,在一个角落睡觉,在另一个角落吃饭,把物品存放在第三个角落,或许还在第四个角落看电视。
图片来源:照片由香港社区组织协会提供。①

---

① 从正上方拍摄的香港狭小的公寓,摄影师迈克尔·张(Michael Zhang),PetaPixel,2013年2月19日。详见http://petapixel.com/2013/02/19/cramped-apartments-in-hong-kong-shot-from-directly-above/;另见http://www.soco.org.hk/index_e.htm。

用户的独创性和创造性，因为人们可以调整非常有限的空间来放置他们的电视、电话（在这张图片中有两个）和其他设备，更不用说书籍、杂志、报纸和照片了。确实，这里的空间太狭小了，无法容纳一个摩托罗拉版的四口之家，所以这不是一个理想化的图片，但同时也不应该被理解为是完全负面的。相反，它显示家不是一个避难所，而是一个可供使用的用户空间和休息的地方，外面的世界冲击着私人生活，社会联系是通过电子方式保持的。

也许大多数人的经历介于这两种极端之间。无论是哪种方式，都是英特尔所关心的，如果企业文化与用户文化严重脱节，那么其中一方的愿望将无法与另一方的愿望联系起来。当这种情况发生的时候，最终受损的是公司。因此，公司必须了解文化和技术。某项发明在世界上的发展情况实际上取决于幻想和现实的结合，在这种情况下，普通消费者和企业高管的头脑中可能有一种看似不可能的形象（既怀旧又渴望），但在他们脚下却是一种更不堪的现实。形象和现实都是文化的一部分，而经济在其中起着重要的作用，对于那些留给休闲消费的时间和空间都有限的人来说更是如此。

因此，文化并没有凌驾于技术之上，而是在驱动技术。虽然正如贝尔所说，大企业要"有所作为"，使技术对于年轻人来说更"个人化"，但它们不能忽视这些"千禧一代"的生活方式，也不能不把企业的内部创新与用户的创造力、目的和网络联系起来。这就是为什么需要一个系统的方法来创造，因为它超越了组织的界限或任何一个机构的控制，哪怕是最大和最精明的公司。

有趣的是，到目前为止最沉迷也是最早使用技术的年轻的"数字原住民"可能正在让位于另一个群体。以上提到的英特尔调查还发现，与富裕国家不再抱有幻想的富有青年相比，大多数能忍受图中所示的香港公寓情况（图1.2）的人持有截然不同的观点。因此

> 不同年龄的新兴市场女性认为，创新将推动实现更好的教育（66%）、交通（58%）、工作（57%）和医疗（56%）。新兴市场的女性愿意使用他人认为过于个人化的技术来改善她们的体验：监视她们工作习惯的软件（86%），监视学生学习习惯的软件（88%），甚至监控她们健康的智能厕所（77%）。

在接受调查的45岁以上的中国女性中，有70%的人认为，人们"对技术的使用还不够"。

这就是为什么文化对经济和技术如此重要：它是创造"新事物"或应用新颖性的源泉；是兼容并包的仲裁者，也是公司未来的决定因素；它是横跨意义、身份和关系的领域，而这些又反过来决定了最新的应用程序是否有用。最后，在技术发挥作用的地方，我们可以看到技术科学、经济战略家和创造力之间开始迫切需要和解，这种和解不仅被理解为公司工作的聪明的发明者，而且被理解为一种可以被开发和改进的，或者被忽略和忽视的整个群体的能力（在企业风险中）。

在科学、社会科学和艺术之间的边界不断变化的背景下，我们将创意产业视为未来趋势的一个风向标：它将揭示整个系统是如何运作和相互作用的。我们并不认为创意产业只是经济的另一个部门。为了进一步开发这一研究方法，有必要向全球维度和进化的时间框架转移。只有到那时，才有可能描述和理解创造性的未来是如何形成的。

❖ 全景图——层层包裹的圈

> 作为最小的运作机制，符号学的单位不是一种独立的语言，而是特定文化的整个符号学空间。
>
> ——尤里·洛特曼（1990：125）

本章篇幅较短，我们将为下一章的"全景图"方法（即"三大因素"）建立一个理论模型。这个模型不是我们自己设计的，而是根据两位科学家的见解，历时数十载建立的。这两位科学家生活在苏联，因此他们的工作成果及其影响是在相当一段时间之后才传到英语文化圈的。他们是沃尔纳德斯基（Vladimir I. Vernadsky）和洛特曼（在爱沙尼亚也被称为Juri Lotman，他在爱沙尼亚与学者共同创立了符号学的"塔尔图学派"）。洛特曼基于沃尔纳德斯基的"生物圈"（生命圈）理论提出了自己的"符号圈"（文化圈）的概念。沃尔纳德斯基还创造了"思想圈"的概念，他认为，思想圈与生物圈是地圈进化的一种革命性改变。

这里有很多圈①，请容我们解释，因为这些概念在主流科学界已经被广泛接受，特别是在生态学领域（Levit, 2011；见图1.3）。然而，更进一步，从自然地圈+生物圈到文化符号圈+思想圈，到目前为止还没有人怀着同样的信心进行这方面的研究，除非是在诸如生物符号学这样的专门领域（Kotov & Kull, 2011）。

图 1.3　地球系统：地圈和生物圈的总和
图片来源：图片由美国地质调查局提供　[设计者：美国地质调查局詹姆斯·A.汤伯林（James A. Tomberlin）]。②

研究文化，以及研究创造性及其在全球范围内创意经济中的精心运用，如果只是为了检验目前的思维方式，那么采用一种系统的方法可能会有所助益。这就是我们在这里所做的，为被哈特利和波茨（2014）称为"文化学"的一个新的交叉领域做出贡献。

---

① 等一下，还有更多的圈！艾米·曼德尔克（Amy Mandelker, 1995）提醒我们，洛特曼的符号圈概念应该归功于米哈伊尔·巴赫汀（Mikhnil bakhtin）早期的"逻辑圈"概念。
② 美国地质调查局对这幅图的说明是："地圈和生物圈是地球系统的两个组成部分；地圈是岩石圈、水圈、冰冻圈和大气层的总称。地球系统的所有部分都通过气候过程以及水文循环和生物地球化学循环相互作用和相互关联。太阳是地球系统所有外部能量的主要来源。"见http://pubs.usgs.gov/pp/p1386a/plate-earthsystem.html。

同心圈：地圈、生物圈、符号圈、思想圈

洛特曼（Lotman, 1990）的符号圈概念为我们的方法提供了依据。我们认为，文化系统在范围上是类似行星系统的，是"地球系统"的一部分，包括大气层以及地圈的其他组成部分，以及由沃尔纳德斯基（Vernadsky, 1938）命名的生物圈。地圈+生物圈在行星一级相当于一个连贯的单一系统（见图1.3），这是一个可以观察到的围绕地壳的包层，尽管存在着无数的内部差异、边界和动态过程，包括局部碰撞（竞争）和崩溃（灭绝）。

就生物圈而言，在遗传或环境的作用下，所有生命都是相互关联的，包括捕食、共生和生境改变的关系，生命与非生命是不同的。因此，"生命"是一个围绕地球的整体包层，最多在地表上下延伸几公里。任何一个物种或标本的存在都不能不参照这个系统来解释。

文化科学虽然还处于起步阶段，但以上关于符号圈的理论同样适用于文化科学。这是洛特曼的革命性主张：文化是一个单一的系统，由所有意义系统及其相互关系和推动力组成，它将地球作为符号圈覆盖。进化过程正在发挥作用，各个领域共有的特点是其复杂性不断地增加（在这里，"生命"仅仅是精巧地自发组织的复杂系统的另一种说法）。自然主义的物质-能量过程（Herrmann-Pillath, 2010）或沃尔纳德斯基所称的生物地球化学，在整个过程中驱动变化，将地质现象与意义和知识联系起来，沃尔纳德斯基称之为"思想圈"（Vernadsky, 1943）以及生命。①

作为生物圈内一个与众不同的"系统"，人类物种在范围上是类似行星的，同时在边界和过程中表现出差异性，特别是在部落和种族方面规模不同的群体之间，千百年来一直如此。然而，关于人类行星统一的知识仅有一两个世纪的历史，至今仍不完整。直到19世纪，地球的物理特征（地圈）才被映射到一级近似（尽管海底特征仍未得到充分探索）。它的有生命的组成部分（生物圈）仍然没有完全映射，而人类知识的组成部分（思想圈）和有意义的组成部分（符号圈）却还没有作为物质-能量因果

---

① 许多关于生物圈和思想圈的描述都提到耶稣会牧师皮埃尔·泰亚尔·德·夏尔丹（Pierre Teilhard de Chardin），他的神学理论借用了这些术语。在"冷战"时期，他的作品在西方更为人熟知。然而，沃尔纳德斯基提出这些术语并把它们概念化（Lapo, 2001）。泰亚尔对进化论概念和这些术语的目的论——神学解释不应减少沃尔纳德斯基的科学解释的重要性。然而，关于泰亚尔和沃尔纳德斯基在多大程度上相信"定向"进化（Levit, 2000），目前仍有争议，"定向"进化的猜测在后来的进化生物科学中遭到驳斥。

序列的一部分进行研究，而物质-能量因果序列是与这个行星以及其他可能的行星一起演变的。生物圈被认为是局部的，而不是系统的，且常常表现为静态的结构而不是动态的变化。

这种感知和知识的不完善是文化探索初期的产物。它们没有描述系统本身。这是一门需要不断完善的不成熟的科学，尤其是要改变以前控制自然系统的尝试。在过去30亿年甚至更长的时间里，自然系统自我创造的复杂性在没有人类干预的情况下进化了。知识和文化——思想圈和符号圈——也无法免受这些过程的影响。它们是相对较新的表现形式，因此可能会比以往更加复杂。需要对它们进行仔细的描述、建模、预测、论证和测试，就像在物理、化学和生物科学领域对地圈和生物圈所做的一样。

文化科学是在沃尔纳德斯基-洛特曼传统中，对文化、知识和意义从进化的角度进行系统性的阐释。沃尔纳德斯基（图1.4）在1938年写道：

图1.4 为后代保存：位于莫斯科的沃尔纳德斯基之墓——由一个有机玻璃柜子保护着
图片来源：图片由朱莉和凯尔德提供（2012年7月）①

> 在这一时期（过去500年），整个地球表面被一种单一的文化所包围：发明印刷术，了解地球上所有以前无法到达的地区，掌握新的能源形式——蒸汽机、电力、核能，掌握所有化学元素并利用它们来满足人类的需要，发明电报和无线电，通过勘

---

① 图片来源：http://image2.findagrave.com/photos/2013/148/20402_136985439217.jpg（www.findagrave.com/cgi-bin/fg.cgi? page=pv&GRid=20402&PIpi=81243867）。

探对地球进行渗透，人乘坐飞行器上天等，这些深刻的社会变革为广大民众提供了支持，极大地满足了他们的利益。

沃尔纳德斯基认为生命和知识是物理（化学）物质的转化，因此是一种新的能量形式。地球的能量和化学作用改变了地质材料（例如变成火成岩和变质岩）。同样，生命将复杂的化学分子转化为生物圈中令人眼花缭乱的各种物种，而这些物种（或者它们的尸体）又反过来通过沉积岩改变地质状况。知识本身直接改变了地圈和生物圈，例如通过隔离自然界中不以那种形式存在的元素（如铝或钚），或通过砍伐森林、集约农业和渔业、海防、城市化、污染等手段。

从地质学的角度讲，这些都是近期才发生的变化；但从人类的角度来看，这些变化始于很久以前：农业大约始于10,000至12,000年前，工业的进程大约始于300至500年前。我们观察到，沃尔纳德斯基所描述的并不是什么突然"拥抱"地球全球化的新事物。一旦智人分散到每一块大陆，文化和知识就传遍全世界（南极洲除外；前现代人最后殖民的地方是大约公元800年的新西兰，毛利人称之为奥特亚罗瓦）。因此，出现了一个由相互关联但各不相同的文化和知识组成的单一物种行星系统。然而，在过去300至500年间，这些文化和知识经历了指数式增长。我们看到的是知识增长过程中的对数尺度或幂律曲线，从最早的智人迁徙到最新的网络轰动。这就是为什么重要的是要将文化（创造力）与这一行星角度联系起来，因为文化是最新阶段的特征；同样重要的是将文化（创造力）与其他形式的知识（如力学或信息）分开的重要原因，因为现在的变化速度如此之快，一轮经济变革很快就被另一轮经济变革取代。

在上面的引文中，沃尔纳德斯基提到了印刷术和知识全球化，随后发明了电子通信（电报和无线电）以及新的能源形式和对材料的新理解，作为将"整个地表"看作一种"单一文化"的机制。我们认为，这种洞见可以沿着12,000年前以来人类发展的整个曲线进行分析，这样就可以观察到以下两方面的关联：一方面可以称作知识性技术（言语、著作、印刷、电子/广播、数字/互联网），另一方面是经济时代［狩猎采集、农业、工业、信息和创意（见图1.5）］。

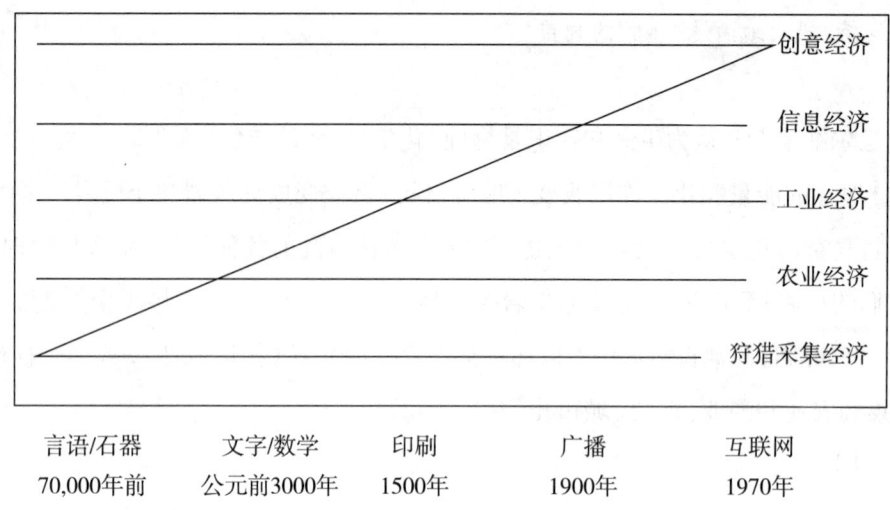

图1.5 一个推测图表显示了人类知识的增长,与媒体技术的变化(x轴)和连续的经济时代(y轴)相关。这条曲线是指数曲线(因此,时间是沿着x轴对数压缩的),表明随着经济系统的发展(这是一条幂律曲线),知识的增长是如何加速的。"创意经济"需要"信息经济",但随后又取而代之。

图表改编自哈特利和波茨(2014: 215)

洛特曼借鉴了沃尔纳德斯基的生物圈概念(Samson & Pitt, 1998;Lapo, 2001),提出了他自己的符号圈概念:关于意义和文化的系统观点,试图将语言解释为一种在语言中产生差异的可能性的全球连贯现象。他的主要见解是"符号圈"或"心灵宇宙"的概念,其中,文化和文本差异是通过积极的系统内和系统间对话(包括冲突)发展起来的。正如他所说,符号圈是"不同语言的存在和运作所必需的符号空间"(Lotman, 1990: 123–125)。他的符号学版本不是建立在抽象的能指或个体符号之上,而是建立在"独立的符号系统"(如构造板块)上,这些系统只有在一个更大的统一体(符号圈)的包层内才能形成它们独特而不对称的存在。这就是"符号空间或知识世界,其中包含着人类和人类社会,并与人类个体的知识世界不断地相互作用"(Lotman, 1990: 3)。符号圈本质上是没有范围限制的,包括亲密的个人交往,例如母亲和刚出生的婴儿之间的亲密交往,洛特曼称之为"微笑的语言"(1990: 144);也包括不同的民族文化的相互影响,比如1789年以后的法国和俄罗斯的文化;或者文艺复兴之前和文艺复兴期间的意大利(1990: 146)。就像大气层一样,符号圈在范围上是类似行星的,每个活着的人都会呼吸它,并从中获得他们的个人潜能。

符号圈是以沃尔纳德斯基的生物圈和思想圈(它出现在生物圈之外,经过人类的思考、发明和干预而变得更加复杂)概念为模型的。这些概念——生物圈、符号圈和思想圈——允许系统思维从还原性科学和方法论个体主义转向支持"下向因果关系",从系统到物种再到标本。但它们仍然是科学概念:生物圈的概念本身源于地质学:

> 人类作为生物,与地球特定的地质包层——生物圈的物质-能量过程有着不可分割的联系。人类在物理上一分钟都不能独立于生物圈之外(Vernadsky, 1943: 17)。

这个"地质包层"包括大气层。大气层是另一现象,就像符号圈一样,它可以被理解为一个覆盖了整个地球,但仍然由个体生物吸入和呼出的单独物体(Hartley, 2008: 66-67)。生物圈不仅包括地球上的生物和物种,还包括它们之间的相互作用、生命延续的条件,以及所有"生物物质"之间的联系和关系。不断演化的生物圈为所有物种的生命提供了可能的条件,例如智人对其他生命形式产生的氧气的依赖、双边对称、骨骼的钙结构、"化石燃料"的开发和作为能源的生物物质等。

人类不过是化学和地质物质-能量的一个演化部分。然而,这些系统总是在不断变化,"人为的"创新可以产生系统级的变化。沃尔纳德斯基(Vernadsky, 1943: 20)问道:"在这里,一个新的谜语出现在我们面前。思想不是能量的一种形式。那么,它怎样才能改变材料的加工过程呢?"人类分离出了金属,产生了全新的材料,并用以前未知的结构、材料和活动影响了地球、海岸线、海洋、大气,最近甚至影响了太空。一些人现在称之为人类世时代(Crutzen & Stoermer, 2000; Crutzen & Schwägerl, 2011),它正在改变地球的地质以及生物和气候组成。

这种观念表明,基于**沟通**(Luhmann, 1991, 2012)和**城市化**(Jacobs, 1985)的**思想**(Vernadsky)、**文化**(Lotman)和**社会组织**(Sawyer, 2005; Runciman, 2009),它们在几千年的时间里产生了工业化和全球化所需的知识的增长,现在应该被认为是一个与生物地球化学过程相结合的地质时代,从而与物质-能量的转化和转移相结合。这种大规模的、系统级的变化在个人一级是无法察觉和无意识的;单凭个人的意识、行动、意图或理性的自身利益是无法预测的,这可能就是对人为气候变化的反应变得如此政治化的原因。

沃尔纳德斯基围绕地球的"包层"思想,以及洛特曼将这一思想应用于文化、语言和创造性艺术(文学、电影)领域,提供了对人类意义建构、文化、思想、知识,以及这些活动的"产品"的解释,包括作为物质过程中因果关系网的一部分的力量的城市和废弃物(Maxwell & Miller, 2012)。洛特曼的符号圈概念是从系统和系统之间的相互作用出发来解释沟通的。这一点之所以重要,是因为从林奈分类植物学(描述差异)到达尔文进化生物科学(描述因果关系)的转变,提供了一种将文化概念化为适应性、互动性(交流)系统的方法。我们正从文化研究转向文化学。

洛特曼的符号圈为文化的进化研究方法铺平了道路,但这一方法的基础是知识系统(Boulding, 1977)和技术系统(Arthur, 2009)的进化,而不是基因。它从单一的单位吸引注意力,包括符号、话语、说话人、言语或语言,并引导它们在整个群体和交叉系统内相互作用。洛特曼表示,只有在规则、结构和过程的全球系统中才有可能出现独特的话语,而要开始制定这些规则,就需要"至少两种"语言的相互作用。因此,沟通的基本行为是翻译(而不是传播)。

洛特曼用智力的类比引入了语言是一个"相互心理过程"的概念:"人类的智力不能自己启动。要使一种智力发挥作用,就必须有另一种智力。智力永远是对话参与者。"(1990: 2)所以,"人类的意识是异质的。一个最低限度的思维装置必须包括至少两个不同构造的系统来交换他们各自设计的信息"(1990: 36)。语言、文化和思想是在系统的冲突中构成的。

洛特曼的作品是具有文学取向的,虽然他对包括电影在内的其他文本系统感兴趣,但他的目的是科学的,从某种意义上说,他想在文化的"符号空间"中分析维布伦所说的现象中的"累积因果序列"。因此,他自己的分析是经验性的和历史性的,但同时也致力于理论建构、概念建模和意义建构系统中的因果过程的解释。因此,一种系统的方法(一种对历史动态和变化的因果机制感兴趣的方法)有潜力成为文化的进化研究方法。而文化也以符号圈和相关的知识系统或思想圈的形式,逐渐成为一种"强大的地质力量"(Vernadsky, 1943: 19)。

这种力量如何与知识和物质过程相结合,在不确定的环境中创造新事物?本书为这一问题提供了一个特别的答案。

❖ 三大因素——"每个人""每个事物""每个地方"

> 社会制度到处都有海森堡原则,因为我们不能在不改变未来的情况下预测未来。
>
> ——肯尼斯·鲍尔丁(1981:44)

概念社区的形成

我们既要考虑"创意产业"这一概念的分布和实施,也要考虑其起源。我们认为,创意在传播和适应新情况的过程中具有巨大的潜力,在解决困扰这一概念的一些观点和反对意见方面也具有同样大的潜力。

地理学家拉塞尔·普林斯(Russell Prince,2010:121)指出:

> 创意产业政策的迅速传播,得益于许多地方的政策制定者、活动家、议会和政府官员、文化企业家、研究人员和学者将这一概念纳入其政治、文化、经济和社会项目。

这种观点强调的不是概念,而是概念社区,由围绕或者背离一个反复出现的对话的主体构成。随着时间的推移,这个对话可能会变得更深入、更有效、更符合目的(也可能以失败告终)。

因此,重要的是**群体**,因为它是产生知识的群体。哈特利和波茨(2014)使用术语**类群**(一个亚种群)来标识文化载体或群体,其中可以包括位置明确的(位于某一个地方)和虚拟的或分散的(通过出版物、交流和对话连接)有共同利益的或密切关系的社区。在古希腊,类群是阿提卡人口的一种划分,雅典公民便是在此基础上安排和组织起来的。类群这一术语在"民主""人口学"等政治修辞中仍然很常见。当代生物科学也使用类群一词,表示发生杂交的特定物种的亚种群(通常与同一物种的其他亚种群隔离);这类种群可以发展出不同的特征。术语"类群"的这两个用法共同描述自我组织的群体,他们共享知识、决策(公民身份)和基因(通婚),但不同于(而且往往与之对立)其他类群的人(即操其他语言的人——古希腊人称之为"野蛮人")。类群是文化的基本单位（Pagel，2012a）。文化造就群体，群体创造知识。我们由此认为，**创造力**是在群体知识、交流和自我（在身份和后代中）的保存、适应和复制中出现的。简言之，我们认为创造力是文化群体的一种财产和"产出"，而不是另一种属于个人的财产。

这一逻辑特别适用于那些寻求分析和解释文化、创意及其产业经济特征的人，也同样适用于他们所研究的那些人。"我们"——包括学者、政策制定者、评论员、学生和读者——都参与了类群的形成，以便了解情况。在这种情况下，类群是在上述相互关联的主体中形成的，这些主体来自其他类群，它们可能有着不同的职能（政府、文化机构、政策和宣传机构、学术界），也可能来自不同的地方（不同国家、城市和地区）。在这个全球通信时代，这些也是"虚拟"的类群——通过脸书或"粉丝"相互联系，在网络或媒体上形成并维持从属关系的各个社区。当这样不同的群体结合，并成为一个更大的群体聚集在一起时，例如迈克尔·沃纳（Michael Warner，2002）所称的"话语公众"，要从该群体中剥离出"我们"的身份认同特征并不容易，这里就是紧张关系、争论、意想不到的思维碰撞和创新可能性产生的地方，因为差异更有利于实现这一目的。

这可能就是为什么拉塞尔·普林斯说，建立一个全球知识和政策社区是创意产业概念最重要的成就。他列举了这一理念易于在全球范围内传播的情况，以及围绕这一理念建立起支持其发展的社区和基础设施：

> 创意产业为各种各样的项目提供了一个共同的参考点。这些项目都有自己独特的政治规划和认知方式。通过创意产业的概念，本来可能从来没有机会接触彼此的具有分歧的项目，能够跨越鸿沟进行对话（Prince，2010：136）。

因此，普林斯的观点的含义是，最重要的概念性成就不是厘清创意产业的定义，而是维护类群的团结：

> 无论创意产业作为一个概念和政策社区存在多长时间，这一切所指向的是，我们不能认为有可能找到某种"最终解决方案"来解放创意产业，并为所有参与创意产业的人提供令人满意的工作；而是要认识到，正是这正在进行的跨越鸿沟的对话和

联系为创意注入了活力(Prince, 2010:136)。

普林斯对创意产业/创意经济辩论的宝贵贡献在于,这场辩论本身以及参与辩论的各方之间的分歧,可以看成是创意群体的形成:"政策社区"是创意群体试图描述的一个例子,无论辩论者或贡献者的立场如何,其对创意产业的讨论越多,创意产业的理念就变得越真实。

我们目前可以获得的信息是:继续讨论!回报可能相当可观。普林斯的结论是:"这种全球范围内的讨论促成的任何新的和意想不到的联系,都可能预示着创新的政策解决方案和政治项目;我认为,促成的联系越多,这种情况发生的可能性就越大。"其目的是创新思想和产生有用的新知识。相较于按照宗派对群体进行排他性的定义,区分局内人和局外人、我们和他们、对与错,对话更有可能达到这一目的。

本书迎难而上,探讨如何促进对话、建立联系并增强创意活力,在对创意产业进行新概念化(而不是提出"最终解决方案")之前,采取了三个冒险的步骤——"三大特征"。

近似阶——从零开始

在有关创意产业的研究领域内,基于证据的政策和出版物很流行。如果以现有的标准(例如公司的市场交易)或统计数字(例如消费者需求)来衡量,创意产业不一定会脱颖而出,尤其是因为创意产业包含的生产活动范围比市场所涵盖的范围更广,且涉及的是在供应之前不可能有需求的新奇事物。很快,忙碌的政策制定者和政客就失去了兴趣(创意产业不够大),学者和研究人员陷入统计数据和概念过于细枝末节的泥潭(创意产业不够连贯),公众继续对此完全忽视(也许这所有的专业争论让他们认为,创意产业想法与他们无关)。

我们认为,"以证据为基础"的政策研究(研究已经发生的事情)为时过早。在现阶段,更重要的是概念化本身,即科学发现的"大胆猜想"阶段,正如卡尔·波珀(Karl Popper)所说:

> 大胆的想法、未被证明的预期、思辨的思想是我们解释自然的唯一手段,是我们理解自然的唯一的推理法、唯一的工具。我们必须冒险让它们帮我们赢得奖品。我

们当中那些不愿把自己的思想暴露在被反驳的风险之下的人，不参加这种科学游戏（Popper, 2002: 279–280）。

与直觉相反，相对于社会科学通常允许的情况，目前可能需要的是更多的辞藻和更少的证据、更多的推测和更少的统计数据、更多的想象力和更少的描述。在我们能够追踪现在正在形成并以不可预测的方式改变未来的东西的形状之前，我们很可能会误解我们所接收到的信号——这些信号可能在数学上和描述上都是准确的，但却没有表明下一步会发生什么，或者看不出在细节中取样的整个系统。不可测性和不确定性不是靠准确性来解决的（在物理学中，它们是不同于机械事实的量子事实）；理解来自将证据拼凑在一起，来自综合，而不是来自对吸引眼球的混乱片段的感知。

为了解释我们的观点，创意产业的概念本身提供了一个很好的例子——如果仅仅根据过去的证据来概念化一种现象，你可能就大错特错了。最初对创意产业的描述很狭隘，包括模拟艺术（DCMS, 1998），对其中体量庞大的部分——数字媒体和社交网络——置若罔闻。数字媒体和社交网络已经开始变革专业和业余的创作实践，要衡量其经济影响，可以观察科技、通信、媒体和电子商务（消费者服务）公司的市值，以及这些"社交网络市场"的公司（Potts et al., 2008）是如何迅速发展起来并超越彼此的——市场领导地位从微软、诺基亚和爱立信转移到苹果、谷歌和亚马逊。[1]这些公司大多起源于美国，而且仅有十几年的历史，这一事实可能使那些基本只关注欧洲的创意产业支持者受到蒙蔽，看不到数字革命的变革性力量，因为在英国或欧盟制定针对主要在其他地方活跃的行业的概念没有多大意义〔除非希望解散这些竞争巨头，比如2014年10月，欧洲议会就直接针对谷歌采取的措施进行了一次（不具约束力的）投票〕。因此，仅仅基于现有形式总结的创意和表演艺术、出版、设计和媒体的创意经济的概念注定要迅速过时，并导致政策失误。

然而，这种不完全的开始可能只代表科学家和工程师所说的"零级近似"（或有根据的猜测），而不能用具体的数字来表示。例如，可以将在运动场上、购物中心里或示威中的人群估计为"几百人""几千人""数万人"，所有这些都是"0"个数量级

---

[1] 资料来源：普华永道全球百强企业（2008—2013），见http://www.pwc.com/gx/en/audit-services/capital-market/publications/top100-market-capitalisation.jhtml。

（零个有效数字），但它们都是信息丰富和真实的描述（观察者可以从这些描述中判断出人数是很少的、令人失望的，还是较多的、令人信服的）。通过以后的改进可能会出现更高阶的数值——体育场的"大门"，或示威时的"警察估计"。当然，当这些数字被重新转化为意义时，其"加起来"说明了什么仍然是具有争议的。

然而，无论量化准确与否，近似阶都是表现尚不存在校准系统的现象的有用工具。这就是我们对创意产业的看法：没有人能够确定创意产业是由什么构成的（在哪里划定界限），所以我们还不能确定有多少个创意产业，它们可以分多少类，它们在空间上与不同行业是如何相互联系的，以及它们的规模或增长速度。承认错误、无知以及缺乏证据，并不是要就此放弃！创意产业最初的概念化不能被量化，或者缺少重要的元素，这并不意味着它就毫无价值：它仅仅是在零级近似阶。答案应该是，让我们改进它。

但政策制定者或理论家似乎并不是很有耐心，更不用说实践者了。"创意产业"这个词本身就不被一些理论家所接受。严格划分学科界线领域内的学者不太喜欢这个术语，因为它出现在政策话语中，被视为一种不连贯的投机的流行语，或一种旨在提升特定部委或地方形象的机会主义营销辞藻，而不是一种理论化的概念（Schlesinger, 2009; Prince, 2010; Fly, 2012）。

创意产业中的许多人也不喜欢这个词，因为他们不明白为什么自己的特殊专长需要与其他专长混在一起。新闻业就是一个很好的例子，能够说明这个词是如何与现有的技艺和行业格格不入的。如果你说一个记者的文章是"有创意的"（听起来好像你在指责他编造故事），这个记者往往会感觉受到冒犯，但整个新闻业在很大程度上是全球娱乐产业的一个组成部分。新闻学专业通常开设在大学的"创意产业"系，与之并列的是在电影/电视/广播制作、表演艺术、创意写作、设计和视觉艺术学科，以及公关、营销和广告等传播领域进行的实践培训（Bromley, 2014）。作为一个劳动力市场，新闻行业与其他创作实践领域重叠，包括媒体制作（电视、广播、网络）、写作和出版、营销和文化中介、政策和宣传。尽管如此，很少有新闻从业人员愿意承认自己是在"从事"创意产业。职业思想意识与工业形式存在矛盾，二者都被文化和市场的变化所超越。难怪它们那么偏执。

有些严重的问题是所有这些偏执的根源，其中一些将在本书中讨论（三个"但是"）。但是，在进入细节和分歧的讨论之前，我们想要确定"攻击的角度"，希望它能使本书超越学科界线和思想意识之争,因为这些问题不能在概念层面得到解决。我们意识到,试图从一个新的整体视角出发,为创意产业找到新的视野,比描述迄今为止的概念或产业轨迹风险更大,但我们认为,如果创意观念和创意实践要蓬勃发展,这样的举措是必要的。这是因为,尽管人们对这一术语的熟悉程度越来越高,但对创意产业所涵盖的任何行业的未来潜力仍缺乏明确的认识。因此,目前关于创意产业的讨论和辩论可能会拖累它们——传统思维、概念僵化,缺乏商定的目标、宗旨或方向,以及较低的期望。公众讨论和批判性讨论对创意产业的解释,已经为自私自利的主张和反驳、批评和赞扬设定了一个相当可预测的议程,这可能会阻碍而不是帮助创意产业"腾飞"。

因此,从基本原则开始重新思考创意产业是值得尝试和冒险的,因为无论人们对"创意产业"这一术语有什么看法,明摆的事实都在讲述一个不同的故事。

概念的起源

创意产业的概念自20世纪90年代出现,已传遍了世界各地。然而创意产业的概念究竟是什么呢?最广泛流传的版本是这样一个众所周知的定义:

> 创意产业起源于个人的创造力、技能和才能。它们有潜力通过知识产权的产生和使用来创造财富和就业机会。创意产业包括音乐、表演艺术、电影、电视、广播、广告、游戏和互动内容、写作、出版、建筑、设计和视觉艺术。

这不仅是英国文化、媒体和体育部(DCMS)1998年首次提出的对创意产业的著名定义,而且也是关于这个产业的最新术语,15年后,它仍然高居澳大利亚联邦政府"创意产业"网站的首位——这一定义被逐字引用,但未注明出处,似乎该定义并不具有知识产权[①],而成为一条自然法则。一种归化的观点认为,"个人的创造力、技能和才能"(在法理学中属于"自然人")产生(可由公司和政府等"法人"利用的)"知识产权",并创造"财富和就业"(经济价值)。然而,这并不是对创意的解释,而是描述了如何确立产权,以及如何在概念上将创意毫无保留地全部从文化上转移到经济上。

---

① 见http://arts.gov.au/creative。

这种把创意产业看作私有财产的定义吸引了世界各地政策制定者们和他们的顾问们的注意。从概念上讲，创意产业仍以其起源地——英国为主导，在澳大利亚参与的研究和政策话语中，英国与澳大利亚都是领先者。这一术语在欧盟也越来越受到欢迎，但在美国受到的关注却少得多。

大力推进学术和政策研究并不总是意味着有力的政策执行（反之亦然）。例如，在相关大学和政策论坛上，澳大利亚对创意产业研究的力度和充分程度表现出一种奇怪的不对称，而在政治和政府领域几乎完全忽视了这一研究。在澳大利亚联邦政府网站上，"创意产业"按英文首字母顺序被归入艺术类的传统艺术和遗产目录项下（arts.gov.au）：

- 收藏
- 创意产业
- 文化多样性
- 影视
- 土著
- 文学
- 可移动文化遗产
- 音乐
- 表演艺术
- 公众咨询
- 区域旅游与艺术
- 视觉艺术

在澳大利亚，艺术类相关事务受总检察长的部门监管，这意味着负责艺术表现和创新的部长也是审查和版权的主要执法者。现任部长（本书写作之时）最广为人知的事迹是决定废除《反种族歧视法》的条款，理由是"人民有偏执的权利"①。关

---

① 参议员、总检察长兼艺术部长乔治·布兰迪斯（George Brandis）在回答工党土著参议员诺瓦·佩里斯（Nova Peris）的问题时说："你知道，人民有偏执的权利。""在这个国家，人民有权说让别人觉得冒犯或偏执的话。"（见《卫报》2014年3月24日的一篇文章：http://www.theguardian.com/world/2014/mar/24/george-brandis-people-have-the-right-to-be-bigots。）

于创意产业,到目前为止,他最充满激情的发言主题是版权改革(以简化立法和改进执法)①。艺术类事务与其他相关的政府监管领域相互渗透较少,如工业(创新、研发)、通信(宽带、媒体)、贸易(国际合作、旅游、条约)、教育(研究、培训)。关于创意产业的国家政策缺乏概念化创新和新的、不受约束的或颠覆性的能量。

对范围界定、映射和概念建模的连贯性尝试主要是在大学研究中心进行(特别是创意产业和创新卓越中心,但在许多地方都有很好的研究中心)。不幸的是,澳大利亚联邦政府倾向于与本国学术研究界保持一定的距离(这是一种低信任度/高审计的制度),其带来的违背常理的结果是,来自欧洲和美洲的想法更可能受到政策圈的欢迎,而不是来自本国专家的想法②。因此,澳大利亚大多数关于创意经济的好想法都"出口"到了别国。事实上,如果澳大利亚的研究人员能够在声誉良好的外国某个地方表达他们的想法,他们可能会更受重视,就像澳大利亚的演员、作家、记者和音乐家在好莱坞、纽约或伦敦向来自本国的观众讲话时,会受到更高的评价一样。

相比之下,"创意产业"的概念在英国发展得更好。它经受住了风险重重的政党更替。英国文化、媒体和体育部(原国家遗产部)是在"新工党"政府(1997—2010年)的领导下成立的。2010年政府换届后,该部得以保留,继续拥有一位内阁大臣,直接负责创意产业,以及艺术和文化、广播、文化财产、遗产和历史环境、博彩和赛马、图书馆、媒体所有权和合并、博物馆和美术馆、国家彩票、体育、电信和网络以及旅游③。在英国,政策制定研究和辩论相当活跃,主要通过一些研究机构进行,例如德莫斯研究所(Demos)、英国国家科技艺术基金会(NESTA)和英国文化教育协会(British Council)等机构,BOP等私人咨询机构,各个大学的研究机构,例如曼彻斯特大学的FOCI、兰卡斯特大学的大创新中心(由兰卡斯特大学赞助)及拉夫堡大学伦

---

① 参议员乔治·布兰迪斯在澳大利亚数字联盟"面向未来的合理使用——版权改革务实观"论坛开幕式上的讲话,堪培拉,2014年2月14日:http://www.attorneygeneral.gov.au/Speeches/Pages/2014/14February2014-openingoftheAustralianDigitalAllianceForum.aspx
② 因此,参议员布兰迪斯关于创意产业版权改革的讲话(见上一条注释)以引用1841年麦考利勋爵在英国下议院的演讲为开场白,并提及普华永道的一份行业报告。他没有提到在过去10年(由政府资助)在创意产业和创新卓越中心(CCI)完成的关于创意产业或版权的本地工作(由布莱恩·菲茨杰拉德牵头)。
③ 见http://www.gov.uk/government/ministers/secretary-of-state-for-culture-olympics-media-and-sport。国务大臣由分管文化、通信和创意产业的助理国务大臣协助(http://www.gov.uk/government/ministers/parliamentary-under-secretary-of-state-culture-communications-and-creative-industries)。

敦校区；此外还有公共宣传（Hargreaves et al., 2013）和议会辩论[①]以及研究资助委员会[②]等。

然而，在澳大利亚和英国，"创意产业"作为政府职责的一部分，正日益变得平庸，总是或多或少地与传统艺术和国家遗产联系在一起，尽管在英国，它也与媒体、通信和网络环境有关，但是，就像在澳大利亚一样，经常被提到的"联合政府"的想法并没有明显的表现，在这种政府中，政策目标是在协调多个部门的过程中实现的。当然，首相或财政大臣似乎总有其他事情需要关注，但除他们之外，也并没有一个政府部门真正关注创意产业，从经济和创新以及美学和遗产的角度来说都是如此，更没有一个政府部门将创意产业视为可以创造财富和需要一定支出的领域。创意产业的发展欠缺有利的条件，例如税收减免（财政部）、贸易和行业激励、基础设施投资（如高速宽带）、教育、研发和培训项目，以及获得那些强烈主张在所有其他领域进行创新的人的支持。相反，现有产业的游说者占据了主导地位。因此，试图将经济和文化价值融合在一起的公共政策制定缺乏动力：综合和系统思维"没有市场"。"商务人士"和政策制定者有自己的方向，"创新者"和学者又有另一番追求，双方各行其是，彼此相轻。

全球对话，而不是私有财产

"萌生于英国；论证于澳大利亚；实践于中国。"这是一段短暂历史的速记版本（Hartley, 2010; Prince, 2010: 134），但故事到这里还没有结束。主要问题不是知晓已经发生了什么，而是设想和规划未来。若想看到把全面发展创意产业作为促进国家整体经济发展的一种手段这样的情况，就必须把目光投向中国、巴西、印度尼西亚、尼日利亚等其他新兴经济体和发展中国家，在这些经济体中，已经进行了非常大规模的公共（国家资助）和私人投资，用以打造创意园区和创意城市，发展创意经济部门，以及培养创意产业从业者（Li Wuwei, 2011）。

与此同时，互联网、数字媒体和社交网络发挥了改变游戏规则的作用，在全社会

34

---

① 例如下议院（http://www.publications.parliament.uk/pa/cm201314/cmhansrd/cm130619/debtext/130619-0002.htm#13061976000001）；上议院（www.parliament.uk/business/publications/research/briefing-papers/LLN-2011-032/debate-on-3-november-the-creative-industries）。

② 例如http://www.ahrc.ac.uk/Funded-Research/Research-Creative-Economy/Creative-Economy-Showcase-2014/Pages/Watch-highlights-from-the-day.aspx。

推广经济上实用的创意实践。现在，你可以在家进行创造，并直接进入一个潜在的数十亿人的市场。或者，你也可以通过社交网络与众包解决方案或其他类型的集体行动（如众筹、倡议活动、P2P信息和教程）联系起来，这些活动可能会带来远远超出个体能力的经济和政治影响力。大多数人不会立即成为互联网企业家，但很少人会完全脱离网络，而现在出现在社交媒体、数字技术和互联网的多样化和形成利基市场的过程，就像19世纪英国工业革命期间无数匿名工匠在吸收带来同样巨大变革的技术一样（Mokyr，2009）。

鉴于创意产业概念的迅速传播，以及数字和社交媒体在同样迅速全球化的市场中的迅速增长，现在是时候考虑"财产"方法是否仍然足以解释和组织复杂社会中的创造力。我们的方法大不相同，因为我们不认为个体的"自然人"是创造力的源泉。更确切地说，他们是虚构的，或者说是法理学和方法论的个体主义的虚构，而不是我们可以在大街上碰到的真正的人。就国家政策而言，他们总是转变为"法人"（公司），其财产（垄断寻租权）必须受到"自然人"的保护，这些"自然人"构成了公民和选民，立法者名义上代表他们（但很少在大街上碰到他们）。

我们认为创造力是符号系统和思维系统的一个特征，特别是像语言这样的文化系统，个人当然会使用这些系统并形成自己的文化系统，但个人不需要是文化系统的来源或拥有其来源。反过来，这种文化系统是群体的特征，而不是个体的特征：我们的文化、语言、创造力和交流都是基于我们人类的社会性，而不是我们的个性。创意是一种公共资源，而不是私有财产。因此，最好把个性看作这些系统的产物，而不是它们的来源。

"三大因素"

如何看待创意是一种集体创造的共同资源，属于全体人民：每个人（不仅仅是知识产权所有者）；每个地方（不仅仅是发达国家）；他们所有的活动（不仅仅是正规经济的一个部门）？这个问题有三个非常明确的答案，即"三大因素"。

首先，我们想从对地球的思考（使用"生物地球化学"而不是"全球化"的观点）开始对创意产业的讨论。我们想把创意产业看作一种全球现象。在地圈→大气→生物圈→符号圈→思想圈的模型上，我们把创意产业看作→未来圈。它的主要特征是开放、成长（总是处于自我创造的状态）、尚未成熟、在不确定中的潜力、不可测性、由于年轻而无责任感、孩子气、爱玩耍……试验现有系统的功能（包括规则）。从系统层面（"圈"）来理解，这个关于可能性和成长过程的试验（获得不同程度的成功）就是创意产业所做的事情。

其次，我们不想把创意产业的概念局限于艺术与设计或经济中的创意及表演艺术范畴，亦不会关注这些创意产业的流行文化版本——消费主义及娱乐主义。同样，在另一个极端，我们并不是试图提出一种普遍适用的、基于心理学的论点——每个人都是有创造力的。相反，我们想要找出什么是经济方面的创意。我们的答案是，它是指复杂适应系统中新事物的产生。新的知识和创新使系统本身能够内生地更新和改变。创意产业是引领未来的产业，在任何经济领域都是如此。

最后，我们不把"个人才能"（DCMS, 1998）作为创意产业的基础。我们的方法不是从个体开始建立的，而是从关系系统开始的，在关系系统中，个体被理解为主体（不只是"有才华的"个人），任何一个人只有在区别于所有其他人的情况下才能被认可为这样的人。事实上，我们并没有采用方法论上的个体主义。在方法论的个体主义中，个体的欲望（需求）是动机，个体的行为是研究的对象，个体的理性选择是可以量化的。

由于创意产业是基于系统的，我们将个人及其行为和行动视为过程的产出或"沉淀"，而不是投入。相反，我们感兴趣的群体在规模和复杂性上分为三个层面：

- **宏观**：整个人口的抽象概念（受众、公民、消费者、公众）；
- **中观**：具体但仍具有潜在规模的组织化和制度化群体，如"社交网络"（推特、脸书、优兔）；
- **微观**：各种形式的自发组织团体实体，如公司或其他企业、社区协会、文化机构和数字文化中的短期群体：快闪、众包网络、玩家/表演者公司等。

我们把一个群体（类群）定义为由有目的非亲属组成，这是一个与公民、公众以及消费者和受众密切相关的概念。我们认为创意产业是由一个以上主体共同推动、组织和实施的（"阴谋"），尽管有时是秘密设计和实施的（"商业秘密"）。在创意产业中，一个群体可能会聚集在一个相对薄弱的目的性概念周围——玩游戏、成为观众的一员或建立一个公共社区，以表达与自己的思想或文化相似的其他人的共同主体性。我们在这方面寻求确定的不是目的的力量,以及这些群体是如何作为群体成为新事物或创新的源泉,而不是仅仅基于个人的行为或决定。

沟通——而不是个人创造力

怎么能这样理解创意产业呢? 根本的答案是,我们看到的是创造性的沟通,而不是人才、天赋、专业知识或艺术训练,更不是知识产权。沟通需要两个人,最低限度的沟通系统包括两个不同的单位(沟通的双方),这两个单位已经是"符号圈"或"意义系统"。原则上,这类系统的特点是差异而不是雷同。沟通的基本事实是不同系统之间的"冲突": 不可通约性、不可译性、不对称性和可能的冲突。意义是沿着系统之间的差异(不可译性、不可通约性)的界限出现的。

沟通的基本行为是跨边界的翻译(个人——微观,组织——中观,文化——宏观),从而维持、跨越或改变边界。因此,移动或重新协商边界会高效地产生新信息,新信息的形式可能是激怒(Hutter)、创造性破坏(Schumpeter)或创新(Potts; Leadbeater & Wong)。在任何情况下,新事物都是从差异的冲突和相互作用中产生的。

因此,我们的创意模式是围绕着这种模式下的沟通而组织起来的。它在Dopfer等人(2004)提出的经济运作概念化的"微观—中观—宏观"三个层面上运作:

1.宏观:

采取全球系统的方法(但不是全球化)(洛特曼,沃尔纳德斯基,符号圈)——"**每个地方**"是彼此关联和相互决定的。

2.中观:

采取"**每个事物**"的方法……以新事物和创新为基础的经济转型,表现在数字媒体、社交网络、DIY/创客文化,以及所有经济领域尚未实现的潜力(这不仅包括商业经济的"部门",还包括以社区和区域行动为基础的社会企业)。

3.微观:

采取**每个人**的方法,每个人都加入群体,特别是在每个人都必须经历的阶段——

青年（包括童年）。

这一结构的一个直接意义是，它扰乱了迄今已纳入组织的微观（个人）和中观（机构）层面，因为现在我们可以确定分散的个人（例如社会网络，包括用户和以前称为消费者的主体）产生的微生产力不仅是文化价值的重要来源，而且也是经济价值的重要来源。然而，"生产力"这一术语通常仅限于组织和行业——是一个"中观"术语——而在经济学中，个人通常不是以分列的形式计算的。经济组织中最小的单位是公司。个人可能被抽象为消费者或劳动力，甚至是家庭，但不是生产者。在我们的模型中，就像在现实世界中一样，消费者和生产者之间的边界处于危机和变化之中，来自用户和互动参与、DIY文化和"创客（Maker）"运动的创新与传统企业的创新一样多。与以前的"大众媒体"平台相比，优兔（Burgess & Green, 2009）就是一个"正模"的例子。广播公司是专业和独家内容创造者，但YouTube内容都是由用户创造（或复制）的。由于重新定义了生产者和消费者之间的界限，大量的新信息（"大数据"）被释放到整体系统中。我们的目标是捕捉"三大因素"中边界重新划定的一些动态流动性，在这个尺度上，我们可以观察到以前截然不同的系统之间的关系是如何变化的。

同时，上述讨论表明了我们对"宏观"层面的看法：它不是一个较小现实的抽象集合，而是一组以复杂系统及其相互作用的形式存在的因果关系。如果不了解宏观系统，就不可能理解个体，就像如果不了解大气就不知道人类是如何生存的一样（也不知道大气中为什么会有那么多维持生命的氧气）。

因此，我们认为，将"三大因素"合在一起，将有助于进行一种融合，将创意、文化、经济、技术和政策融合起来，这种融合不是在待利用的财产领域，而是在新事物领域。在这个领域，对不断变化的和不确定的情况的适应会受到类群或群体的妨碍，尽管各个群体是在竞争和敌对中相互"合作"，同时又提防着彼此。

2

历 史

❖ 创意产业的"时刻"

"这个太上瘾了。"

——凯特·莫斯(Kate Moss)[①]

背 景

本章从文化研究的角度来阐述一个"时刻",正如斯图尔特·霍尔(Stuart Hall)等人在20世纪70年代所说的那样:"通过一个时刻,我们能观察到整个过程的全貌。"(Hall et al., 1978: 82, 162, 217, 293)在《监控危机》(*Policing the Crisis*)一书中,霍尔和他的同事分析了一个事件(书中的事例是执法部门对"行凶抢劫"的打击)是如何成为一场危机或长期的历史进程的转折点的。他们将其称为"事件叠加的

[①] 凯特·莫斯(Kate Moss)最喜欢的手机应用是澳大利亚的McCann公司为了宣传轨道交通安全而制作的"蠢蠢的死法",见http://www.dailytelegraph.com.au/entertainment/sydney-confidential/kate-moss-reveals-favourite-phone-app-is-aussie-train-safety-campaign-dumb-ways-to-die/。

时刻":"行凶抢劫的时刻。"(1978: 323)

尽管创意产业话语的发展与哈特利提出的"霸权的危机"(Hartley, 2012: 43-44)不可相提并论,但值得一提的是,英国政府发布了颇有影响力的《创意产业规划文件》(DCMS, 1998)后,引起了各国政府部门及教育与商业发展领域的强烈反响,创意产业迎来了属于它的时刻。在澳大利亚布里斯班,反响也十分强烈。本章与下一章将通过澳大利亚当地的例子,将创意产业的"时刻"作为"事件叠加时刻"进行讨论。虽然这份规划文件不是执法部门的重拳出击,但在当时看来毫无疑问是高度的政治干预,而且从那时起"创意产业"的概念就一直或多或少地受到争议。为了使读者重新认识这个"时刻",我们将从当时自己的所在地(相对于英国,我们处在地球的另一端)出发,在不过度政治化的前提下来探讨这份文件的一些影响。

21世纪初,本书的三位作者曾在澳大利亚昆士兰科技大学共事,如今已分别在澳大利亚、威尔士和中国开始了各自新的工作,但一直保持合作。对我们而言,故事开始于布里斯班。昆科大是国际上创意产业研究与教育领域的先驱。2001年,全球首个创意产业学院在该校成立,由哈特利教授担任首任院长。澳大利亚地理位置偏远、国土面积中等,布里斯班也并非大都市,而昆科大又是非传统型的科技院校,在这种环境下进行创意产业教学甚至研究显然从一开始就需要一个新的"命题"。要想在创意产业知识上作出有价值的贡献,光靠渐进式的内部改变是不够的;我们需要的是洛特曼(Lotman, 2009)所说的"大爆炸",即指数级的改变。形象与知名度也值得重视,这样研究成果才能在更大范围内得到关注(无论教学质量多高,也无论其对当地社区、经济与文化的贡献多大)。

另外,以前的做法是行不通的。我们不仅需要将创意课程与研究安排现代化,还要将其与科技、法律、商业活动以及社区参与联系起来。

我们需要重新思考既有的学科边界,不能只是提供一套打包的课程,还要从根本上了解大学之外发生的变化。本地(以城市为基础)的教育需要与国际竞争趋势接轨,要满足外国留学生的需要。重要的创意实践需要与创业和商业化结合。文科的研究需要结合其他领域的最新进展。我们的改变必须是明智的、制度性的和国际化的。

创意产业的"品牌"一开始就把三个以前各自独立的教学领域放到了一起:

- 媒体与传播，包括新闻、创意写作、广播–电视–电影制作以及媒体研究；
- 创意与表演艺术，包括音乐、舞蹈、戏剧（表演、技术制作和戏剧教育）以及视觉艺术；
- 基于数字设计的新领域，尤其是时尚领域与"通信设计"（人机交互）。这些学科10年后最终被划到了一个已有的设计系（至此该系才被纳入工程学院），课程包括建筑学、园林设计、城市设计与规划、工业设计和产品设计。

几乎所有这些学科都是"基于实践的"，用于满足当地（即昆士兰）的经济需要，包括教师培训。除了一些"理论结合实践"的专业，这些学科都是不注重研究的。

无论这个品牌多么受学生（喜欢"创意"的部分）、监护人，以及为他们提供资金支持的人（喜欢"产业"的部分）的欢迎，发展创意产业的提议并没有产生超出当地的影响，除非能获得显著的研究成果。只有在新的方向上自成一格才能获得声誉，这种自成一格既可以是"纯理论"层面的概念、方法论和发明，也可以是"应用"层面的内容创作（发明）或是政策、商业与社区对新想法的吸收。有了好的声誉就可以在知识创新的开放赛场上获得竞争力，从而让世界范围内的同行相信这个方向值得尝试。为了能在未来议程设置上争取发言权，我们需要赢得最重头的研究基金奖励，通过最有名的渠道发布成果，等等。

我们要做的显然不只是简单地提升既有的"基于实践"的研究中的"理论"成分，一方面是因为基于实践的研究可能是最难获得研究委员会资助的领域，另一方面是因为这种研究并不涉及面对超越工艺生产创新的创意未来所需的洞见。创造性的实践已经充分建立起来，可以从它已经能够做得很好的领域看到未来。一旦创意离开了理论走向应用，之后发生的事就不再是研究者的关注点（从正式的、学科的角度而言，尽管每个人都希望自己的研究能获得应用上的成功）。我们需要一个建立在创意过程的"端到端"模型基础上的学科跨度更大的方法：包括创意（创意与表演艺术、媒体、设计）、法律框架（知识产权、版权、授权）、商业流程（创业创新、企业管理、分销营销）；一个全新的使创意为大众、受众、消费者、社区及市民所用的方法；随后再为创意劳动力与独立企业提供新的教育（包括正式与非正式教育）方法。因此，我们建立了一个研究专家团队，成员来自澳大利亚各地的不同机构，除来自"创意"学科领域的专家外，还有来自信息技术、法律、商业与教育领域的专家。团队会聚了最优秀的人才来共同探讨一个问题：创意在当代文化与经济生活的创新中扮演着什么角色?

这一切都发生在一个快速的科技变革时期,随之而来的是互联网、数字媒体与社交网络以及市场全球化,用户在创意创新领域面临的机遇令人振奋。因此,在知识领域和商业实践中对传统学科进行"创造性破坏"的时机已经成熟。在这个"临界点"时刻,文化、媒体、设计与知识开始被视作经济增长与转型的驱动力,用户开始在大众媒体生产力方面取代消费者。

2005年,也就是优兔问世及互联网可以同时传输音频、视频和文本的那一年,本书作者之一约翰·哈特利获得了澳大利亚研究理事会的研究资助,我们同时也获得该理事会创意产业和创新卓越中心(CCI)的资助。以这种跨学科的混合为基础,从一开始我们就设法将"实践"和"研究"以及"纯研究"和"应用研究"整合起来(而不仅仅是混乱的抽样),跨越多种知识范式和方法传统,引起国际各个知识领域相关人员的注意,包括研究人员、读者、学生、政策制定者、企业家、活动家、倡导者、艺术家、设计师、作家、表演者和制作者……以及他们的孩子们,他们自己的传统和期望可能彼此各异,与我们也截然不同。

我们首先制定了一个研究方案,目的是:

- 阐明创意经济(它在经济上有什么特别之处吗?);
- 调查各个创意领域,从流行的电视和电影到时装(从创意到市场的道路上有哪些障碍?);
- 阐明培养一批有创造力的劳动力和财富创造者(正规和非正规教育)所需的条件;
- 尝试制作和分发内容的原型,特别是在非专业群体和社会弱势群体中;
- 促进将创造性创新纳入国家创新体系,当时许多国家的政策制定都严重倾向于生物科学、通信技术和纳米技术(为什么各国需要创意经济?)。

因此,我们的研究开始聚焦于文化、技术和经济的交叉领域的问题。在文化方面,我们研究"专家"(艺术家)级的和全民型(消费者共同创造)的创意人才;在技术方面,我们研究数字媒体和社会网络;在经济方面,我们研究知识经济中的创新和增长。

政　策

45　　没有一门现有科学（或社会科学），也没有发展出一种创意产业的理论（这些理论可以通过正式的假设、试验、实地调查、数据分析等来加以检验）。相反，政府部门试图从"新的"或"失重的"信息或知识经济中获益（Leadbeater, 1999）；从某些工业部门现有的竞争优势中获益，特别是在英国，首都伦敦拥有大规模的创意经济；试图通过将文化重新定义为营收部门（增长），而不是消费部门（遗产、福利）获益。

这些获益点在英国第一届新工党政府时期汇聚在一起。1998年，时任英国文化国务大臣的克里斯·史密斯试图通过将文化和创造力与财富创造、就业和国内生产总值（GDP）挂钩，以提升政绩，从而获得财政部对文化的更多支持。这个想法也确实奏效了。就算你不认为这一举措是天才的灵光一现，但也要承认它确实是及时且富有成效的，并有着深远的影响，当然也包括许多无法预见的后果。虽然财政部仍然一如往常不为所动，但"创意产业"的精灵从知识领域的瓶子中被释放出来，史密斯所在的文化、媒体和体育部（DCMS）在界定创意产业方面获得了先发优势。

这里的重要政策举措是使文化远离经济的后门（它之前只是坐在那里，手里端着杯子，没好气地咬着喂养它的手），现在它走到了创新战略的前门，在那里，摇身一变成为一个高增长的部门，其表现甚至优于其他部门（包括久负盛名但发展迟滞的制造业）。文化部门充满活力，异军突起，对其他部门产生了乘数效应：创业积极性很高，出现许多初创企业、微型企业和个体经营者，其中一些成为"百年老店"，市值甚至超过许多大公司。

缺　陷

有一个问题甚至没有被提上相关部门的议事日程，这个部门的主要工作是促进商业发展，安抚艺术游说团体，这个问题就是：能否将"创意经济"建立在全社会的创造力的基础上，而不只是基于现有的艺术精英、专业设计师和一个创意受版权保护的"专家渠道"模式上？这个问题在政策层面尚未解决，因此也就成了本书的基本命题。

同时，这项新千年的政策倡议还存在其他缺陷。首先是创意产业的固执想法，认为它们是基于个人才能，所以必须有严格的知识产权保护体系才能实现产业繁荣。

这种想法没有考虑迅速发展的消费者创作内容与用户主导的创新,也忽略了很多创意都吸收借鉴过往大师与当代同行的想法这一事实。

其次,创意产业的想法还保留着非数字时代的痕迹,在那个时代,艺术家个人为公共机构或在由单一平台公司或行业(广播公司、唱片公司、电影制片厂、出版商、报社、时装设计室等)主导的传统市场上创作个人作品。这种做法不仅忽视了数字技术的作用,更重要的是,它忽视了"知识共享就是知识获得"的互联网精神,以及社交网络、众包和影响力社区的非市场或"礼物经济"的一面。

第三,伦敦金融城的傲慢。毕竟,伦敦金融城的金融服务业不是领先全球吗?伦敦不是娱乐、出版、媒体、广播和文化旅游的伟大创意之都吗?那么,还有什么比以金融服务(英国最大的出口产品)的成功作为创意产业的目标更合适的呢?全面市场化,取消监管(这是在全球金融危机之前,金融机构"轻触"或放手监管的时候,当时是在全球金融危机以前,英国金融服务管理局"蜻蜓点水式"和放手监管的政策看起来还是不错的主意);产品设计保持高水平的"创意"(附加值都在精心设计的产品创新点上);高流动性;高负债("杠杆");高薪酬——这些因素放在一起意味着高增长的服务。只要经济保持增长、信贷充足,一切看起来都很美好。但创意部门真的能产生皮格马利翁效应,精心打扮一番就成为人们所期待的那样吗?

创意行业当然产生了一些赢者通吃的名人,比如J.K.罗琳(J.K.Rowling)和达米恩·赫斯特(Damian Hirst),创意和高科技的赢家都登上了40岁以下的富豪榜,但这些人的成功并不能代表创意经济的普遍情况,创意从业者们在赫特福德郡购买的豪宅也没银行家们购买的多。英国最富有的人依然是威斯敏斯特(Westminster)公爵(房地产业),后来被拉克希米·米塔尔(Lakshmi Mittal,钢铁业)和罗曼·阿布拉莫维奇(Roman Abramovich,石油业)所取代。不管怎样,2008年9月,当雷曼兄弟在美国的总部打电话说"伦敦,你得靠你自己了"[①]时,伦敦金融城已经受到了冲击。

第四,创意产业带有民族主义偏见。时任英国财政大臣的戈登·布朗(Gordon Brown)及其以下的所有政府官员都认为,创意产业是英国相对于其他国家具有"竞争优势"的一个例子。所有的谈话都是关于如何领导世界,而不是融入世界。没有人停下来思考一下,在一个真正的动力位于海外的全球联网系统中,各国如何合作而不是竞争。

---

① 见http://everythingneednotfit.blogspot.com/2008/10/betrayal-of-london-unheard-in-new-york.html。

克里斯·史密斯（Chris Smith）在英国文化、媒体和体育部的继任者是泰萨·乔维尔（Tessa Jowell），他发表了一些演讲，谈到英国如何将低成本制造业留给中国人，并专注于发展高附加值的创意产品和服务。但他忽略了一点，中国人自己可能对此也有其他想法，并仔细聆听外国顾问（包括创意产业和创新卓越中心的专家们）的建议，这些顾问表示中国需要从低成本的"中国制造"经济转型为高价值的"中国创造"经济（Keane & Hartley, 2006; Keane, 2007），可以通过发展本国的创意产业，鼓励国内消费，并希望扭转"创意贸易逆差"（即中国从西方引进的想法多于其输出到西方的文化、媒体、品牌和知识）的现状。

科 技

虽然英国文化、媒体和体育部是在20世纪90年代末受到启发才提出创意产业倡议的，但正如央行官员们所言，它也是自私自利的、"非理性的繁荣"。2000年3月，随着互联网泡沫的破灭，创意产业的泡沫也终于破灭了，纳斯达克指数从5,000点跌到1,300点，而15年后，它仍然没有回到5,000点。

尽管很多信息通信技术企业损失惨重，但数字媒体和互联网并未就此沉寂，至少不像铁路或汽车在19世纪50年代和20世纪30年代股市崩盘后那样崩溃。创意产业也没有其他受信息通信技术影响的部门损失惨重。然而，一旦文化被按照市场规则重新定义，而不再受到遗产或补贴的保护，（风险）资本家和（艺术）从业者就会看到创意企业是多么不堪一击。这是一次惨痛的教训，也是早期关于风险、不确定性、不可测性和系统冲突的一课。

然而，到了这个时候，很明显，高科技的信息通信技术不但没有为创意产业敲响丧钟，反而对其至关重要。如果没有美国式的数字技术和以市场为基础的新媒体平台，欧洲式的"非数字"创意产业和文化机构并不会有多大作为。

在这里，欧洲的公共文化和文化机构的传统遇上了美国的个体主义传统和企业家精神。"英国当代艺术家"可能渴望他们的作品能够在博物馆（最好是泰特现代美术馆，即Tate Modern，"酷不列颠"的最新旅游景点）展出，而加州的计算机怪才们渴望把自己的代码转化成一个全球性的公司。是否有可能融合这些抱负——融合艺术性和创业精神、个人才华和全球规模、公共文化和消费者需求、创造力和计算能力、个人艺术性和数字全球网络？

简而言之，数字技术能否帮助我们使创意成为一种全社会都参与进来的全球范围的活动呢？"全球媒体"是否一定意味着它受到好莱坞和默多克等国际传媒大亨的"垄断控制"呢？任何人都有机会参与吗？如果确实如此，较小或新兴经济体（例如澳大利亚或中国）是否也会从技术进步中受益并加入其中？虽然"大媒体"在转移到网络上之后仍然地位显赫，但从一开始就很明显，在线创意也可以包括自下而上、同级之间的元素，因为互联网一开始就是这么被发明的。这样的发明创造力原则上没有理由只能在加州发生。

地　理

加州的竞争优势很明显。硅谷提供了地理上的创意集群模式，将车库初创企业集中在一起，似乎使其中的佼佼者更容易在短短几年内跻身全球企业之列。

理查德·弗罗里达（Richard Florida）是一位有开创精神的研究职业的社会学家，他认为知识领域的专业人士和有想法的企业家中可以被归类到"创意阶级"的人并不多（全世界仅1.5亿人），但却对经济增长和创意创新领域的发展（这两者正在合而为一）起到了很大的促进作用。如今创意阶级覆盖的职业范围比传统的观念认为的更为广泛，包括计算机与数学，建筑与工程，生命、物理与社会科学，教育、培训与图书馆，艺术、设计、娱乐、体育与媒体。

这些"无领"专业人士也喜欢生活在"体验经济"中，他们流动性大，随心所欲地去任何自己想去的地方。所以，如果你想吸引他们迁往你的城市，就要把你的城市建设成创意友好型城市。弗罗里达的观点触动了世界各地城市规划者的神经，导致市长和官员们迷上了"创意阶级指数"，想知道自己的城市是否有足够多的学生和同性恋群体（代表一个城市的开放程度）规模，以此判断是否可以建成创意城市。

但是任何地方都有潜力成为创意城市吗？弗罗里达并不这么认为。最终，他将40多个"超级地区"定为全球创意的熔炉："如今，创意产生的速度最快、有才华有创意的人才密度最高、'城市新陈代谢'率最高的地方才是繁荣的地方。"（Florida, 2009）根据弗罗里达的说法，大多数这样的超级地区在美国，但在世界其他地方也有分布，包括欧洲（大伦敦地区；阿姆斯特丹—布鲁塞尔—安特卫普）和亚洲（大东京地区、中国的上海—北京走廊和印度的班加罗尔—孟买地区）。

增　长

在这一点上，随着通信、计算机和媒体技术的融合，人们可以将内容创作想象成一个分布在全球的用户创作系统（Jenkins, 2006），（接入互联网的）每个人都可以制作和发布自己的媒体内容，或者与同行共享自己喜欢的内容。创意内容与通信融合。与其试图通过个别的作品（一部电影、一幅画）来赚钱，不如通过促进那些自己制作（或分享）创意内容的同行之间的创意传播来赚钱。换句话说，从万维网能够处理视频（2005年）开始，就可以想象比特流（Bit-torrent）或优兔这样的事物将取代广播成为创意媒体的"平台"——不是"一对多"的大众娱乐，而是"多对多"的信息传播（这更像通信而不是媒体）。

"平台"的说法并不准确，因为它指的是一个能够在上面建造城堡的某种稳定的东西，在这里，按照当时的说法，"内容是王道"。技术方面的变化速度继续遵循摩尔定律——增长速度超过指数级，每隔几年创意的基础设施、速度、连通性、用户、使用和内容的范围就会翻一倍。当然，由此产生的大部分内容是共享的、盗版的、无偿的或业余的，这使得在任何新平台上都很难制定一个可行的商业计划。

这给创意企业带来了更多的不确定性和活力。今年热门的新平台或"杀手级应用"——比如广受欢迎的"蠢蠢的死法"（据说是凯特·莫斯最喜欢的应用）[①]——到明年可能就已经被弃如敝屣。这种浪费反过来又产生了一种不完全受欢迎的新的"创意产业"——处理电子垃圾的产业。中国广东省的贵屿镇在这一领域是世界领先的（见第6章第2节）[②]。持续的增长是由多方面推动的，包括技术不断创新，越来越多的人参与到数字行业，以及所有这些能力都能在商业和非正式的社交网络中找到用武之地。

这种增长的一个非常有趣的方面是它比公共政策环境的发展还要快。尽管（像以往一样）关键的技术突破是由国防工业部分资助的，但大部分能量来自非政府机构，其中一些是营利机构，很多则是非营利组织。在公共政策能够跟上的时候（如1998年英国文化、媒体和体育部发布的规划文件），它却只关注经济增长，把公共政策作为一种升级版的产业政策，而没有把重点放在知识增长这一更广泛和更重要的

[①] 见本章导语；游戏应用见https://play.google.com/store/apps/details?id=air.au.com.metro.DumbWaysToDie&hl=en；这个近9000万点击量的视频见https://www.youtube.com/watch?v=IJNR2EpS0jw。

[②] 见维基百科"Electronic waste"和"Electronic waste in Guiyu"条目以及http://www.china-pix.com/multimedia/guiyu/。

问题上（Loasby, 1999; Metcalfe & Ramlogan, 2005），也没有关注全社会总体能力的增长（人力资源或人力资本）。因此，在不同群体中推广数字应用、数字扫盲教育或支持创意发展和组织（创意公司的商业服务除外）方面的公共投资相对较少。

19世纪末和20世纪初，意图实现现代化的国家曾投入大量公共资源，试图通过小学义务教育开展全民扫盲，但当下在数字媒体方面却没有做出这样的努力。就通过计算机、通信和媒体网络增长知识而言，"人民"只能"靠自己"。

社交网络

简而言之，知识的增长不是政府的问题，而是市场的问题——这就是政府的政策。如果人们想要一个受益于全球数字技术的创意经济，如果个人想要与世界各地志同道合的人交流，那么他们就必须"自己动手"。

有人认为这个问题不是由于创意太多，而是创意太少，互联网泡沫破灭和数字革命让这一观点得到了佐证。人们过于狭隘地关注连通性以及信息技术在内部业务运作上的应用。一般民众会喜欢用这个网络做什么呢？不妨搜索一下DIY文化、Web 2.0以及新的全球竞争者谷歌、脸书、优兔、维基百科、Flickr（一款网络相册应用）。

创意经济的本质直到现在才以清晰的方式具体化。创意产业不是"版权"产业，不是"艺术"产业，不是创意"职业"（设计师、媒体制作者等），也不是"媒体"产业。创意产业的特点完全不同：它们一直以来都是社交网络市场（Potts et al., 2008）。

社交网络市场有两个奇特之处：第一，人们的选择是由网络中其他人的选择决定的；第二，选择是基于地位的。为什么说这些特征是奇特的呢？

- 选择是"众包的"：一般来说，市场应该是建立在利己的选择之上的，这些选择应该是个体主义的、理性主义的，而不是由别人的选择决定的。但是在社交网络市场，选择是受外在影响的、基于系统的，由相互关系而不是由理性产生——理性是关系系统中集体选择的产出，而不是投入。
- 基于地位的选择：一般来说，选择是用来满足需要和需求的。但是在社交网络市场，选择是用来表达地位关系的。因此创意产业看起来不太像一个新古典主义市场。地位高的名人做出的选择往往会受到青睐，而地位低的人的选择往往得不到认可，这就创造了一个名人代言的市场。名人本身不是这样一个市场的产物，而是一种投入。除非你的名字能赚钱，否则没有人会请你去做一个产品的代言人。

"创业式消费者"也可以通过做出令人推崇的选择而提升地位（Hartley & Montgomery, 2009）；这在高低端市场都适用，比如日本的原宿（Harajuku）就捧红了很多人，包括有着"创伤可爱风"、首张单曲就在YouTube上收获6,200万点击量的博主、模特兼歌手竹村桐子（Kyary Pamyu Pamyu）①。而且，由于地位是彼此关联、转瞬即逝的，所以在社交网络中持续做出选择的过程对地位会产生影响，从而对价值观（以及进一步选择）产生影响，这种影响既是文化层面的也是经济层面的。

这就是波茨所说的"受新颖性影响的选择"，而不是受不确定性或风险性影响的选择，这两种情况都在行为经济学中有研究（Potts, 2010）。当面对新的知识、新的联系或新的想法时，人们不能通过获得更多的信息来减少不确定性，这恰恰是因为他们面临的是新的情况。因此，波茨认为，"理性的经济主体"——也就是每个人——观察并学习别人是如何做出选择的，从而知道如何对新的选择做出反应。他们最初就是这样进入社交网络市场的。一旦进入社交网络，他们就开始观察并与他人建立联系，尤其是通过随机复制的方式（Bentley, 2009），这样新的可能性就会出现，包括其他的"消费者生产力"和共同创作的机会。

此外，构成社交网络以及创意产业的大部分内容都并非是基于市场的，至少在通常意义上是这样。这是因为社交网络的存在先于并独立于市场（家庭、朋友、邻居、对手等之间的社交网络）；还因为社交网络既属于货币经济，也属于"注意力经济"（Lanham, 2006）。

人们会为他们给予和接受的关注标上价值。这种价值在经济上是一种信号，就像货币价值一样，因此我们需要结合文化研究（符号学、人类学、媒介分析）和经济学来探究这个过程（Herrmann-Pillath, 2010, 2013）。为了创造出正确的信号来吸引更多的注意，人们可能会投入时间、创意和物质资源。他们认为对自己喜欢的其他人投入注意力也是有价值的。比如，粉丝们会为他们的偶像投入注意力。可以通过多种方式"支付"注意力，但并不是所有方式都可以带来金钱收益。正如在婚姻或友谊

---

① 见http://www.japaneselifestyle.com.au/tokyo/harajuku_fashion.htm。关于竹村桐子，见http://www.theguardian.com/culture/australia-culture-blog/2014/mar/21/kyary-pamyu-pamyu-tinges-j-pop-horror-show。

中，选择了就是选择了，所做的选择并不会变成金钱，有些销售情况也是如此。

消费者＝生产者

在社交网络中，"消费者"这一概念本身并不重要。人们自我组织的网络并没有真正消费什么，其目的在于与他人建立关系。正好相反，真正重要的不是他们买了什么，而是他们创造了什么以及他们如何发出信号，可能只是要"理解"他们喜欢的东西，也可能是与他人接触，或者创造自己的创意内容，可以是照片或文字，也可以是竞争性游戏策略或开源代码。过去的"消费者"现在成了系统生产力的焦点和引擎。

组成社交网络的不是等着被说服买这个还是买那个、按这个按钮还是那个按钮的被动的消费者。这些社交网络是严格的同仁间的、自我创作与持续的，是多节点、交互连接的网络，而不是一个线性产品渠道的终端。所谓的"弹道战略"就是"瞄准"一个用户的档案，然后用带有很强目的性的信息来"轰炸"这个用户，这个战略其实收效并不好，因此后来的营销理念就转向了"病毒式""潮涌式"和"群集式"的概念化营销传播（Earls, 2007; Li & Bernoff, 2008）。

在社交网络市场，你无法为消费者做选择。最关键的一点是，用户是为了自己才加入社交网络的。本质上这是一种社会文化活动而不是经济活动。人们进行的活动事关他们的地位以及他们崇拜的人（或崇拜他们的人），包括他们私人圈子里的形成自我身份的活动与人。

创造性破坏

从这个角度来看（DIY用户或"生产性消费者"的观点），组织的地位并不是那么重要、组织的地位并不是很关键。人们与内容互动、与他人互动，而不是与公司互动。也许这就是为什么人们不认为分享是一种盗版行为——他们不觉得所处的环境是涉及版权的。我们很容易看到在生产者与消费者、公共与私人、专利与盗版、专家与业余人士、主体与机构之间早已明确的区别，且正在经历一个彻底的熊彼特式（Schumpeterian）的"创造性破坏"。这是一种猛烈的"再混合文化"（Lessig, 2008）。

在这种背景下，再坚持认为"公司"是明显的具有能动性或活力的单位是不明智的，因为公司绝不是网络环境中创新的唯一（当然更不是最重要的）来源。其他形式的协会、组织和机构已经建立起来，从有共同兴趣的自我选择网络到基于关注度（八卦博客Perez Hilton）、礼物经济（古腾堡工程）、企业品牌建设（麻省理工学院的免费课程）或友谊（不只是Facebook）的巨型企业，应有尽有。

其中许多企业始于业余爱好（系统），后来事实证明这些爱好足够强大，足以维持商业和社区形式的组织。在这类网络中，企业与社区网络是共生共存的。通常情况下，新事物的"生成性优势"并不是由利益驱动的，但不可预见的受欢迎程度可能会创造一个市场，而成立一个企业则可以稳定这个市场。换言之，这是一个进化过程，在选择（公司）、采用（市场）和维持或灭绝（竞争）之前，需要进行必要的调整和试验。因此，系统的整体规模大于市场层面，包含比企业更多的事业类型，比利润或价格激励更多的激励类型。

创意产业还有一个奇特之处：如果像政府部门和行业分析师倾向于做的那样，只关注一个行业的生产者端，那么你很可能会完全错过创意产业。要想真正了解创意产业，不能从研究公司着手，而应该从研究人们的行为着手，尤其是他们在复杂的大规模开放系统中彼此互动时是如何表现的。

但与此同时，用维布伦的话说，把"人"的地位降低到原子化和个体主义的"自给自足的欲望的水珠"的地位也是不对的（Veblen, 1898）。个体身份本身就是一个社会工程，这个工程在人们参与的系统、机构、网络和关系中产生，从家庭和口头语言一直到大众捧红的名人都是如此。

当你考虑国际名人的"身份"时，比如帕丽斯·希尔顿（Paris Hilton），很明显，这一身份是在不断发展变化的，希尔顿女士更像是一个全球品牌或公司，而不是个人。当然，作为注意力经济的赢家，她建立的关系网远远大于"普通"消费者的关系网，用Barabási的话说，这意味着她是一个"枢纽"，而不是一个"节点"（Barabási, 2003）。在一个"无标度网络"中，她是注意力关系的"幂律分布"曲线上的一个峰值，而你只是曲线的"长尾"的一部分。换句话说，每个人都是这个互联网络的一部分。因此，尽管帕丽斯·希尔顿与那些过着"简单生活"的人之间存在着个体差异，但所有人的身份都是同一动态系统中彼此联系的产物。①

---

① 帕丽斯·希尔顿凭借电视真人秀节目《简单生活》（*The Simple Life*, 2003—2007）获得了2009年福克斯真人秀"最佳创新奖"。

❖ 回到基本原则

> "创意产业全球形态短暂的生涯……展现了能够影响世界大部分地区政策制定的跨国专家群体是如何兴起的。"
>
> ——拉塞尔·普林斯（Russell Prince, 2010: 135）

彻底反思

如果按照"一切照旧"的商业计划——认为如果企业瞄准消费者，那么行业就会繁荣起来，那么这个时代的变革潜力就将早早地被扼杀。相反，正是因为我们似乎进入了一个任何事物的含义都不再清晰可辨的混乱世界，我们需要认真研究开放而复杂的系统是如何运作的，以及创意——更不用说创意产业——在这一背景下可以扮演什么角色。

正如在上一章所提到的，这正是由澳大利亚研究理事会（ARC）资助的创意产业和创新卓越中心（CCI）的初衷。该机构的研究人员多年来致力于解决这些问题，越来越明显的是，他们需要对基本原则进行彻底地反思。作为该中心工作的一部分，本书作者之一——哈特利教授的"多媒体的使用"这一研究课题获得了澳大利亚研究理事会的资助。

这项研究跟踪了曾经流行的媒体——特别是广播电视——在数字和互动时代的境遇，思考如果互联网被证明是一项与印刷术一样重要的发明，那么在全民数字扫盲方面会发生什么（Hartley, 2009）。活字印刷术最初（从14世纪50年代开始）用于教会和国家文件。然而，到了17世纪，它无意中使全社会通过三个伟大的文本系统接受了现实主义，这三个系统都需要印刷书籍和期刊，它们是科学、新闻和小说。

鉴于过去由于采用新的通信技术而产生了不可预见的后果和知识的超常增长（Castells, 2001），以计算机为基础的交互通信和随之而来的数字知识的普及可能会产生什么后果？现在预测还为时尚早，但很明显，我们不应该在游戏刚开始时就考虑最后的结果。

露西·蒙哥马利（Lucy Montgomery, 2010）是这个研究项目团队的一名博士后。其他成员包括研究"朴素创意"（Burgess, 2006; Burgess & Green, 2009）的琼·伯吉斯（Jean Burgess）和研究"游戏公司与玩家之间的关系"、从"社区关系"角度观察游戏公司的约翰·班克斯（John Banks）。在这里，对于游戏公司而言，用户生成内容以及生产者和消费者、专家和业余人士之间的区别都变成了生死攸关的问题。如果玩家社区不喜欢一款游戏，而游戏开发人员又不听取意见，那么这家公司可能就要倒霉了（Banks & Potts, 2010; Banks, 2013）。

与此同时，来自中国、德国、土耳其、加拿大、委内瑞拉和澳大利亚的博士生也与研究团队合作，深入研究在用户主导创新的时代，创意、新媒体内容与经济企业是如何改变彼此的。其中包括本书作者温雯和李士林，前者研究了中国杭州的创意集群与创意区域在中观层面的建立，后者通过中国业余爱好者制作恶搞视频成名的现象研究了微观层面的创意生产力。

该研究项目也得到了其他领域专家的协助，尤其是卓越中心的研究员杰森·波茨（Jason Potts，进化经济学）、迈克尔·基恩（Michael Keane，中国创意经济与政策）和布赖恩·菲茨杰拉德（Brian Fitzgerald，版权与知识产权法）。汉学家与经济学家卡斯滕·赫尔曼-皮尔斯（Carsten Herrmann-Pillath, 2010、2013）也对我们的工作作出了至关重要的贡献。随着研究的深入，我们越发认为，按照目前的进展速度，创意产业的定义是不会被接受的。我们必须进行重新评估。[1]

历 史

在上一章，我们讨论了创意产业概念出现的历史背景。创意经济不是从定义中产生的，而是从现实情况中产生的，因此，它的概念（作为一个"心力品"）不是科学的，而是历史的。因此，在《创意产业》（Hartley, 2005; Hartley, 2009: Ch.2）一书中，哈特利认为，创意产业即使在其目前使用的10年左右的时间里，也可以被看作一个动态的、不断演变的概念。但在我们谈到这一点之前，需要认识到创意产业的历史比这更长，可以追溯到欧洲启蒙运动，还可追溯到更早的古典时代（古希腊罗马时代）。在每个新时代，创意和文化实践的公共功能都被重新定义，因此创意产业首次亮相的舞台上已经挤满了戏剧人物：

---

[1] 见http://cultural-science.org。

- 在启蒙运动的人文科学与公民人文主义（绅士的公共美德）概念中，创意艺术高贵、文明、令人振奋而又极具贵族气质，"地位高且责任重"。
- 19世纪，随着民族国家的崛起，出现了民族文化与公共艺术的概念，欧洲贵族把画作交给了国家美术馆，他们的宫殿成了博物馆。
- 在工业文化中，特别是在美国，出现了基于市场而不是公共机构的流行艺术——小说、电影、媒体，产生了公民—消费者这种融合民主观念（自由、公共）和资本主义观念（舒适、个人）的混合体①，如沃尔特·惠特曼和沃尔玛的结合。
- 现代主义和先锋派艺术认为创意等于"新事物"，任何大规模生产的东西都不过是一种复制而已，从而将贵族精英主义改造为知识精英主义，最新的思想统治受到推崇。
- 来自法兰克福学派和反资本主义的左派学者提出了文化产业的概念，在文化产业中，媒体站到了国家权力的一边，国家由资本控制；创意"产业"不过是资本主义的喉舌。
- 世界各地的地区政策常常（但并非总是）将文化产业的概念去政治化（20世纪80年代的大伦敦理事会是一个例外），并努力吸引文化产业在本国或本市发展，最终形成了"文化之都"和"媒体之都"的概念。
- 在信息产业中，创意成了"无重量"经济或新经济、知识经济的一部分，为信息基础设施与连通性增加了高价值的创意内容，使创意"输入"成为增值服务或无形资产的一部分。

当克里斯·史密斯提出创意产业是一个新兴的经济部门时，所有这些传统观点早已存在，其中一些观点还彼此矛盾。现在的问题便是：创意产业到底是一个什么样的经济部门？

进 化

在这样一个快速变化和动荡的环境中，创意经济的概念也是在不断变化的，这一点并不令人惊讶。短短10年间，这一概念在其短暂的生命周期中已经表现出四个不

---

① 在《流行现实》（*Popular Reality*）(1996)一书中，哈特利将"自由"与"舒适"称为自法国与美国革命开始的"现代性的孪生能量"：普通民众（非贵族）对自由的渴望驱动了为了解放而进行的政治斗争（法国革命），对舒适的渴望驱动了为了物质丰富而进行的经济斗争（工业革命）。

同的阶段。每个阶段中，创意实践都在不同领域发生，这些领域一个比一个广阔，新的领域往往同时包含着之前的领域。

因此，你可以把创意产业的想法看成一种病毒，通过不同的宿主在人群中传播，直到每个人都感染上它。

这四个阶段分别是（见第2章第3节）：

- 第一阶段：创意集群（产业）——封闭的专家体系；
- 第二阶段：创意服务（经济）——混合体系；
- 第三阶段：创意公民（文化）——开放的创新网络；
- 第四阶段：创意城市（复合体）——不同体系互动（碰撞与混合）。

这样一个范围极广的创意主体的定义，只有在复杂/网络理论和开放而复杂的系统的概念中才是"可以想象的"。这在基于计算机的社交网络中最为明显，但并不局限于数字领域。创意公民是"领航者"，而不是"消费者"；他们还可以作为"聚合者"共同行动，为创意问题提供"众包的"解决方案。

按照这一思路，很容易看出，创意的内涵比艺术学院或商学院的教学内容更为丰富。创意是一个宽泛的概念，它需要社交网络，它的"产品"是知识的增长——有时是市场环境内的知识增长，有时则是市场环境外的。

这是一个彻底的民主举措，尽管它还远远没有被普遍接受，关于它的影响的研究也刚刚开始，但我们还是有可能通过以下公式，找出与不断演进和扩展的全民创意概念相关的新的价值命题：

- （专业和业余）主体
- +（社交和数字）网络
- +企业（基于市场和其他形式的有目的组织）
- =创意价值（在一个开放而复杂的系统中）
- =知识增长。

更多模式

这一创意产业的"社交网络市场"模式是由杰森·波茨（Jason Potts）等人

（2008）在一篇文章中阐述的，随后产生了广泛的影响。波茨和坎宁安（2008）提出了一个不同的模式，用不同的思路来说明创意经济的模式。这种方法不是显示创意的影响如何通过经济从工业传到文化、再回到文化的各个阶段，而是试图表明不同的经济理论和方法使人们看到了不同的创意产业模式。这四种模式是：

- **福利**（文化的市场失灵模型），需要一个**消极的**福利补贴政策；
- **竞争**（无特别之处），需要一个**中立或标准的**产业政策；
- **增长**（将创意产业视为一个充满活力的经济部门——英国文化、媒体和体育部风格的），需要**积极的**投资与增长政策；
- **创新**（将创意产业视为变革的总动力），需要**开创性的**创新政策。

这些模型[①]都有一个共同的关注点，即创意在文化变革与经济变革中的角色，以及其作为开放而复杂的系统或网络的主体特性的定位。现在可能已经很清楚，我们更喜欢第四个模型，但同时也必须认识到其他三个模式的作用及其对现在的影响。

在富裕经济体中，创意产业过去看起来并不是一个小而迷人的部门（Currid, 2007），而更像一种能促进变革的通用社会技术。甚至有人认为，创意产业是以知识为基础的发达经济体中创新的经验形式。这种观点把创意创新与法律、科学和市场等其他促进变革的社会技术相提并论。在以知识为基础的复杂系统时代，创意产业可以被视为分布式创新的社会技术（Hartley, 2009: Ch.2）。

无论从哪种角度来看，我们总体上都正在采取一种不断演进的方法来研究文化。通过将经济与文化作为演进的要素来建模，以及将创意视作创新与适应变革的过程，我们就有了一个"文化科学"这个大类下面的学术分支。

从"金砖国家"到"薄荷国家"

谈到这一点之前，我们要先重新回到地理问题上来。如果可以从"社会网络市场"的角度来看待创意产业，那么任何产业都必须在某一时刻经历"创意产业"阶段，因为创意产业"涉及社交网络的创建和维护，并通过能够促进网络价值的生产和

---

① 波茨（2008）发现了17种"创意产业"模式。

消费来创造价值"。①

因此,创意产业思维有其涉及发展的一面,因为如果适应变化、利用技术支持的数字网络以及在创意人群中能促进网络价值的生产和消费确实构成了创意产业,那么发展中国家和新兴经济体是最需要创意产业的。

此外,新兴国家没有像工业时代对烟囱型产业与锈带区投入太多资金,它们可能希望将创意产业作为现代化、全球参与和城市发展的社会科技来实现经济的"跨越式发展"(UNCTAD,2008)。这不仅刺激了新兴国家的中小企业和非政府组织的发展,也推动了当地微型企业的发展。

由于发展中国家人口结构年轻化,这便有助于开发其自身最丰富的资源——创意人力资本。尤其是对年轻人而言,有创意的表达方式本身就是一种激发进取心的因素。在发展中国家,创意经济也是促进和体现传统和现代的文化表现形式多样性的有力工具。因此,创意产业是能够聚集全世界约10亿年轻人的创新地带,他们现在正从青少年时期进入具有充分的经济生产力的时期。

因此,研究中国这样的发展中国家与研究美国或英国这样的发达国家一样重要,事实上,从美国或英国继承下来的创意产业模式对新兴经济体来说可能是灾难性的,因为它是基于绘画或者唱片业等非数字技术的。

因此,无论采用哪种创意产业模式,都需要考虑到"金砖六国"(BRICKS,即"金砖五国"+韩国)——巴西、俄罗斯、印度、中国、南非、韩国可能很快会在全球经济和文化舞台上造成的"创造性破坏"。可能还要加上印度尼西亚(还有许多其他国家——这就是问题所在)。高盛前经济学家、彭博社专栏作家吉姆·奥尼尔创造了"金砖四国"(BRIC)一词,后来有人将韩国和南非加入其中,形成了"金砖六国";他还提出了"新钻11国"(Next Eleven或N-11)的概念,包括孟加拉国、埃及、印度尼西亚、伊朗、墨西哥、尼日利亚、巴基斯坦、菲律宾、土耳其、韩国、越南。在这些国家中,有四个已成为热门的国际投资目的地,即"薄荷国家"(MINT),包括墨西哥、印度尼西亚、尼日利亚、土耳其(见第5章第2节)。蒙哥马利(2010)是最早采纳创意产业理念并在一个新兴经济体的背景下进行研究的著作之一。这部著作的研究对象是具有战略重要性的中国。

---

① Potts,2008:Definition #12;另见Potts,2009。

版权冲突

在这种背景下,继续使用以唱片公司和好莱坞版权概念为基础的创意产业的定义是不明智的。可以想见,现有的投资者可能会激进地强制执行所有者的知识产权和像"数字版权管理"(DRM)这样的反网络策略,但这并不意味着这些策略也适用于新的环境(Potts & Montgomery, 2009)。

与此同时,很明显,要追求商业价值,你必须有东西要卖。如果要卖的只是一个想法,就必须设法将其货币化。因此,在可预见的未来,版权和知识产权将是当代文化、创意和商业冲突的焦点,这是不可逃避的事实。

这就是新老企业发生冲突的地方,如果总体的"知识增长"是研究的终极目标,那么亟待解决的问题就是谁拥有这些知识、如何共享这些知识、通过何种传播媒介获取知识和谁能够(在什么条件下)使用这些知识。

然而,无论经济学还是文化学都没有对版权问题进行足够认真的思考(见第4章第1节)。这不是自由主义进步派和控制文化反动派之间的旧式"左右之争"(尽管有时看起来确实如此),而是在不扼杀系统或变革的前提下如何协调和组织现有复杂系统中的创新、动力和变革的问题。

文化科学

因此,对当前情况有一个清晰的认识比以往任何时候都重要。在方法、意见和目的不断变化又相互区别的背景下,仅仅通过对随时摇摆的政策、辩论、宣传和批评的观察,不可能获得分析性的理解。然而,同样明显的是,继续利用现有的模板——无论是通过商业计划、公共政策或学术方法——来研究创意产业,将会错过上面提及的很多要点。

这促使我们着手现在正在进行的工作,我们称之为"文化科学"。文化科学结合了进化经济学、文化学与复合体或网络的研究,是一种开创性的研究文化与经济的方式,其目的在于研究知识的增长。它将文化与生物系统视为共同进化的,将文化视作一种开放而复杂的适应性系统。

首先面临的问题就是,与创意研究关系最紧密的领域,包括媒体研究、文化研究、区域研究(即特定国家的文化和语言)以及社会科学的各个分支,都是最不愿意在其研究对象上做出"开创性改变"的领域。此外，传统的对科学和人文这"两种文化"的区分，以及许多人文学科缺乏计算能力，使得对复杂演化系统的实证研究难以开展。

同样，那些从经济或科学领域转而研究创意与文化的人，在知识、技能和能力方面也存在很大的不足。他们可以研究传播，但对于意义却不甚了解。双方都倾向于埋头研究微观层面的、局部的、熟悉的问题，没有人去分析宏观层面的、系统的、协调的、层次性的、成长性的以及与其他系统之间的相互联系。

正因为所观察的现象既是动态的又是具有多重意义的，所以有必要从单一学科研究转向针对解决问题的研究；从单人进行的高专业度活动转向团队合作；从各个国家单打独斗转向建立国际研究网络。最重要的是有必要建立一个连贯的概念和理论框架，并通过这个框架把研究方法从观察转向分析。

自开始这一研究之旅以来，我们中那些追求文化科学方法的人更加坚定地相信，这样做是值得的，因为他们发现在各个领域有很多人都跟他们有着共同的追求。在人类学、语言学、神经科学、经济学和社会科学中，都已经有很多研究文化和生物共同进化的项目。[1]最近，关于故事、艺术与科技的开创性研究成果也发表了。[2]使用复杂理论与博弈论来建立社交网络模型（数字与非数字的）并进行分析的研究，也取得了较好的进展。[3]文化学还处于初始阶段，它是当下这个研究大潮中的一支。

显而易见，这些努力都是值得的，不仅有助于了解知识的增长是如何实现的，而且也能够获得更多的直接收益。那些受过人文学科教育的人发现，很难在公共政策制定或与企业接触中给人留下印象，尤其是在创新方面。如果缺乏系统性和数学性的证据数据支持，则很难说服决策者和商业战略人士重视创意。

因此，虽然很多人都同意将文化与人文科学纳入国家研发投资计划，将创意作为创新体系不可或缺的一部分加入科学、技术、工程与医学体系（STEM），以及像寻求技术解决方案一样培养创新思想，但如果关心文化与创意的人和关心经济与知识库增长的人没有共同语言的话，上面几点都不会实现。

---

[1] 比如杜伦大学的生物与文化共同进化中心（http://www.dur.ac.uk/ccbc）；另见 Richerson 和 Boyd（2005）；Mesoudi（2007）；Hurford（2007）；MacNeilage（2008）；Bickerton（2009）；Runciman（2009）。
[2] 见 Authur（2009）；Boyd（2009）；Dutton（2009）；Lotman（2009）。
[3] 最显著的是圣达菲研究所（Santa Fe Institute）的成果；另见 Sawyer（2005）；Beinhocker（2006）；Ormerod（2007）；Bentley 和 Ormerod（2010）。

政府、企业和文化专家本来有很多机会,来更好地利用我们日益增加的对文化与经济价值、思想与市场、用户与技术、精英专家系统与消费群体、新兴国家体系与成熟国家体系之间异同的理解,但是很多机会正在被白白浪费。

被取代了?

创意产业的变化空前迅速,先发者的优势往往不能持久。今天的初创企业可能明天就成了全球企业;今年的技术奇迹明年可能就被弃如敝屣。同样的无情逻辑对大学与学术学科同样适用,随着知识呈指数级增长(见第1章图1.5),很多国家的高等教育入学人数已占到中学毕业生的一半左右。①变革、扩展和加速是正常的,我们生活中的媒介就是这样。那么,"创意产业"又是怎样的呢?它们是否有持久的力量,或者也只是昙花一现、转瞬即逝的想法?政治上的优先事项虽然遵循着不同的逻辑,但有着相同的结果,也在迅速发生变化;而公共事务话语也很容易受到变化趋势的影响。且不论创意产业的概念能不能引人入胜,这个概念能不能持续地吸引政治家和政策制定者、评论人员与咨询者、说客与倡导者、活动家与民众的注意力呢?

在英国,"一周于政治来讲太长"(英国前首相哈罗德·威尔逊语),但即使在托尼·布莱尔和戈登·布朗担任首相的政治动荡时期,"文化和创意产业"也一直是政策优先事项。戈登·布朗于2007年出任英国首相,第二年就爆发了全球金融危机,他后来在2010年大选中落败。创意产业的概念一直与布莱尔提出的"第三条道路"的政治理念密切相关(Giddens, 1998),但戈登·布朗担任财政大臣(财政部长)以及后来担任首相期间,一直支持创意产业发展。2010年大选期间,他推出了工党的"文化和创意产业"政策,同时对经济和文化发出了双重呼吁:

> "当然,我们的创意产业为英国国内生产总值贡献了十个百分点,我为此感到骄傲。创意产业在全球为英国创造了数十亿的财富,每年吸引数百万游客。但是还远远不止于此,艺术激发了人类最好的潜能。我们对成为更大集体的一分子有着最深切的渴望,我们知道不论我们感受到什么,经历了什么,前人都曾走过这样的路,他们会穿

---

① 经济合作与发展组织(2012),《2012教育概览:亮点》(*Education at a Glance 2012: Highlights*),第13页,经济合作与发展组织出版社,见http://dx.doi.org/10.1787/eag_highlights-2012-en?。

越时间，在我们的耳畔告诉我们，我们并不孤单。"①

布朗竞选失败，但随即上台的保守党和自民党组成的联合政府保留了文化、媒体和体育部，创意产业部门由现代化主义者埃德·维齐负责。到2014年1月，创意产业"每小时为英国经济带来的收入超过800万英镑"，相当于每年714亿英镑。据报告，"2012年创意产业增长率近10%，超过了英国所有的其他行业"，创造了168万个就业机会，占英国当年创造就业机会总数的5.6%。文化、媒体和体育大臣玛丽亚·米勒（后因支出丑闻而被迫辞职）对此不无得意地说：

"这些令人难以置信的数据表明了创意产业的表现一直都超常的出色，超过了其他所有主要工业部门，是英国经济的一大驱动力。"②

从这些说法与统计数据来看，"创意产业"的表现一直十分强劲。但与此同时，正如分析师朱利安·塞夫顿·格林（Julian Sefton-Green）在2014年5月所报告的那样，政府和艺术理事会、研究理事会与地区发展局等资助机构中的政策制定者们都开始不再青睐创意产业，而创意活动家们也开始不再相信政府：

"民间组织……也从政策制定者的认可、研究以及某种程度上的关注中获益。但是二者的关系一直不融洽，政府关于民间创意部门的政策一直都是要么投资不足，要么过度监管。结果就是，对大多数民间组织而言，政府的默认立场就是充满敌意和怀疑——他们不大情愿地接受着资金援助，把监管部门视为敌人；而那些资助机构则通常认为这些民间组织爱惹麻烦、不守规矩。"③

---

① 戈登·布朗2010年5月在英国桑德兰市演讲，见http://www.totalpolitics.com/print/speeches/35333/gordon-brown-prime-minister-and-labour-party-leader-speaking-at-the-national-glass-centre-in-sunderland-to-launch-labours-culture-and-creative-industries-manifesto.thtml。
② 数据与引用见https://www.gov.uk/government/news/creative-industries-worth-8million-an-hour-to-uk-economy。
③ 朱利安·塞夫顿·格林（Julian Sefton-Green），《创意产业与大社会》（The Creative Industries and the Big Society），发表于创意经济2015博客（Creative Economy 2015 blog），见http://creativeeconomy2015.com/2014/05/19/the-creative-industries-and-the-big-society/。

换句话说，活动家与政策制定者都回到了相互对立的默认立场上，民间组织与"自下而上"或自发组织的创意活动在原则上与"自上而下"的政府和准政府机构对立，重现了文化与商业、私营部门与公共部门、艺术与经济之间一直以来的僵局。布莱尔式的将创意视为经济商品的"第三条道路"政策主张，从来没有被艺术活动家们接受（甚至没有被理解），而包括政府部门在内的资助机构还在要求有"基于证据"（即量化的、数字的、有统计学意义的）的论点以批准用于创意组织与活动（包括培训）的补助。结果就是"创意产业"的概念本身遭到了污名化，一方面作为"市场"的含糊其辞的代名词而被搁置，另一方面因为其倡议被视为继续获得政府拨款而特意提出的诉求而遭到排斥。

在这种情况下，国务大臣对创意产业部门的规模、增长和就业统计数字吹毛求疵，只是证实了人们的怀疑，即这是一种受限制的、一切照旧的创意模式。与此同时，公共政策专业人士对这个词也越来越谨慎。有些人更喜欢"创意经济"一词，部分原因是这是个已知量，依赖于财政部和其他政府部门已经熟悉的经济分析方法和手段。同时，利用创意经济的理念，可以通过"每个事物"来衡量创意的范围，而不仅限于艺术、文化和遗产部门。

早在"创意产业"概念被提出之前，对抗性立场就已经上演很长一段时间。在此背景下，一些政策活动家开始重新思考"创意产业"这个词。其中较为突出的是英国国家科技艺术基金会（NESTA），它在保守党和自由民主党联合政府的领导下变成了一个名为Nesta的慈善机构，旨在帮助个人和组织将好的想法变为现实。Nesta现在的宗旨是基于其信仰，即"我们生活在一个比以往任何时候都更需要创意、试验与冒险的时代"。2013年，Nesta的"创意与数字经济政策和研究"项目主任（在本书写作时）、英国财政部前经济学家哈森·迈赫希（Hasan Bakhshi）[①]与人合著了《创意经济宣言》（*A Manifesto for the Creative Economy*, Hargreaves et al., 2013），其描述如下：

本宣言提出了我们支持创意产业的十点计划，创意产业是英国增长最快的行业之一。要点如下：

---

① 引用出自Nesta网站多个页面：http://www.nesta.org.uk/about-us; www.nesta.org.uk/about-us/what-we-want-achieve; http://www.nesta.org.uk/users/hasan-bakhshi。

- 英国创意经济为250万人提供了就业机会,超过金融服务业、先进制造业或建筑业。
- 创意经济是英国拥有全球领先地位的少数几个工业领域之一,但历史表明,这种领先地位不能被视为理所当然。
- 我们的十点建议包括:艺术与文化机构应该激励利用数字技术进行的试验,发展本地创意产业群,采用我们对创意产业与创意经济的(简单而有力的)新定义,认可数字技术的中心地位——并确保政府的资助政策不歧视创意企业。

该描述将"创意经济"作为其主标题,将其包装为"创意产业",并在正文中将"创意产业"视为"在创意经济中具有中心地位"(Hargreaves et al., 2013: 14),同时对"数字技术"和"艺术和文化组织"都表示认可。

该宣言将"创意产业与创意经济"定义为"将创意才能用于商业用途"(2013: 13–14),其目的在于摆脱英国文化、媒体和体育部之前的定义中对知识产权的依赖,表明创意对"经济的其他部分"的影响,并更好地发挥"数字技术"与其他创新的作用。同时,宣言也明确指出了创意经济的定位——"商业用途"。虽然在经济学的语境下,这种表述算不上激进的说法,但它确实没有解决激进的、对立的、行动主义的、非营利的(一般不只是非商业,而是反商业)部门的问题,而这个部门经常自认为是有创意与批判性的先锋派。这个定义也没有承认大众为了文化与社交目的(而不是商业目的)而开展的活动,比如DIY文化、用户创建内容、复制与分享、社交网络与媒介,而这些都是创新与创意经济的关键来源。

更不用说新兴的社会企业和行动主义的"部门",这些部门没有商业目的,但组织起来却像公司一样,可能整合了环境、社区、创意甚至零售价值观念,但并不为"盈利"(例如Sea Sheperd和GetUp!)。这类企业往往具有创新性,并在流行文化的趋势或科技新功能刚显现时就抓住了机会,并将其用于完全非商业价值的用途。正如乔斯林·贝利(Joceylyn Bailey)谈到"创客"的不同概念时所说的那样(见第4章第1节):

> 对于创意产业而言,"创客"这个词的含义与财政部可能认为的大不相同。不是钢铁巨头、化学品供应商或工厂老板,而是工匠与发明家……产业政策应该跟上21世纪的步伐。我们的语言、思维模式与部门结构都需要升级,从而摆脱选择"创意产

业"还是选择其他经济部门的二元思维。①

因此,坚持把创意产业摆在以商业为目的的创意经济的"中心地位",相比一个工业的(大公司、高科技)、消费主义的"创意产业"的定义要更受欢迎,但这个观念仍然依赖于创意的"商品形式",把创意当成可以用于商业用途的东西。这个观念没有走出关键的下一步,即没有采用相关的或系统的方法,用相对立的目的间的张力——商业的与非商业的、基于市场的与行动主义的、娱乐的与艺术的、私人的与公共的、企业导向的或社区导向的——来驱动和激励创意。

在这些对立的目的中,分析人士要如何才能认识到有必要建立一个概念社区(见第1章第3节和Prince,2010)来理清这些作为经济与文化层面的创意来源的多种意义的关系呢?要想理解创意经济,就不能将创意的概念局限于"商业用途";同样地,要想理解文化,就不能将创意与经济割裂开来。正如很多人指出的那样,从资本主义诞生之日起,创意经济就可以和资本主义兼容:从莎士比亚时代起,很多艺术家同时也是企业家、合资公司的持股人以及为牟利向匿名观众提供新奇事物的人;今天,有人称硅谷是文艺复兴时期的意大利在当代的翻版,而史蒂夫·乔布斯就是当代的列奥纳多·达·芬奇②。这也是为什么我们在本书中采用了"创意经济与文化"这种说法。艺术、企业、文化、财富是一个系统,这个系统需要的是联合的对话,而不是对抗性的解释系统。

❖ 从创意产业到创意经济

> 我们经常将艺术与创意产业广泛地定义为文化商品与服务的提供者,但是这从系统上低估了它们对"经济"的贡献。为什么?因为创意产业同时也生产另一种输出,即创新。
>
> ——杰森·波茨

---

① 乔斯林·贝利,《创客的又一个三月》(*The Other March of the Makers*),发表于创意经济2015博客,见 http://creativeeconomy2015.com/2014/04/25/the-other-march-of-the-makers/。
② 出自斯坦福大学汤姆·拜尔斯(Tom Byers)的言论,"硅谷的企业家们就是当今科技文艺复兴的艺术家";以及"佛罗伦萨的市长说史蒂夫·乔布斯就是我们这个时代的达·芬奇",见http://thedishdaily.com/2013/03/05/stanford-professor-tom-byers-on-humanity-as-the-core-of-entrepreneurial-success/(2013年3月)。

创意产业的四个阶段/模型

目前大多数关于创意产业的讨论都只关注"产业"的部分，但是自20世纪90年代有了"创意产业"这个名字以来，这个领域就一直在进化和扩张。现在我们已经可以划分出创意产业的四个阶段或者模型（Hartley, 2009: Ch.2）。每个阶段或模型都是对之前一个阶段的补充而不是取代，因此这些模型既可以是前后连续的，又可以是同时出现的。结果就是我们现在在更容易看到创意对公民消费者与对企业艺术家有着同等程度的依赖，以及城市在实现创意方面对市民和经济的依赖程度。因此，对于一个真正的创意城市而言，最需要的不只是一个创意产业的模型，而是四个创意体系：每一个体系都可以单独描述，但它们经常相互重叠，而且随着各自的发展和相互间关系的改变而在创意的张力上发生碰撞。图2.1总结了创意产业的四个模型。

CI-1：创意集群	CI-2：创意服务
产业层面的定义 -封闭的创意专家创新流程（仅供公司内部使用）。 -不同产业部门的集群，共同生产创意作品或输出：广告、建筑、出版、软件、表演艺术、媒体制作、艺术、设计、时尚等。 -供应方引领的或以供应为基础的定义：机构（中观层面）创意；由专家精心制作产品。 -指标："创意输出"，即按创意价值（附加在信息或材料上的价值）定价的消费者商品，包括音乐、写作、设计、表演。	企业服务层面的定义 -封闭的创新体系。 -"创意服务"：由从事创意职业的人与创意公司进行的创意输入（专业设计师、制作人、演员、作家）。 -创意服务为"非创意"部门提供附加价值（比如卫生部门、政府部门）：机构（中观层面）创意。 -指标：专业创意人士（专业设计师、制作人、表演家和作家）的就业情况。
CI-3：创意公民	CI-4：创意城市
文化（用户）层面的定义 -开放的创新网络（超越公司与专业界限的创新）。 -"创意公民"的数量：民众、劳动力、消费者、用户，以及企业家、艺术家。 -个人（微观层面）的创意/微生产力；基于市场的与非市场化的。 -关注用户生产力（社交网络、创客、众包等）。 -社交媒体/用户创作的内容。 -指标：来自社交网络的新兴产品；通过微生产力机构扩大规模（比如YouTube、谷歌）。	复合体（与碰撞）层面的定义 -工业/经济与文化系统间的碰撞与冲突（比如知识产权共享问题上的利益冲突）。 -社交集会、混合与冲突的场所：将文化与经济、多样性、包容性、文明性相连接。 -因此创意城市是那些可以同时容纳工业、经济、文化与"城市符号"的城市。 -全民的（宏观层面）创意，与机构（中观层面）活力和个人（微观层面）生产力相结合。 -经济价值（国民生产总值、就业）与文化价值（意义、身份、关系、边界）的协作。

图2.1 创意产业的四个阶段—从产业集群与服务到创意公民与城市（改编自 Hartley 等人，2012）

CI-1

第一阶段CI-1是产业层面的定义（DCMS, 1998），也就是所谓的"创意集群"。这是由各个不同"产业"（一个不恰当的比喻性名称）——广告、建筑、出版、软件、表演艺术、媒体制作、艺术、设计、时尚等——的集群构成的，它们共同生产创意的作品或输出。这是一个"供应方引领的"或者说基于供应的定义。

据估计，该部门在发达经济体中的占比在3%到8%之间，人们称其为高增长部门，有着经济乘数效应。创意产业首先在发达经济体（英国、美国、澳大利亚）中得到认可，随后因为外界宣称的高增长与经济乘数效应而在新兴经济体（如中国、印度尼西亚、巴西）中占有越来越重要的地位。

从这个角度来看，创意产业只是一群公司而已，尤其是那些依靠创作知识产权，并用版权来保护其不受商业复制和用户"盗版"侵害从而维持运营的公司。这种模型是工业时代的封闭专家工作流程，在"大型医药公司"和汽车公司中很常见：

发明→专利/版权→制造→分销→销售

从研发实验室或设计工作室，到法律和制造的过程，再到分销代理人（比如汽车经销商），这个产业模型的所有功能可以在一家公司内实现。它们形成了一条直线，即从知识产权到购买的直线，但这不是一条从"创造者"到"用户"的有直接交流的线或者文化的线，因为两端的人都不知道线的另一端是谁，而且创造者面对公司时没有保留权利。

CI-2

第二阶段CI-2是在服务层面的定义，也就是所谓的"创意服务"。这个阶段的特点是从事创意职业的人或公司提供创意的输入，最常见的就是专业设计师、制作人、表演者和作家为其他领域的公司或代理机构的活动提供附加价值，从矿业、制造业到卫生、政府和其他公共服务领域（Howkins, 2001）。据估计，创意服务将创意产业扩展了至少三分之一（Higgs et al., 2008）。这种输入确实有着高附加值，但仍然只被当作为经济整体提供附加价值的输入，只是为了提升其他更稳定的部门（比如制造业）的收益。

正是这种类型的创意改变了传统服务（比如交通），使其变成了创意服务（比如

"体验"式旅游)。因为这个阶段的创意经济是涉及整个经济领域的,而且除了公司还覆盖了职业与代理机构,所以可将其看作一个混合系统,社交网络在其中起作用,但焦点还是在由市场驱动的活动上;这个系统仍然是企业之间(B2B)由需求引领的系统。但在这一阶段,创新政策越来越受欢迎,这些政策鼓励各种各样的公司与创意企业家合作,利用创意的输入来创新。

CI-3

第三个阶段CI-3是文化层面的定义,也就是所谓的"创意公民"。在这一阶段,创意从经济中溢出,成为全体民众——劳动力、消费者、用户和企业家——的属性,在追寻一个想法、获得有创意的名声以及为创意寻找市场的方法上,他们与艺术家之间的区别正在缩小。这是一个用户引领的或需求侧的定义。创意产业的扩张(至少在原则上)覆盖了每个人,使系统中每个人的能量都能被利用,将整个社交网络与全民群体中每个个体能动性的价值附加到了知识的增长之上。这是一个试验与适应的领域,个体能动性可能对整个网络都有影响力:因此这就是系统崛起的动态"优势"。

CI-4

第四阶段CI-4是复合体层面的定义,也就是所谓的"创意城市"。显然,在创意经济出现以前城市就存在了,但是这个事实也提醒我们,现在很多与这个术语相关的事物早已存在,只是在经济与文化理论中没有得到关注。但与以前不同的是,如今(自2008年以来)都市生活第一次成为大部分人的体验。此外,相较于地区和国家,城市被认为是一个更密集的创意熔炉(如Currid, 2007)。这是因为城市事实上是一种进化了的、可自我再生的解决方案,能够解决复杂交错的相互连接的系统中的复合体与协调问题。因此,城市可以容纳很多不同的系统(比如不同的产业、民族、财富水平、功能,以及工作、休闲、育儿与旅游的混合体),且这些系统在一个持续动态的系统间的互动过程中发生重叠、碰撞、混合,改变它们的相对边界与突出地位,这种互动会产生新意义、新事物以及对于新出现的问题的试验性解决方案。换言之,城市本身就是创意主体,是一种类似符号域的存在。

城市符号

前两个模型——CI-1和CI-2——是建立在我们熟悉的经济上的。CI-3是建立在"被科技强化"的文化上的（Papacharissi, 2010）。用克莱·舍基（Clay Shirky, 2008）的话来说："每个人都来了！"在这个模型中，每个人的创意潜能都可以用来创新，这种来源是遍布整个系统的。事实上，CI-3与前两个模型有很大区别，因为CI-3的关注点是文化而不是经济，是消费者或用户而不是生产者，是民众全体（社交网络）而不是公司。这个模型是数字革命的受益者，对"工业"企业模型构成直接与根本的挑战；而且这个模型是一个潜在的比那些与专家系统绑定的创意模型更富有成效的模型，因为它涵盖了系统中更多的（甚至潜在所有的）主体，视他们为创造者而不是被动的消费者，因此这个模型打开了试验、原型测试（新想法）与微生产力（个体层面进行的经济活动）的空间。此外，当公民协力合作，或作为协会（如倡议小组类的正式组织形式或街头艺术家这样的非正式组织形式）活动时，他们的集体活动就会对城市的创意生产力做出贡献。当他们因节日、竞赛、行动或特殊事件而聚集时，同样有潜力产生新的意义从而丰富城市符号。城市的"角色"源自这些活动——这就是为什么柏林比布莱梅更有创意，为什么墨尔本比布里斯班更有创意（Hartley et al., 2012）。

因此CI-3是一个系统的碰撞驱动创意生产力变革的例子。创意创新没有被视为产业的输出，而是成为复合体系统、社交网络关系以及文化与经济活动互动的特征。此外，社交网络本身也是创新的来源；它们不只是简单的传播媒体。来源于CI-3的创新力量对CI-1产生了压力，这在知识产权（IPR）领域有所体现，该领域已经向产业供应方严重倾斜，立法者在企业说客面前完全让步。那些想复制并分享创意内容的人的权利没有得到支持。无情的执法制度把消费者变成了犯人，尤其是被当作典范宣传的唱片业更是如此，甚至在版权从来不重要的领域（比如高级时装业）也不例外，一些设计公司试图用知识产权来限制以前会被当作是致敬的模仿图案。这个政策对创新与产业本身的负面影响最近开始得到承认，并促成了试图改革知识产权法的行动（如Hargreaves, 2011），尽管说客们会保证最终的立法行动最多也只会收效甚微。①

因此，这四个模型没有试图对"创意"做出与"一个产业"更紧密的定义，恰恰

---

① 见http://www.ipo.gov.uk/about/press/press-release/press-release-2013/press-release-20130510.htm。

相反，而是希望展现其多么需要一个与产业的区别越来越大的解释。只有当我们到达CI-3和CI-4阶段，创意到达了城市中的文化层面而不是被限制在公司中的生产过程层面时，文化与经济、个人才能与社会规模间的生产联系才能成为关注的焦点。

此外，只有到达那个阶段，我们才能合理地考虑科技系统——信息通信技术、数字媒体和互联网的发展。因为它们如今不再是简单的公司内的效率科技（信息技术在IBM公司称雄时就是如此），而是嵌入了"社交科技"的覆盖全社会的文化形态（就像如今的互联网一样）。换言之，如果我们把创意产业的概念限制在传统的（即非数字环境下的）创意艺术及其工业或职业形态，我们就不能说明用户创造内容和规模快速扩大的、依托电脑而流行的社交网络在经济和文化上的重要性。因为这些显然都是创意产业的重要驱动力，所以我们需要用这四个模型来解释创意创新以及文化与经济的意义和价值的结合。CI-1/2和CI-3/4的区别在于前者被立法保护与权威的商业工具缓冲了，而后者一般都是非正式的，经常是短暂的（比如潮流），并且与其他人的专有平台和知识产权绑定。公司只会谈论（贸易）自由，而非公司的个体谈论的是控制的问题（必须遵守版权规定，否则就会被起诉）。结果就是没有开创精神的公司即使有寻租行为也不一定受罚，而有开创精神的公民却有可能被关进监狱。没有哪一条政策或哪个政府部门是为了释放、保护、支持或提升公民地位而存在的。公民仍然是政策的客体而不是主体。

政府不会嘉奖公民合作和分享文化创意想法的行为，只会嘉奖个体各自对文化创意想法的应用。合作，尤其是有目的的集会（"人群""一帮人"）仍然被误解为扰乱秩序的、需要被控制的，而没有被视为革新的潜在主体。对现有机构的"创造性破坏"被禁止了，但是由群体行动对适应性的、有用的"新事物"进行创造是无法想象的——现在没有适用的法律或组织的框架来认真考虑这件事。结果就是，如果民众行使了集体的意志，随之发生的"骚乱"在政府、法律与经济机构看来是一种外部的冲击，而不会被他们当作内部发展过程的一部分而接受。

对于这样的民众而言，他们唯一可用的机制就是自己的能量。幸运的是，这种能量可以竞相释放，尤其是在不同的城市和地区之间。一些城市相比于其他城市是站在了创意创新的"高峰"。抽象地说，城市是覆盖全球的社交—创意—信息—企业网络中的枢纽，但在现实历史中，城市间因彼此竞争而有起有伏，处在创意动能的中心。

个体民众并不指望从他们对创意城市的贡献中分得一杯羹——他们不是寻租

者。相反，建设一个富有活力、吸引力和开创精神的城市的益处会惠及群体或类群。"我们"社群作为一个整体而获益，利益没有被视作财产或租金。民众的自豪感当然可以驱动个人做出伟大的慷慨举动（这也是集体身份的表现），但即便如此，这些行动的受益者也是全体民众，而不是基础设施、医院、学校、艺术作品或喷泉的"投资人"。

如今，有了社交媒体，公民的善行不再只是贵族或高净值个体（HNWI）的专属行为。通过聚集与联合，有了新兴科技事物（如众筹网站Kickstarter和Pozible）和快闪族的帮助，或在传统孵化器比如咖啡店（有免费Wi-Fi）的支持下，民众可以集会、融合、推进能够影响未来的计划，任何人都可以做出公民的善行。

创造性破坏与社会学习

提出由四个成分组成的创意产业的定义，而且四个成分彼此间有冲突的做法似乎是一种没必要的复杂化。但是简单化的定义对这个"多个系统组成的系统"是不适用的。科技变革与社会变革正在加快步伐，使政策制定者更加难以决策。互联网与社交媒体的快速发展在其中也产生了特别的颠覆性影响，尤其是在消费者创造内容不断发展的背景下。现存的"非数字"创意产业首当其冲，正在经历熊彼特所说的"创造性破坏的狂风"，这股狂风因全球在线数字网络的发展以及"每个人"的参与而怒号。创意产业的驱动力正在从受版权保护的"艺术与媒体"转变为"发布你自己"的数字网络。这样的例子包括优兔、脸书、维基百科、推特和其他社交网络站点，它们为用户创建内容和"社交网络市场"（Potts et al., 2008）提供了平台，为城市符号的交流提供了流行的全球媒介。很快，随着3D打印将制造业从当前基于公司的大规模形式转为DIY与微企业形式，同样的能量也会从数字领域溢出到物质世界。

这些都可以让我们肯定：尽管有这么多先进的科技发明与这么快的增长速度（摩尔定律），互联网最重要的"发明"还是"用户"（CI-3）。在随之而起的颠覆中，数字用户与非数字版权持有者之间一直存在着矛盾，而这种矛盾尚未得到解决。强调的重点从版权（CI-1）转移到了创新（CI-3）；从知识产权（CI-1和CI-2）转移到了新兴事物（CI-3和CI-4）。虽然创意产业要求有强有力的国际版权执法机构，比如世界知识产权组织（WIPO），但创意文化仍然在按照"分享的知识就是获得的知识"这句格言展开。WIPO一直对创意产业特别关注,尤其是在发展中国家①。但是这样的监管干预不能增强创意活力,集体行动(社交媒体)和城市生活才是驱动力。

考虑到用户作为生产者的重要性,学习与试验是创意的关键要素,但是它们却没有出现在标准的创意产业模型中。新的想法可以来自于专家专业化的工业环境的外部,这样就能涵盖无数用户彼此间的学习以及从作为创新主体的网络中获得的学习。这种接入网络的创意学习是非正式的、分散的、同仁之间的、及时的并且具有模仿性的。对于一般民众而言,这种学习往往带有娱乐的形式,而不是以正式教育体系的形式进行。但是这些民众现在本身就是一种多产的资源。因此要想进一步实现经济增长,前提条件就是为了用户间的互动以及创意生产力的增长而实施教育——包括正式与非正式的教育。

然而,对于创意产业,以及对于教育也是一样:"供应方"没有"用户"重要。有着大量学生的城市总是在全球创意领域占领先地位,而正是这些学生引领着多样化。根据马尔科姆·吉利斯(Malcolm Gillies, 2013)的研究,伦敦50万学生中有10万人是留学生,其中"绝大多数在伦敦学习的本科生称自己不是'白种英国人'"。这些学生都有着全球混合的文化价值观,能够较早接受新事物,有相对较高的可支配收入(有钱消费新事物),流动性强,乐于尝试和研究,喜欢参加各种特别活动和节日,可以住不起眼的低租金公寓,经常会在不同经历中受到启迪。因此他们构成了城市中社会学习的职能。这个职能不是在高等教育或学校的工作,而是通过人们所体验到的、作为城市生活的一部分的"系统的碰撞"这种非正式的形式实现的。事实上,不管是在线上还是线下,民众都需要聚集,生产者也一样。

在这样活跃的环境中,创意创新通过正式(教育和艺术)和非正式(参与和媒体)的形式加速增长。创新本身如今既可以被视作专家组织的"精心"产品(CI-1和CI-2),又可以被视作分散式的自我组织的社交网络中出现的"新生的"意义(CI-3和CI-4)。将这些社交网络连在一起的是各种想法。如约翰·霍金斯(John Howkins, 2009)所说:"想法是新的流通品。"这种流通并不总是货币化的。一些想法完全在市场外流通,在社交网络与注意力经济中运作。对于其他想法,很多创意艺术家和初创企业都说得很对:"新的想法"与赚钱,尤其是库克和拉泽雷蒂(2008)所说的"数量

---

① 例如http://www.wipo.int/copyright/en/creative_industries/,以及http://www.wipo.int/ip-development/en/agenda/flexibilities/resources/studies.html。

大到犯法的这些东西"，其实不是按部门划分，而是按时间划分的——今天在卧室拍的YouTube视频可能明天就成了需要逃税的高净值个体（HNWI）了。

我们要怎么做？

在实践中，CI-1创意集群、CI-2创意服务与CI-3创意公民的结合是创意城市CI-4知识基础设施的一部分。它们将下面这些事物的能量聚集在了一起：

- 生产者/消费者；
- 知识产权/知识资本；
- 精细创意/新兴创意；
- 工作/休闲；
- 供应/需求。

（每一对事物间的斜线既代表碰撞又代表关联。）

创意城市是一个"媒介"（从艺术的意义上来说），全民的创意在其中混合与流通。广泛分布的数字创意使整个经济—文化系统中试验与适应的程度和速率加速上升，可以使"车库"初创企业的规模快速扩大到全球应用（比如苹果应用商店）的分布式解决方案的潜能也因此快速提升。创意作为一种基础广泛的"创新文化"理念（CI-3）得以加速扩张，这意味着城市将需要一套不同的政策，而不是仅仅将"创意产业"视作经济的一个部门（即CI-1和CI-2）。

我们可以将创意经济理解为被激活的创新，而产业集群（如房地产）只是其中的第一阶段。要想在这个过程中生存，对"系统的碰撞"的快速适应力是必需的，创新也应该作为一个"尺度不限"的模型来通过数字媒体和在线社交网络将（文化与经济的）自下而上的能动力量与自上而下的全球分布式应用连接起来。重新思考创意产业，将其看作被激活的社会创新，将加快城市政策的变革：

创　意

- 培育城市符号，促进系统之间的有益碰撞；
- 从生产者转向消费者，从专家转向用户；

- 网络是城市内的生产"场所"。

城市规划

- 从房地产转向人力资源；
- 强调激活并提升社会学习；
- 从供应商规划转向进化的网络（"城市中的新兴事物"：Hélie, 2012）。

经济学

- 从产业部门转向适应性的复合开放系统；
- 文化与经济互动；
- 从版权转向创新，从知识产权转向新兴事物。

至于实体的基础设施，要关注的不是生产工厂而是关系的形成，将关注点从房地产解决方案转向社交网络和社交场所，以及城市中典型的创意"街区"（Roodhouse, 2010）。这些"街区"包括各种"场景"、节日、激励性竞赛或嘉奖项目，以及能够将文化和经济方法整合到创意中的场所、创意的混合以及富有成就的"企业家消费者"（Hartley & Montgomery, 2009）和创意企业（见图2.2）之间的丰富互动。

建设一个创意城市需要培养图2.2中所有三列的属性：文化对应"新兴事物"；聚集场所对应一个"混合"的场所；经济对应协作与规模扩大。图2.2同时表明，中间的"城市"一列是如何作为媒介将文化与经济系统间不同的价值观、参与因素以及知识进行生产性"联姻"的。

文化	聚集场所	经济
消费	协调	生产
需求	平台	供应
新事物组合	城市连接	机构与公司
知识资本	社区背景	知识产权
身份	知识	增长
玩乐	混合/行动	工作
场景/节日	城市街区	产业集群
创意文化	创意城市	创意产业
社交…	…网络…	…市场

（波茨等人，2008）　　图 2.2　城市符号：城市是社交网络市场的孵化器

抛弃这个术语? 从创意产业到创意经济

联姻有时会带来姓名的改变。对于个人身份来说,更改姓名是否值得推崇尚无定论,但对于科学与创意文化而言,改名换姓一定是没有坏处的。现在我们也许应该抛弃"产业"的叫法,而既然需要一个概括性的名称,我们不如称其为"创意经济"(Hargreaves et al., 2013)。这个术语本身意义很狭窄,因为在我们的观点中,创意属于文化,而不是经济的专属(见上一章末尾的讨论),但是因为"经济"作为一个正式的系统发展得更加成熟,相比文化更容易建立模型来分析(目前如此),因此在正式的语境中,如政策制定、私企策略以及学术研究,我们还是倾向于使用"创意经济"。这一术语没有涵盖CI-3与CI-4(创意公民与创意城市)的层面,但它有助于我们分析文化价值是如何充分地与经济价值交汇而形成了今天的两个相互依存的"密不可分的系统"。以现今的知识水平,使用"经济"工具来分析创意比使用"文化"工具更简单,但分析的方向甚至目的就是理解创意是如何超越经济学而不是被其定义或限制的。这个转变给我们的启示之一就是,"经济"这个术语的定义需要扩充,以便将社交网络的微生产力和生产力包含进来,且同时要使经济分析可以应用于比公司更小的单元。

第二部分

变革的力量和机制:
发挥作用的三大因素

❖ ❖ ❖

3

每个人

❖ 技 术

> 互联网的普遍接入将把你需要的所有信息和服务汇集在一起,并使其随时随地供你使用,不论你身在何处、正在做什么或使用何种设备。不妨称之为"虚拟"融合——你想要的一切都在你希望的任何一个地方,而不仅限于家里或办公室。
>
> ——比尔·盖茨(Bill Gates, 1999)[①]

互联网的普遍接入?

我们今天看到的互联网的核心是超文本。1963年,泰德·纳尔逊开发了超文本,并将其看作是一种革命性的知识生产和传播技术,可使每个人扮演知识创造者的角色。他是这样设想的:

这将是一个普遍的出版系统,每个感兴趣的人都可以直接获得人类积累的知

---

① 出自比尔·盖茨(1999年10月)《每个人、任何时间、任何地方:科技的下一阶段是普遍接入》,见http://www.microsoft.com/presspass/ofnote/10-04forbes.mspx。

识——实际上，这是一个终极系统，在这个系统中，每个人既是贡献者，也是使用者（Stockwell, 2000: 168）。

半个世纪后，传播媒体生产手段日趋多样和广布，"微型媒体制作者"激增（Leadbeater, 2006），"写作公众"崛起（Hartley, 2008）。内容创建已经成为一个日益全球化的分布式用户创建系统。我们开始看到互联网设计者的设想正在实现。拓荒者往往被"普遍"的概念所吸引。另一位代表人物是维基百科的联合创始人吉米·威尔士。他在2005年的一篇文章中表达了自己对维基百科的设想：

> 维基百科首先致力于创造一本高质量的免费百科全书，并以多种语言发布，使地球上的每一个人都能够用自己的母语阅读这本百科全书①。

这种普遍主义被批评为一种加利福尼亚式的乌托邦主义，即认为任何事情都有一个技术解决方案（Morozov, 2011、2013）。另外，事实上，数字连接现在已经从计算机设备扩展到移动电信，在所有经济发展阶段的所有社会类型中，都有数十亿人在使用。它并不完全是"地球上的每一个人"，但它开始看起来像我们所称的"零级近似"（见第1章第3节）。因此，在其他相关问题中，一个值得考虑的问题是：普通人（即以前被称为消费者的人）把他们新获得的网络接入、知识和创造机会用于什么用途？本章无法为这个问题提供一个全面的答案（我们说的不是"地球上的每一个人"），但本章将试图提供一个象征性的答案（到"一级近似"）。我们选取了"叫兽"和"性感玉米"作为典型案例。

轮到我们出名了！

2002年，一系列模仿视频在网上疯传。这些视频后来被称为"大历史三部曲"②，起初是由中国电视行业人士为他们的内部新年派对制作的。他们对旧革命电影中的场景进行了重新设计和配音，用以自嘲、讽刺时事、嘲讽官腔。当时优兔还没有出现，视频网站也是在其后几年才出现，因此有关"大历史"视频的信息都是分享

---

① 见 http://lists.wikimedia.org/pipermail/wikipedia-l/2005-March/020469.html。
② 视频地址：http://www.youtube.com/watch?v=3i_9Ildo610和www.youtube.com/watch?v=tIrqMgIRi7k&feature=related。

在网络论坛上,而这些视频本身的传播主要靠BitTorrent软件或硬盘离线传播,通过人际网络在那些买得起昂贵设备的人中间传播①。

本章的主角是"叫兽"②,当时18岁,刚刚经人介绍认识了互联网。他喜欢"大历史"系列,并梦想有一天能制作出自己的影片。后来他成为一名多产的视频博主,早期的大部分视频都模仿了"大历史三部曲"③。但在当时,和大多数同龄人一样,对他们而言视频制作设备和软件是个禁区,因为作为高中生的他们,首要任务是为进入一所好大学而奋力拼搏。后来,他考上了大学,成为一名土木工程专业的学生,并在这期间开始尝试在线写作,学会了为网络视频配音,成为一名兼职网络骑士。2006年,视频网站在中国流行起来,视频编辑工具在网上随处可得,叫兽开始在业余时间把自己的作品转成视频。这些被称为"叫兽"系列的视频为他赢得了一大批追随者,他们也都是视频网站的用户兼内容创作者。2009年,在一年一度的土豆映像节上,他荣获"最受欢迎播客奖"④。土豆网名称中的"土豆"来源于英文中对电视迷的形象称呼(即couch potato,直译"沙发土豆"),是中国一个主要的视频分享网站,与优兔几乎同时上线。

在那届视频节上,叫兽遇到了碰巧跟他上过同一所小学的"性感玉米"。叫兽曾与性感玉米合作过几次。2010年,性感玉米在土豆映像节上获得了"金土豆奖",并说出了那句豪言壮语:"轮到我们出名了!"⑤

叫兽的人气开始为他带来商业合作机会。土豆网邀请他为广告客户制作一个网络短剧系列,其中包括广受欢迎的中国台湾品牌——康师傅,该品牌主要产品有方便面、瓶装饮料和糕点⑥。这些视频的成功改变了他的职业轨迹。2011年,经过近一年的思考和准备,叫兽辞去了在华中地区一家建筑公司担任监理工程师的工作,与来自土豆网的其他视频制作人和高级经理共同创办了自己的公司——万合天宜(Unimedia)。2013年,该公司与优酷网合作,推出了《万万没想到》迷你剧系列,目标观众是流动人群。第一季共15集,每集只有5~6分钟,在等车或蹲厕所时就能看

---

① 闪存盘当时十分昂贵,也没有足够的空间来存储这些视频。
② "叫兽"的字面义是"大叫的野兽",与"教授"谐音。因为个别学术腐败与道德问题给大学教师带来某种程度的负面声誉,网民常把"叫兽"用作大学"教授"的蔑称。这种文字游戏在中国的网络空间很常见。
③ 作者之一李士林在2010年采访了叫兽。采访的其他引用在本书也有标注。
④ 见http://www.tudou.com/home/user_viewDiary.php?vlog_id=1448715。
⑤ 颁奖典礼现场与性感玉米的获奖发言视频见http://www.tudou.com/programs/view/0BfPzP5VMIw/。
⑥ 系列广告见http://www.tudou.com/programs/view/zePGKI5bCOc/。

完。该剧大获成功,到2014年8月观看量已超10亿次。第二季于2014年6月发布,一周内即获3000万点击量①。《万万没想到》还与人气极高的湖南卫视合作制作了贺岁档,通过网络和湖南有线电视网播出。大约在叫兽辞职的同一时间,性感玉米也辞掉了工作,开始尝试做网络视频广告。

叫兽和性感玉米是数百万**每个人**中的一员,他们找到了自己的声音,磨炼了自己的技能,在网上试验了自己的创意生产力,甚至在廉价的通信技术和日益普及的互联网接入的推动下,开创了自己的事业。

充满机遇的时刻

将"每个人"视为有效的媒体制作人(正如每个人都是语言产出者一样),这一观念的出现,为我们提供了一个机会,使我们能够重新思考那些关于流行文化、生产力和创意产业的根深蒂固的观念。如前所述,我们相信文化是基于群体内部和群体之间的交流,而创意是群体创造的共同资源,它产生于用户之间的互动参与。因此,交流的过程也就是文化和创意的生产过程。要开始详细回答这本书的首要问题——创造力从何而来、它如何将人们联系起来、它被用作什么目的——我们需要从文化生产的过程开始讲起,也就是群体的形成以及意义、身份和关系的协商。

下文将从微观层面分析群体、身份和亚文化是如何形成的。我们用两个例子来说明这个过程:叫兽和性感玉米。由于文化是在群体而不是个体层面上发生作用的,因此重点并不在于他们的个人才能或艺术技能。相反,我们分析的重点在于了解叫兽和性感玉米的成功因素,以便梳理出群体形成和文化合作生产的机制。

爱老虎游创作团队和性感玉米的成功

一夜之间,性感玉米因发布了一段大受欢迎的游戏剧情视频《网瘾战争》而出名②。然而,与一个孤独英雄在卧室或车库里单枪匹马制作热门视频的桥段相反,性感玉米有一个团队在背后支持他。这是一个由游戏玩家和机器迷自发组成的团体,名为"爱老虎游创作团队"(以下简称"OTMT")。

---

① 详情见关于万合天宜《万万没想到》的报道:http://renwu.people.com.cn/n/2014/0729/c357679-25362229.html。

② 原视频见http://www.tudou.com/programs/view/qe-lW8lffVY/, YouTube英文字幕版见http://www.youtube.com/watch?v=emVhTjBYchs。

艾泽拉斯国家地理（NGA）是一个由玩家自发组织的魔兽世界（WoW）①粉丝论坛，OTMT团队活跃在这个论坛的边缘，团队的大部分成员都是在这里招募的②。这些成员主要是由性感玉米根据每个人的技能和天赋挑选出来的。性感玉米在业余时间担任NGA视频板块的网络管理员。成员资格实行邀请制，并由小组审议决定。本书作者之一李士林曾电话采访过性感玉米③，当时该团队有53名成员，有的擅长音乐制作和唱歌，有的擅长平面设计，还有的擅长视频后期制作。这些成员并不在同一个城市生活，而且在不同的服务器上玩游戏，把他们联系在一起的是他们对魔兽世界这款游戏和对NGA论坛的共同兴趣。该团队成员之间的沟通是通过QQ群进行的。QQ群是腾讯公司为中国互联网用户提供的一款通信工具。腾讯总部位于深圳，是一家成功的互联网门户网站。作者李士林曾询问该团队能否允许他观察小组内部的交流，但性感玉米在征求小组成员意见后拒绝了该要求，理由是："他们不同意，觉得自己被外人观察会有点怪。"④

OTMT团队在NGA论坛上没有组ID或集体代表，团队成员都是各自活动，OTMT只是作为团队共同创作作品的商标而存在。

合作创作《网瘾战争》

《网瘾战争》（WIA）是OTMT团队制作的第三部视频。前两部也是游戏电影，但都没有达到《网瘾战争》这样的受欢迎程度⑤。这些视频的内容和《网瘾战争》火爆的原因是个很有意思的话题，但本章将侧重于分析团队制作视频的合作方式，以揭示群体建设和文化生产的实践。

---

① 《魔兽世界》是一款大型多人同时在线游戏，由暴雪娱乐公司开发，于2005年进入中国市场。详情见其官方网站http://www.worldofwarcraft.com/info/beginners/index.html。
② NGA网站（http://bbs.ngacn.cc/）有两百多万用户，在中国的人气比魔兽世界官方网站更高。NGA于2009年被北京的游戏门户网站178.com合并。
③ 本书作者之一李士林于2010年3月16日通过Skype的语音功能进行了这次采访。
④ 性感玉米于2010年接受了本书作者李士林的采访。采访的其他引用在本书也有标注。
⑤ 另外两部视频分别是《骷髅党之歌》（http://www.tudou.com/programs/view/_iBhnbCfW3g/）和《巫妖王择日再开》（http://www.tudou.com/programs/view/dTDyF1Mst4k/）。性感玉米在土豆网有自己的播客，他的群组和他自己制作的视频都通过这个播客发布，见http://www.tudou.com/home/item_u13680759s0p1.html。

团队制作的使用OTMT商标的第一部视频是《骷髅党之歌》[①]。大兵雷恩[②]是团队的核心成员之一,他发起了这一视频,而性感玉米则是他的助手,与人合写剧本并共同执导拍摄。这段视频在论坛上很受欢迎。更重要的是,这段视频介绍了一个流行的牛头人角色,名叫"看你妹"[③],这后来成为该团队制作的所有三部视频的名字。《网瘾战争》是《看你妹》系列的第三部,也是第一部受到非游戏玩家喜爱的游戏电影。该片长64分钟。据性感玉米在凤凰卫视的文字采访中说,该片耗费超过100名用户约3个月的时间共同制作,除游戏费之外,没有任何费用[④]。性感玉米是制作过程中的主导人物,负责写剧本、指导制作,大兵雷恩是他的助手。剧本写好后,性感玉米先与大兵雷恩一起讨论和修改,然后再在整个团队中传阅,征求大家的意见,进一步完善。核心制作团队成员都来自OTMT,角色和时间安排由性感玉米和团队成员具体协商。

参与协作和共同创作的人员不仅限于团队成员。性感玉米不囿于小组的界限,全力协助创作过程。OTMT之外的一个合作者来源群体是各个"魔兽世界"公会:OTMT从这里招募玩家来表演小角色[⑤]。"我会去一个公会,大声说我需要有人为我的游戏视频帮忙,能抽出时间的公会成员就来帮忙了。"(来源:本书作者对性感玉米的采访)。玩家们做这些都是免费的。他们不仅是热心的参与者,日后更将成为视频的粉丝基础。OTMT以外的许多名人游戏玩家和博主也被邀请参与视频制作,为从故事情节到后期制作的整个创作过程做出了贡献。视频的配音和音乐广受赞誉。视频

[①] 见http://www.tudou.com/programs/view/_iBhnbCfW3g/。"骷髅党"是NGA论坛的一个术语,代指受到网页管理员处罚的用户群体。根据论坛规则,违规用户会失去威望值,而威望值为负的用户将不能自定义头像,还会获得一个骷髅图标。然而,用户是否违规主要由管理员决定,有时他们的判断会十分主观。《骷髅党之歌》就是在此背景下的一部有自我娱乐精神的嘲讽视频。

[②] NGA论坛账号:Ryan, 1942。

[③] 牛头人是游戏《魔兽世界》中的一个种族。要获得更多牛头人相关信息请前往http://www.wowwiki.com/Tauren。"看你妹"是NGA论坛的一个账号名,也可以用作骂人的话。

[④] 闾丘露薇采访性感玉米(2010)的内容(中文)见http://blog.sina.com.cn/s/blog_46e9d5da0100h9zo.html。电视采访可通过凤凰卫视观看,网址:http://v.ifeng.com/society/201001/e433c136-a77f-4381-a62a-3dba4b418b7d.shtml。在采访中,性感玉米的观点由一名凤凰卫视的主持人转述,因为他当时非常担心被追捕,认为保持匿名更好。

[⑤] 根据Anne-Mette Albrechtslund(2010)显示,公会是由玩家组成的团队,不同的公会"在规模、目标和人口组成方面有很大差异"。"每个公会有一名领袖,这名领袖通常在重大事务上有决定权,比如决定公会成员的招募与驱逐等。公会通常会根据偏爱的游戏方式明确自己的分类,比如刷怪型公会、休闲公会、角色扮演型公会等。"

一开始就鸣谢了大名鼎鼎的暗夜林、love桥林、辰音奈奈、卑鄙马维斯等人①。搬运9课是从动漫迷论坛Acfun衍生出来的一个非常活跃的视频小组，也以小组的名义参与了该视频的制作，对剧本台词提出了建议，并做了一些配音工作②。

参与者众多，无法一一详细列出，这是性感玉米在NGA论坛上介绍《网瘾战争》时特别指出的（来源：作者对性感玉米的采访）。我们之所以在此处强调这些网络跨界合作，是为了说明这种在制作《网瘾战争》时的跨界合作可以最好地发挥线上用户"集体智慧"（Levy, 1997）的作用，从而生产出更好的内容。性感玉米在制作《网瘾战争》时借助了广大玩家用户群的合力，让他们参与到视频的制作中，使他们成为视频的所有者，这不仅让《网瘾战争》变得更好，也使其得以在更广泛多元的用户网络中传播，并大受欢迎。此处"共同拥有"的概念是一个共同参与的产物，与版权无关。此外，在共同创意的过程中，参与者之间表现出的高度信任感也是值得一提的。在接受作者采访时，性感玉米举了一个例子：视频拍摄时需要数十名玩家同时上线并听从性感玉米在Skype群组中的语音指挥来行动，"演员"们有时要去吃饭、休息或者工作，为了不耽误拍摄进度，他们就会把自己的账号密码发给有空上线的人，让他们帮忙参与拍摄，之后再要回账号。

这种高度的信任感一般只存在于关系十分密切、每天有着频繁交流的社群之间（Kavanaugh et al., 2005; Diamond, 2012）。爱老虎游是一个关系密切且相对稳定的网络，而参与制作《网瘾战争》的用户网络则只是一个临时的群组。

在一个无论是机构还是个人都在努力避免身份被盗用——尤其是线上账号被盗的社会（Sullins, 2006; Wang et al., 2006; Whitson & Haggerty, 2008），参与制作《网瘾战争》的临时群组中表现出的高度信任感格外地引人注意：这意味着一个十分亲密的"我们"社群的形成，而这种社群又是这种文化的代名词。

性感玉米的成功不只是他个人的成功，也是爱老虎游、用户社群乃至更高形态的成功。《网瘾战争》的制作建立在爱老虎游以及更大范围的群组之间的有效沟通与互动之上。因此，不只是这个视频，连性感玉米本人也是这个社群的创意产物，而这些

---

① 视频中采用的配乐包括美国摇滚乐队因象（Cage the Elephant）的Ain't No Rest for the Wicked、Girlfriend的*Maybe I Love You*和魔兽世界玩家、游戏社区人气翻唱歌手暗夜林（http://www.yyfc.com/1771771/）翻唱的莫文蔚的《忽然之间》。love桥林（http://www.tudou.com/home/loveqiaolin）和卑鄙马维斯（www.tudou.com/home/_3944055）都是人气视频博主；辰音奈奈（http://u.youku.com/user_show/id_UMTQ4MzgxNTky.html）是一位很有天分的配音演员。
② 搬运9课的土豆网视频播放列表见http://www.tudou.com/playlist/id/7240262/。

创意的来源不是性感玉米或其中任何一个单一的成员,而是整个社群。下文将讲述另一场共同创意的过程,一场共同创作视频甚至文化的过程:共同创造身份。

身份表演、创意与叫兽的崛起

所谓"流动的现代"(Bauman, 2000)指的是一个"不确定性、流动性、变化、冲突和变革成为日常生活的常态"(Deuze, 2008)的时代。身处这个时代的体验之一就是身份的转瞬即逝与自我的迷失。如肖恩·雷德蒙德(Sean Redmond, 2010)所说:

"身体与心灵已经变得没有边界,像是预示着毁灭,不断接受着入侵与持续的迷失感。只在某一现实、某一时区和某个空间坐标存在的自我早已化为无数碎片。"

信息技术的进步使虚拟网络无孔不入,同时使身份的"变形"更加简便,让我们得以塑造"去中心化的多重"身份(Turkle, 1997),还可以生产和传播我们自身的"复制"品(Senft, 2008)。在身份再定义与再创造(Butler, 1990)的过程中,个体不再是饱受"创伤性恐惧"(Redmond, 2010)折磨的毫无权力的客体。取而代之的是,他们可以在自身所处的群体中就各种身份进行协商与试验——下面"叫兽"的案例将很好地说明这一点——这个过程不是一个孤独的旅程,而是一场集体的冒险,个人与集体在其中重新发现自我、重塑自我。

叫兽原名易振兴,网上曾用名为"蠢爸爸"——这是湖南方言中一种无伤大雅的叫法。他发布的第一个视频是一个游戏解说视频,在视频中他自称"教授级的游戏解说"。随后他玩起了文字游戏,以"叫兽"(与"教授"[①]谐音)之名发布了一系列游戏视频。2008年年中,"蠢爸爸"将用户名更改为"叫兽",原因有二:首先,他不希望自己的用户名听起来像是在占网友们的便宜;其次,网友们更喜欢叫他"叫兽"(2010)。从这个角度看,"叫兽"是一个用户共同创造的名称。

叫兽的成名不只是因为他的视频,还因为他在网上露面时总是戴着的标志性的面具。这个面具同样是一个共同创造的产物。在接受作者采访时,叫兽承认他的面具借鉴了画家绿豆糕(Ludougao)的趣味漫画《面瘫》。这幅漫画曾在2007年年初吸引

---

① 需要指出,在"叫兽"被用作账户名之前,早已在网上被用作指称大学教授的贬义词。

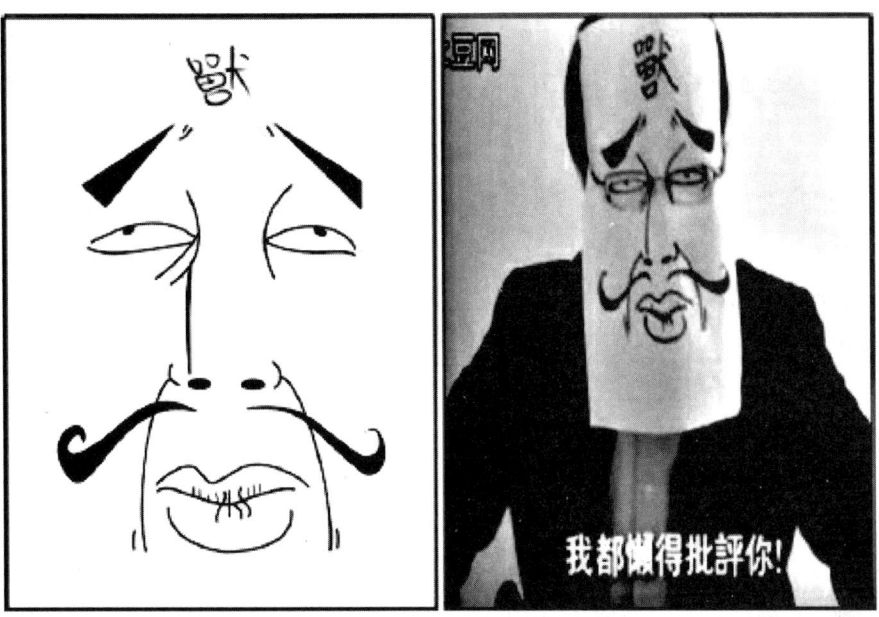

图 3.1　叫兽的面具与他的网上头像，面具上的人物名为"獸"，下面写着"我都懒得批评你"

了大量网友关注，风行一时[①]。虽然在叫兽之前，在日本和中国上海也有戴着动物面具或医用口罩的高人气视频博主，但他是第一个使用纸面具的视频创作者（据作者采访，2010）。

叫兽有多重身份。他既是一名受欢迎的视频创作者，又是其创作的视频中的一种人格。通过这种方式，叫兽成了一个化身，一个不局限于一具固定身躯的"表演型角色"（Goffman，1971）。他可以同时扮演两个角色或者其中之一，跨越年龄、教育水平与文化的边界与用户交流，而用户并不需要分清这两个角色的界限。在某种程度上，这些身份为叫兽与喜欢他的用户提供了一个"第三空间"（Winnicott，1971），在这里现实与幻想交缠，产生出多重可能的互动模式。当被问到他在创建这些多重身份背后的目的时，叫兽说：

"（查理）卓别林"既是一名电影制作人，又是一名演员；他可以同时是荧幕上留着八字胡的小丑，片场手握扩音器的导演，以及荧幕外满头银发的老人。多重身份

[①] 绿豆糕在自己的博客（http://blog.sina.com.cn/lvdougao）上也发布了很多类似的有趣漫画图片。《面瘫》漫画在很多论坛和BBS上可以看到，如http://tieba.baidu.com/f?kz=370949019和http://dzh.mop.com/topic/readSub_7888162_0_0.html。

是十分常见的……对于有强烈自我表现感的人而言……就我个人而言,我的主要目标就是建立自己的品牌和自己的身份,我希望观众初次看到我的视频就能有认同感,所以我努力与我的面具保持一致的风格。即使我(视频创作者)没有在视频中出现,我也希望我(的人格)能在其中得到体现(据作者采访,2010)。

接下来我们将讨论叫兽是如何通过与用户的互动来协商不同的身份,以及找到这些身份间线上与线下、私人与公共等维度的平衡的。

角色扮演与集体创造

劳勒(2008)认为,"只有戴上面具我们才能表达真实的自我"是一个古老而被广泛认可的故事主题。叫兽戴着两副面具:一副是作为他线上形象一部分的纸面具,另一副则是我们每个人都戴着的,用于投射出一个更受喜爱的自我形象的无形面具。欧文·戈夫曼(Erving Goffman)认为,面具——或者说角色扮演——是我们定义自己社会角色的方式。在《日常生活中的自我呈现》(*The Presentation of Self in Everyday Life*)一书中,戈夫曼将身份比作戏剧表演:演员会根据观众与剧本来使自我呈现出一个更受认可的形象,这个过程中出现的自我与身份是"一个成功的舞台产品"(Goffman, 1971: 245),一个表演者与观众之间合作互动的产物,因此,身份本质上是一个集体创造的产物。

特丽·森夫特(Terri Senft, 2008)根据戈夫曼的理论对互联网环境下的身份形成进行了概念化。她将"人们通过视频、博客和社交网站等技术手段来提升自己在网上的知名度"(Senft, 2008)的表演方式定义为"微名人模式",并提议将其作为切入点。这些技术本质上有着"策略性的"交互性,因为她认为"一个人在网上的流行度取决于其与观众的联结有多紧密,而不是有多疏远"(2008: 26)。因此和在线下一样,线上的身份表演是一种集体行为,是一个合作的、交互的、持续的过程,共同创造与再创造在这个过程中同时且持续进行。线上的身份表演可以通过多种方式(文本、视频、图像、音频等)在多个平台上展开(社交网络、博客、BBS等)。

叫兽十分清楚与用户连接的重要性。他努力与用户建立一种感觉,让他们觉得身处一种"环绕式的联系状态"中（Zappavigna, 2011）[①]，能和他一起创作、共同拥有。他让用户成为创作过程的一部分，通过与用户共享这一经历以获得他们的支持。2009年，叫兽获得了土豆映像节的"最受欢迎播客奖"。他在获奖感言中提到，用户对他的创意事业功不可没："如果没有你们，我才懒得做视频呢。"[②]叫兽不是为了他的观众做视频，而是与他们一起做视频。他对"新媒体"有很好地理解，并邀请他的观众参与到创意的过程中：

> 我很看重与网友们的交流，也十分重视他们的意见。我想这就是新媒体与传统媒体最大的区别：我会根据观众的主流意见随时调整我的产品（据作者采访，2010）。

通过共同创意的故事讲述模式，叫兽与观众的联结以及他的身份表演得到了加强，可以更好地发挥作用。他会有意识且深思熟虑地选择合理的形式来讲述合适的故事。他说：

> 在我的视频中你可以看到，我采样的动画片段有的是20世纪80年代的，有的是21世纪00年代很火的动画。我这么做的目的是在勾起80后怀旧情结的同时能够迎合00后。因为我的观众大部分是14到24岁的青少年，所以我采样的这些片段部分是为了迎合观众，部分是用于满足我自己的兴趣（据作者采访，2010）。

叫兽也在多个社交媒体平台上与用户交流。他自称"猥琐教主"，是猫扑上成员数量众多的"猥琐神教"[③]的门面人物。他的土豆播客号时常更新[④]，他会在上面发帖，分享视频背后与视频之外的故事，并经常与用户交流他的新计划和新想法。他有

---

① 蕾莎·雷赫尔特（Leisa Reichelt, 2007）使用了一个类似的术语"环绕式亲密"来形容这种联结。她是这么解释的："环绕式亲密是一种可以以一定的频率与亲密度接触到平常因为时空限制无法接触到的人的状态。"见http://www.disambiguity.com/ambient-intimacy/。
② 获奖感言视频见http://www.tudou.com/programs/view/p4h68mr7oVs/。
③ 据叫兽称，"猥琐神教"是猫扑网上规模最大的群组。神教兴起于2002年至2003年间，虽然群组仍然属于猫扑网，但已经有了自己的网站http://www.vulsar.com/vcode.htm。在中国，网民经常把一个群体戏称为一种信仰，或把一种行为模式戏称为"教"。比如2005年超级女声选秀冠军李宇春就被网民戏称为"春哥"，并被冠以"春哥教"教皇。网上流传着很多万能的"春哥"的故事，这些故事中都会附有一句关键的话："信春哥，得永生。"网友们甚至把这个"信仰"翻译成了不同的语言版本（http://www.hudong.com/wiki/%E6%98%A5%E5%93%A5%E6%95%99）。
④ 见http://www.tudou.com/home/yzx119/。

一个新浪博客,主要用来分享和推荐别人制作的视频①;他有一个自己的百度贴吧,由粉丝运营,成员也都是他的粉丝②;他还有一个自己的网站,上面有上述所有平台的链接③。这些平台既是叫兽与用户之间的交互界面,也是这些用户之间的交互界面。因为一些用户在数个平台都很活跃,所以在一个平台上发布的想法和故事很快就会被分享和传播到其他平台乃至整个网络,所有感兴趣的用户都能看见。

由于即时聊天工具对群内聊天人数有限制,所以叫兽干脆通过"版聊"的方式同时与大量的粉丝用户群交流。通过博客与BBS的评论功能,叫兽会根据用户要求不定期进行这种大型群聊(据作者采访,2010)。他一般会提前通知版聊的时间和平台。我们观察了叫兽于2010年4月月末在新浪微博④上进行的版聊。版聊开始后,一些用户同步把大量的聊天内容转发到了百度贴吧⑤,这些转发帖的下面也会有用户的评论交流。版聊持续了约2小时,在博客上留下了800多条帖子,其中有300多条被转发到了贴吧。

这些帖子虽然大部分内容都是闲聊和八卦,但却起到了"建设社区"(Baym,2000)的重要社交作用,可以加强联结、巩固社交纽带;李树波(Li Shubo, 2010)认为,它们"起到了在社群内建立信任与共识的重要作用"。此外,当这些聊天与评论被分享到不同的平台上时,它们就成了当时在场与不在场的用户都可以接触到的档案信息⑥,从而在读到这些信息的粉丝用户群中创造一种"关联参与"(Licoppe, 2004)或"非在场参与"(Howard et al., 2006)的参与感氛围,进而培养一种共有经历与集体身份的体验。丽丝贝丝·利帕里(Lisbeth Lipari)认为:"当我们共同倾听的时候,我们是一体的——不管倾听的是上帝的、歌手的、演讲者的或是风的声音……因此,我们因倾听而有为。"(Lipari, 2010;此处保留了利帕里的原有强调部分。)

当然,共有的集体经历不只是通过聊天或视频的形式得以形成,还通过视频本身的内容形成,而后者可能更重要,毕竟用户们一开始被叫兽吸引是因为他的视频能让他们发笑和思考,正如一位用户的留言所说:

---

① 见http://blog.sina.com.cn/jiaoshouxiaoxing。
② 见http://tieba.baidu.com/f?kw=蠢爸爸。
③ 见http://www.jiaoshoutv.com/。
④ 见http://blog.sina.com.cn/s/blog_64d63a8c0100ifh5.html。
⑤ 见百度蠢爸爸吧: http://tieba.baidu.com/f?z=756066150&ct=335544320&lm=0&sc=0&rn=30&tn=baiduPostBrowser&。
⑥ 在百度贴吧,用户经常会翻阅帖子里的聊天记录以获取信息。

嗨，我是一名来自中国台湾地区的90后，你的视频真的可以让我们释放压力。希望能看到你出更多的视频，叫兽（中国台湾地区用户lineage205ph）……

叫兽的作品真的很有深度……但他不想表现出来，不然就显得肤浅了……我希望我们看到的不只是他在视频中猥琐的表象……这就是我想说的。哈哈，叫兽太了不起了。①

超脱于叫兽，大叫的野兽

叫兽的多重身份让他能从一具肉体凡躯中脱离出来，成为一个符号，一个角色。这个过程有两个标志，第一个是叫兽专有的粉丝周刊的出现，第二个是叫兽面具的商品化。

2009年5月，有人在浙江嘉兴的BBS上发布了一个售卖叫兽面具的广告，内容如下："出售网络名人叫兽的面具，专业制作。"卖主给每副面具定价5元，并为当地买家提供送货服务②。我们无从得知这些面具销量如何，甚至不知道这个广告本身是一个玩笑还是一个真的聪明的商业计划。但是"叫兽可以作为商品出售"这个想法表明了叫兽作为一个角色是可以独立于他本人之外的，叫兽不只是一个视频制作者，也是那个在恶搞视频里跳出来"批评人"的人格化身。身份的形成与生产通常被视作一种文化过程，在这里却变成了一种显著的经济活动。

在名为《叫兽周刊》的粉丝创作的漫画周刊（见图3.2）中，叫兽作为一个独立人格的形象更加出众。周刊由名为"被封号的国王"（以下简称"国王"）的用户主编，是粉丝共同创作的刊物。为了汇集想法、召集帮手，"国王"建了几个QQ群，包括漫画群、PS群和GIF群。与性感玉米的QQ群不同，"国王"的QQ群没有入群限制，任何有兴趣的粉丝都可以加入。周刊有专门的官方网站③，网站恶搞了路透社（Reuters），自称为"透露社"。周刊不是定期发行的，至今只出了三期。据"国王"称，周刊因为审查的原因停刊了。

---

① 引用出自叫兽的土豆播客评论区，见http://www.tudou.com/home/yzx119#comment_area。
② 广告见http://bbs.sogou.com/179396/elbbGEWIt8VIBAAAA.html。
③ 见http://www.tlshe.com/。

图3.2 《叫兽周刊》封面①

三期周刊有着大体一致的结构,包括"神创七日""特别报道""每周一叫"等栏目。在每一期周刊的开头部分会有一段声明,表明周刊获得了叫兽的授权,尽管叫兽本人表示与"国王"不熟,只和他在网上聊过几次。在周刊中,叫兽是一个从蛋里生出来的漫画角色,他无所不能,言语粗俗,与邪恶做斗争,无视一切社会桎梏。在第三期中,这个角色甚至和中国传媒大学讲师兼动画导演李智勇创作的功夫兔打了一架。周刊同时结合了中国网络空间的发展动向,借叫兽的漫画形象来评论社会问题。在第二期的封面上,拉着圣诞老人雪橇的不是驯鹿,而是两只"草泥马"(见维基百科)。"草泥马"是网民为了嘲讽政府的官方说辞,在审查制度下表达不满而创作的"神兽"。

在第二期的编辑寄语栏目中,创作者们抱怨了严苛的审查制度,并配了一张"透露社"的坟墓的图片(见图3.3),墓碑上写着:"和谐你的和谐,不要被和谐所和谐。透露社同志安葬于此。"②在此之后,创作团队于2010年2月发布了第三期周刊,而这似乎成了最后一期。虽然寿命不长,但《叫兽周刊》是一个重要的文化产物。如果叫兽作为一种恶搞文化的创作者能把自己的活动与"个人品牌化"(Marwick & Boyd, 2008)和"微名人"宣传(Senft, 2008)联系起来,利用社交媒体来提供一个分享个人信息、私人想法和日常行程的快捷而亲民的渠道,那么他的粉丝用户群创作叫兽的漫画形象的过程(这个过程也印证了叫兽策略的有效性)就是一个协商与共同拥有的

---

① 三期《叫兽周刊》分别见:http://tieba.baidu.com/f?kz=681022052(第一期);http://tieba.baidu.com/f?kz=685630038(第二期);http://tieba.baidu.com/f?kz=707741349(第三期)。
② 如图所示,墓碑碑文是用中文写的:"和谐你的和谐,不要被和谐所和谐"。英文版由作者李士林翻译。

过程，他们进行的是一种主动参与的形象借用与再创造的活动。这种用户群利用社交媒体和电子科技来创造属于他们群体的流行符号的行为，就叫作"共同品牌化"或"众创名人"。每个人都可以参与到这个过程中，根据自己的喜好进行修改，并成为拥有者之一。叫兽和《叫兽周刊》为我们提供了一个视角，从这个视角不仅可以观察到恶搞文化是如何出现并成长的，从更大的方面来说，还能看到创意与创新是如何发生的：一个想法是如何产生并传播的，如何通过试验与调整来产生变化的，如何被接受或拒绝、被更新或保留，以及如何进入新的传播与创新循环的。

图3.3　透露社的墓碑

共同创造与逐步壮大的微生产力

和性感玉米一样，叫兽也是"每个人"的代表，因为他是一个自己动手的创作者，没有受过专业或权威培训，全凭手头的东西进行创作。但我们想要指出的是，社交网络共同生产出他的身份的过程，表明了"每个人"并不是离群索居或自给自足的（或天生的创业家），而是一个"我们的"群体交际互动的产物。因此"每个人"是一个社交网络或系统的概念，而不是建立在西方哲学上的"占有性个体主义"（Macpherson，1962）。我们详细讲述了性感玉米和叫兽的交际策略与集体创作的做法，是为了（通过微观的例子）阐明本书的两个主要观点：（1）文化（身份、意义、社会性）是一个集体创造交流的过程；（2）创意生产力（或者说知识）是这个交流过程的产物。因此，集体交流与创意生产力用于覆盖整个人群的扩展工具——如互联网、数字媒体与社交网络——以全新的方式推动了文化、交际以及创意系统的发展，进而推动了知识的增长。如今,任何人都可以在系统中的任何地方生产和传播文化、创意与知识,这一过程不再只是公司、政府部门或代理商等有组织的机构的特权。也就是说,创新或试验可以在系统中的任何地方进行。原则上(假定有权限的话),任何人都可以加入这一过程,但还是要遵循系统和系统内机构化集群的规则、关系和能力。

性感玉米和叫兽都不是媒体专家,但是通过大众用户的参与和互动,他们成了线上社区的英雄,创作的产品与媒体专家的作品一样受欢迎,甚至更受欢迎。他们的形象由所处的群体所塑造。虽然两人的群体互不相同,但却拥有一些共通的文化生产新模式的特点,也就是尤卡·本克勒(Yochai Benkler)形容的得益于先进交流技术的"共同对等生产"(2006):合作、非专有、基于共享而非竞争、分散、去中心化、自治、依赖于自身组织而非市场信号或管理层指令。

普通用户生产的民主化与微生产力规模的扩大可以以多种形态存在。虽然表面混乱,但这个过程可以制造出如性感玉米和叫兽一样的"英雄",从而催生出诸如YouTube、土豆、优酷之类的大型公司并维持其发展。更重要的是,这个过程有利于形成一个门槛与成本很低的知识空间,如今的大部分人都能进入,从而可以吸收数量上史无前例的贡献者。如果把这个空间交由训练有素的精英(公司、知识产权法等控制的专家渠道)管理,"每个人"就能参与推动知识的发展,使知识的传播与利用更有效,这样我们势必会迎来创意生产力的新阶段,让人类的知识与"智慧圈"(noösphere)成为一股行星级的力量。这就是我们对"每个人"的理解。

在《集体智慧》(Collective Intelligence, 1997)一书中,皮埃尔·列维(Pierre Levy)创想了一个交错联结、覆盖一切的全人类的知识空间,研究者、思考者和艺术家组成的社区可以在其中搜寻、探索、联结与咨询。这个空间同时具备普世、多元、合作与不断进化的特征。虽然这只是一个设想的空间,但我们认为毫无疑问它正在逐渐成形,它不只是所谓"研究者、思考者和艺术家"专属的,而是属于我们每一个人的,因为随着时间的推移,我们每一个人都可能是研究者、思考者、艺术家……也可能是企业家、老师、主持人、科学家、投资者(包括参与众筹者)等。这个空间同时也是一个社交网络市场(Potts et al., 2008),新的想法和创新产品可以在这里被提出、产生和销售,专业知识与辩论的"云"可以在这里形成与互动,大型的活动也可以在这里展开(Leadbeater, 2010)。

4

每个事物

经济(1) 创客

> 威廉·莫里斯是19世纪末曾一度兴盛的工艺美术运动之父,如果他还在世的话,估计他会支持Etsy。
>
> ——《经济学人》(*The Economist*, 2014)①

创意社区——类群的微生产力

本章及下一章关于"场景"的讨论,是为了解决——更是为了进一步扩展——创意研究中一个熟悉的问题,即是否存在一个具体的创意产业部门,或者说创意是否应该被理解为属于整个"创意经济"(即"每个事物")。正如本书前几章所阐述的那样,我们的目的是扩展创意的概念,不仅要包括整个经济,还要包括文化,而且通过将文化看作是新颖性的来源,看作微观生产力和群体创造知识(通过社交网络)的一

---

① 出自《经济学人》2014年1月4日的一篇文章《艺术,手工,企业》(*The Art and Craft of Business*),见http://www.economist.com/news/business/21592656-etsy-starting-show-howmaker-movement-can-make-money-art-and-craft-business。

个场所,来保持经济和文化之间的联系,从而对经济生活产生重要影响;正如经济价值观会对文化生活产生重要影响一样。在这种情况下,刚才的问题就不需要解决,因为创意是沿着经济和文化两个系统的边缘产生的,经济和文化不断磨合,形成了一个动态的过程,在非常大规模的群体中将意义与金钱(文化和经济价值)联系在一起。只有当"创意"首先简化为以下两个方面之一时,才会出现创意部门在经济中向何处扩展的问题:要么是某个行业的产出(由知识产权产生的价值),要么是对许多行业的投入(在提供服务的基础上为现有经济增值的那些专业职业和技能)。我们认为,这两个方面都不能恰当地阐述我们把文化作为新颖性来源所得出的创意的概念。在这个概念中,创意是一种刺激物,它沿着文化与经济的冲突边界,沿着动态交互的系统(文化和经济)的边缘产生新颖性,使得这些新思想有可能被采纳和得到创新。在这个概念中,"创意产业"或"创意经济"是指那些以创新为产出的产业(Potts, n.d.)。

因此,我们不会把我们的经济利益局限在创意的所有者身上。我们不会把创意看作是属于企业或受过长期训练的专业艺术家和专业生产者。相反,我们认为创意是系统性的,它可以属于被制造或交易的任何事物。有生产的地方就有创意。如果创意的输出是创新,那么它就可以刺激任何行业。许多公司和部门已经开始优先考虑"设计思维"或"创造性思维",以便从中获益。许多传统产业雇用"创意"员工,以新的方式表达"新颖性"。此外,这种趋势并不局限于发达经济体;在一些富国和发展中国家的共同文化中,在利用技术和网络促进"本土"创意方面,也可以看出这种趋势(Burgess, 2006)。

显然,创意、美学、文化和中介价值与技术、工程或制造过程以及服务的提供直接相关。如果不认识到创意和文化在经济上的重要性,就无法理解飞机和汽车、电话和电脑、假期和教育的设计。反之亦然:三星和苹果(其产品采用了先进的技术)凭借其出色的设计而闻名;世界上最大的客机——空客A380凭借其出色的设计让它"看起来不错"。像旅游这样的服务业也越来越迎合生活方式,在生活方式中,美妙的或者是极端的体验比成本最低更为重要。

另一种跟踪创意产业与其他经济部门之间相互关系的方法是,观察多种创意职业(作家、艺术家、电影制作人、设计师等)直接服务于政府部门、交通服务等"非创造性"组织,而不仅仅是服务于媒体公司或建筑业(Cunningham & Higgs, 2008、

2009; Hartley et al., 2013）。事实上，许多政策专家提倡将"创意"作为促使业绩不佳的公司走出困境的必要因素。他们指出，令人遗憾的是，知名的公司往往缺乏创新。即使是那些知道自己在做什么并做得很好的公司，也同样缺乏创新，这些公司很容易发现，一些新兴企业已经超过了它们，其服务能力已经跟不上市场的发展。因此，从这个意义上说，整个经济必须被理解为创意经济，否则那些没有把创新作为产出的落后者将不复存在。

然而，正如我们所说，这只是故事的一部分。还有一个更大的背景，在这个背景下考虑创意的经济意义是非常重要的。目前的文化和创意政策都聚焦于公司（理应如此）——公司是经济分析中最小的分析单位。在经济学和大型系统中，个人可以作为消费者或企业家做出选择，但除此之外，个人并不"重要"（他们太"微观"了）。社会性和文化则超出了经济学的范畴（它们太"宏观"了）。人们使用当代城市生活的"新功能"与他人在闲暇时间聚集的方式从经济学术角度来说并不是多产的。庞大的、无序的、不协调的社会群体是经济学中的"暗物质"——每个人都知道这种社会群体就摆在那里，但是用于识别公司的分析工具却无法"识别"这种群体的公司性质。

如果生产者（公司或其他机构里的专业人员、专家、行家）与消费者（业余的、非专家的、不专注的、无组织的）之间存在显著差异的话，这些社会群体就不会造成麻烦。然而，自从出现了数字技术、互联网、社交网络和DIY文化，这种区别已经明显淡化了。消费者同时也是生产者和用户。因为他们不是在经过培训后进行营利性创造，所以他们的产品不一定是"专业的"，但其创新性可能与高投资工作室的产品不相上下。此外，那些原本不协调的主体现在可以被编织成"社交网络"，它们本身——作为群体——能够产生新知识、新想法和新应用。

毫无疑问，这种情况早就存在，但是可追踪的"大数据"的出现意味着人们的一言一行和任何自发进行的创造，终于可以被政策分析师或是现有的公司"看到"了。当然，如今各个机构正在争相开发这种新的知识来源，但这不是本章要讨论的问题。

让我们回到为什么"每个人"（如上一章所述）都是多产的以及其对经济的直接影响的问题。这个过程不仅仅是通过留下点击流或其他记录以供"大数据"挖掘者利用，也是通过用户自发创造并与其他用户协同创造实现的。

这意味着我们需要扩大"经济"的范畴。认真思考这一点是有实际意义的。正如我们提到的,创新是这个时代最重要的经济"产出"之一。但是创新的来源是什么?许多经济学家(Herrmann-Pillath, 2010; Hutter et al., 2010; Potts, 2011)认为文化是"新事物的来源",创新不仅仅来自企业实验室和智库,还来自任何产生新思想的场所对这些新思想的**应用**。

非正式的社交网络(联结)和用户创建的内容(消费者共同创造)都能够产生创新,而且因为用户的数量比公司多出数十亿,产生新想法的基础得以大幅延展(Banks & Deuze, 2009; Gauntlett, 2011)。众所周知,有些创新来自消费者和用户而不是设计工作室或研发人员。短信就是一个经典例子(是由贫穷的青少年用户发明的,而非手机制造商)。电脑游戏开发商依靠精英玩家来测试和改善产品,从而共同创造出一款游戏(Banks, 2013)。创意生产力可以扩展,从发明家的车库、咖啡店或卧室扩展到全球数十亿人的市场。在创意写作领域就有先例,一位曾靠福利生活的失业单身母亲,后来摇身一变成了大名鼎鼎的作家——J.K.罗琳。创意生产力在技术领域同样如此(尽管有点神化),原本只是一名学生捣鼓的一种巧妙的算法、应用程序或设备,一周过后就可能成立一家跨国公司。

因此,如果对"那个"经济的理解不发生改变,那么问"整体经济"是否具有创意这个问题就没有什么意义。整体经济包括数百万人甚至潜在的数十亿人的微生产力,他们的行动和想法以及付出的努力,在过去曾遭到忽视,但如今却是创意、新事物和创新的重要来源。就创造力的经济潜力而言,"一切"的范围很广,包括那些有创造力但又不是为了赚钱而参与其中的人,因此社区和社会企业也可以纳入经济计算中。这在直接的创意追求中尤其重要,在这些追求中,自我表达、群体身份或团结以及社会联系都是非常重要的:人们渴望有意义、渴望得到关注和认可,他们把这些看作是幸福的一部分,所以"符号富裕"(Sahlins, 1974)[①]和"注意力经济"(Lanham, 2006)和创造财富是一样重要的。

下文及本章第2节"场景"会讲述一些创意活动的典型例子,这些活动将"每个人"和"一切事物"联系在一起——每个人都是"创客","经济"就是"场景"。这其中传达的意思就是,当DIY(创客)成为一种生产力,且人们可以直接表达象征性或有意义的联结时(场景),合作创造将遍及整个社会(Sennett, 2012)。

---

① "原始富裕社会"这个观点基于意义的产生,见http://www.eco-action.org/dt/affluent.html。

"创客之年"

"创客文化"的历史可能与人类的历史一样悠久。它出现在家里,在街角,在业余爱好和娱乐中,在车间,在车库或棚屋里。近年来,创客文化已经发展成一场"创客运动"。这种创新可以追溯到苹果公司联合创始人史蒂夫·沃兹尼亚克(Steve Wozniak),他在阅读了一篇关于如何破解电话网络设备的文章后,制作了一个用于免费通话的蓝色小盒子。DIY精神在美国西海岸的一个车库中蔓延开来,这里是初创科技公司的传奇家园。科幻大师科利·多克托罗(Cory Doctorow, 2009)在他创作的小说《创客》(*Makers*)中也赞颂了这种精神。[1]

2005年,美国《爱上制作》(*Make*)杂志掀起了一场"创客运动",旨在支持"人们按照自己的意愿调整、改造和利用任何技术的权利"[2]。随后,该杂志推出了一年一度的公众活动**创客嘉年华**,以此进一步颂扬"艺术、工艺品、工程、科学项目和自己动手(DIY)的态度"。[3]第一届创客嘉年华于2006年在加利福尼亚州圣马特奥县举行,为美国创客提供了一个展示产品、交流思想以及寻求商机和合作伙伴的舞台。同年,开源硬件Arduino诞生,旨在提供更便捷的交互对象或环境的访问方式,为创客运动拉开了帷幕。创客嘉年华也发展成一个全球性的活动,数千名创造爱好者们聚集在这里,展示他们的创造,分享新的技术(见图4.1)。2013年,世界各地举行了100场创客嘉年华。同年在纽约举行的"旗舰创客嘉年华"设有650个展位,吸引了75,000人。在《爱上制作》杂志的协作下,包括美国的底特律和堪萨斯城、英国的纽卡斯尔、意大利的罗马和日本东京在内的全球5个城市举办了"特别创客嘉年华",其中最精彩的部分当属93个基于当地社区小规模的"迷你创客嘉年华"[4]。

---

[1] 出自《卫报》对科里·多克洛(Cory Doctorow)的一次采访,见http://www.theguardian.com/books/2009/dec/07/cory-doctorow-makers-interview。多克洛因他的科技博客Boing Boing而声名鹊起,他的书可从他的网站上免费下载:http://craphound.com/makers/download/。
[2] 见http://www.scmp.com/lifestyle/technology/article/1262979/hackjam-greatminds-tinker-alike。
[3] 见http://en.wikipedia.org/wiki/Make。Make为美国杂志名,中文译为《爱上制作》。
[4] 2013年:百场创客嘉年华之年,见http://www.makezine.com.tw/1/post/2014/01/2013100maker-faire.html。

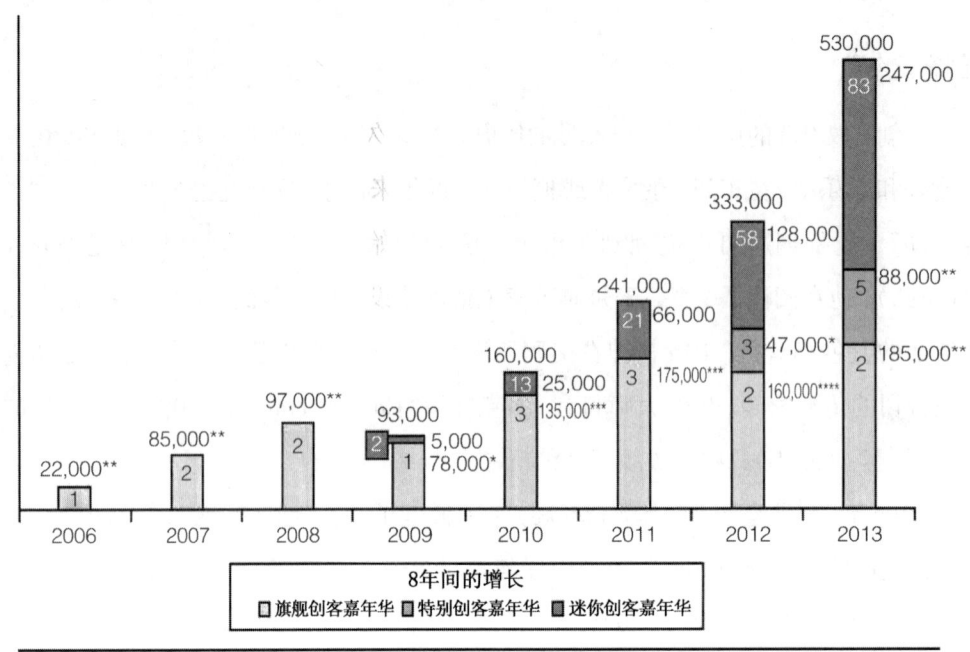

图 4.1 创客嘉年华的发展

数据来源：http://makerfaire.com/new-york-2015/call-for-makers/。

美国仍然是举办创客嘉年华最多的国家。2014年2月，美国政府宣布，美国将在当年举办属于自己的首届创客嘉年华，这是一个"迄今为止最清楚的迹象，表明这一趋势已经超越了极客和修补匠的孤立世界，进入了世界上最神圣的大厅"[1]。欧洲是创客嘉年华举办次数增长最快的地区：2013年由5次增加到20次。其中最盛大的一次在罗马举行，吸引了200名创客和35000名参观者。这股狂热浪潮还蔓延到了南美洲（圣地亚哥）、澳洲（阿德莱德、悉尼）和亚洲（耶路撒冷、首尔、东京、台北、香港、深圳）。创客嘉年华的创始人之一——戴尔·多尔蒂（Dale Dougherty）于2014年1月举办了第一届挪威创客嘉年华，并宣布2014年为"创客之年"[2]。

创 客

《连线》（Wired）杂志的克里斯·安德森（Chris Anderson, 2012）将"创客"定义

---

[1] 丹尼尔·特迪曼，白宫宣布将举办自己的第一届创客嘉年华，见http://news.cnet.com/8301-10797_3-57618256-235/white-house-toannounce-its-first-ever-maker-faire/。

[2] 丹尼尔·特迪曼，白宫宣布将举办自己的第一届创客嘉年华，见http://news.cnet.com/8301-10797_3-57618256-235/white-house-toannounce-its-first-ever-maker-faire/。

为使用互联网和最新工业技术进行个体产品制造活动的人群。有时他们也被称为修补匠、爱好者、热衷者、业余爱好者。他们参与"微生产力"活动,为高度本地化的市场生产为数不多的高定制产品——同时也可以通过互联网使一条成功的生产线快速扩展到全球规模,或者借助世界另一端的资产来使用某种本地缺失的技术(例如,使用3D打印技术制作贵金属)。

*仅在湾区举办的嘉年华	*底特律、堪萨斯城、东京
**湾区、奥斯汀	**底特律、堪萨斯城、东京、细卡斯尔、罗马
***湾区、底特律、纽约	
****湾区、纽约	

安德森认为创客的两大特点是:第一,他们通常把软件和硬件结合在一起进行创造(数字DIY);第二,他们通常参与到网络社区中,在上面分享他们创作的故事、源代码和版权(开源和DIWO——"与他人一起做",相对于DIY而言)①。因此,他们不再是车库里孤独的发明家,而是与网络,即社交网络和社交网络市场联结,这二者又推动创客参与到安德森眼中的"新工业革命"(2012)中去。如果乔尔·莫克(Joel Mokyr)对原始工业革命的分析是准确的,那么安德森的主张就并不牵强。莫克(2009)认为,创客嘉年华之所以能在英国迅速开展并领先于其他国家,是因为英国拥有无数匿名的手艺人、工程师与工匠,他们改进并修补了热门发明(蒸汽动力等),并从这些发明中找到了适合自己专业的新应用方式。简而言之,工业革命的实质就是"创客运动"。

创客不同于传统的发明家。发明家寻求彻底的创新,并致力于发明新技术、新材料和新产品,而创客往往更注重改进和推广现有的技术或为其寻找新的应用方式。创客的行为更有可能带来渐进式创新;创客运动的任务是推动对创新活动的广泛参与,并将新技术带到人们的日常生活中。②

从更广泛的角度来看,创客运动并不局限于技术改进。《爱上制作》杂志设有工艺品栏目(缝纫和针织等)和艺术设计类栏目。正如克里斯·安德森(Chris Anderson)所说,爱烹饪的人是厨房的创客,爱园艺的人是花园的创客。

---

① "离'每个人都是创客'有多远?"见http://www.shenzhenmakerfaire.com/post/3841。
② 见http://www.leiphone.com/china-maker-startup.html。

创客空间

除了创客嘉年华,仿照"黑客空间"的原型建立的创客空间(makerspace.com/),也在城市中如雨后春笋般涌现。事实上,100个创客嘉年华中有14个是由创客空间赞助的,其他的则由经营或支持创客空间的博物馆或图书馆赞助①。

第一个黑客空间C-base于1995年在柏林成立;次年矩阵实验室(MetaLab)在维也纳成立。这些欧洲技术社区直接影响了美国黑客空间的创建。2006年,美国推出了第一家商业空间连锁店TechShop②。随后,在加利福尼亚州又开了3家,密歇根、得克萨斯、亚利桑那和宾夕法尼亚州各开了1家,弗吉尼亚和纽约也在筹备各开1家。

如今很难区分黑客空间和创客空间,因为二者的名字已经开始互相替换使用了。黑客空间曾经指那些DIY爱好者聚在一起,分享他们使用现有技术打破昂贵的服务资源垄断的经验,但是现在它更像"一个与社区相关的实体空间,人们可以在那里见面和讨论项目"③。《爱上制作》杂志将"黑客空间"说成是"创客空间";因此,如果这样概括的话,全世界已经有1,000多个活跃的创客空间/黑客空间得到认可,并且数量逐渐增加。学校和图书馆都紧跟潮流。作为社区资源,创客空间定期提供关于艺术和手工艺活动的讲习班,内容从剪纸到飞机模型,老少皆宜。现在,他们正以更强大的技术重点来发扬这一历史悠久的传统。然而,大多数创客空间仍然是从基层发展起来的,而不是来自机构提供商。其中一些创客空间仍然停留在组织松散的机构和空间共享社区中,而另一些则开发了新的商业模式,以实现可持续发展。但这些创客空间的共同之处在于,它们在一个方面保持团结,那就是提供和改善获得知识的途径,这些创客空间代表着"设计、工程、制造和教育的民主化"。④

在中国,个人车库的不足导致共享空间和工具尤为重要(尽管有些人可能会在自己的公寓里修补)。中国不缺乏自上而下(由官方或房地产公司开发)的"创意集群"或"创意公园"的例子。其中一些因其空荡荡的建筑、死气沉沉的环境和冷清的生意而受到批评。这些城市分区的目的是为了提高周边地区的房价,简而言之,它们根本不懂创意。然而,中国确实拥有成功的集群,包括北京的798艺术区、上海的田子坊和深圳的华侨城创意文化园。

---

① "2013年:百场创客嘉年华之年",见http://www.makezine.com.tw/1/post/2014/01/2013100maker-faire.html。
② 见http://techshop.ws/。
③ 见http://hackerspaces.org/wiki/Hackerspaces。
④ 见http://makerspace.com/。

另一个例子是上海的新单位(字面意思是"新的工作单位"),它为新员工提供办公空间、廉价的会议室和辅导课程。时尚的地理位置(新单位位于上海永嘉路)、装饰的艺术风格、酷炫的咖啡厅和车间使新单位成为"创意阶层"和购物者的宠儿。自2010年以来,新单位还意识到了开源网络促进微型制造的这一趋势,并建立了一个新类别,名为"新山寨"(下文将详细地讨论"山寨"现象)。第一个车间是与当时刚成立的新车间(New Workshop)联合成立的,新车间是一个非营利组织,其任务是支持、创建和推广物理计算、开源硬件和物联网。此后,新车间成了中国创客运动的象征。新车间举行了新技术讲座、工作坊和展览活动,还组织会员参加国际比赛。为了维持运营成本,会员每月支付100元人民币(约16美元)作为空间和工具的使用费,工作坊和教程(含材料)费用为100~300元人民币(16~48美元),这样公众便可以把DIY产品带回家。例如,有Arduino初学者工作坊,也有如何在家建立鱼菜共生系统的实践教学课等。这些课通常在周三晚上向公众开放。

在创立新车间和香港点心实验室(Dim Sum Labs)等创客空间的过程中,国际人士起到了至关重要的作用。[①]同时,除了深圳的柴火和北京的Maxpace等,其他城市也出现了越来越多的本土创客空间。

与创意经济的宠儿——高档实验室(如位于布里斯班的The Edge)和中产阶级(小资)的办公室和咖啡馆相比,创客空间更有可能成为极客、爱好者和业余爱好者的天堂。创客空间没有闪亮或怀旧的外观,其特点往往是散落在桌子上的各种工具和电子配套元件。创客空间不赞助现场音乐表演或诗歌主题晚会,但他们组织DIY工作坊和鼓舞人心的关于新技术和企业家精神的演讲。这对创客来说是一个舒适的社区,他们可能来自各行各业,但都因为一个共同的身份——创客聚集在一起。

创客运动引起了中国官方的兴趣。新车间开业不久,上海市政府宣布了一项计划,资助全市100个"创新之家"。据报道,截至2013年3月已资助6个。[②]同样,在美国,奥巴马政府计划从2012年起,4年内为1,000所包括大学在内的学校引进配备了3D打印机和激光切割工具的创客空间。政府机构也参与举办创客嘉年华。比如,安克雷奇市、路易斯维尔市和麦卡伦市的商务局就发起了当地的创客嘉年华,许多展览都是

---

①② 见 http://dimsumlabs.com/。

由政府赞助的①。这预示着政府投资创新的一个新战略,下一个开创性的技术有望在这些创客空间中出现。

制造经济学

作为商业化创客空间的典型代表,TechShop公布的数据显示,其过去3年(2009—2012年)的收入增长了798%,并入选《公司》杂志2013年增长最快的私营公司名单②。TechShop主要有两个收入来源:一是会员费,4,000多名会员每人每周交125美元;二是培训费,TechShop每月提供150多门课程,每门课程收费50~100美元。其他收入来自销售工具和材料,以及为个人和小型企业提供的定制制造服务的收入。根据TechShop的计算,当分店拥有400至500名会员时,将达到预算平衡。第一家店用了3年时间才拥有600名会员;旧金山分店用了8个月;圣何塞分店仅用了6个月;而底特律分店刚开业就坐拥500名会员。根据首席执行官马克·哈奇的说法,每家分店最多可容纳2000名会员。

尽管这样的扩张与肯德基和麦当劳等全球特许经营店的扩张相比是微不足道的,但它却通过孵化一系列成功的项目和吸引巨头合作伙伴而震惊了世界,比如福特汽车公司、美国国防高级研究计划局(DARPA)、美国退伍军人事务部和欧特克(AutoDesk)公司。TechShop获得了这些实体的支持,因为它为它们提供了多样化的、先进的原型工具及与其他创客见面并合作的机会。美国国防高级研究计划局鼓励其资助的研发人员成为TechShop的会员,以便使用TechShop的设备来加速创新进程。美国退伍军人事务部每年为有需要的退伍老兵购买2,000名会员资格和3门课程③。

其他许多创客空间也采用这种类似健身房会员制的方式,不过会员之间可以进行更加积极的互动,并寻求合作。大多数创客空间较少商业化,更接近于非营利社区。比如说,新车间收取的费用"仅够维持运营"。

创客运动也孕育了一些其他的微观经济活动。例如,创客的产品是待售的——各种各样的工艺品陈列在货架上,可单独购买,也可批量定制和订购。这些产品也可以在网店购买,不论是综合性的亚马逊网和淘宝网,还是专营店。

---

① 见http://www.shenzhenmakerfaire.com/post/4398。
② 见http://techshop.ws/press_releases.html?&action=detail&press_release_id=47。
③ 见http://www.shenzhenmakerfaire.com/post/3803。

例如，深圳矽递科技有限公司（Seeed Studio）不仅建立了柴火创客空间来放置设备和举行会议与活动，还在其在线平台上将成员及产品与其他创客连接起来①。柴火提供三类服务：市集（Bazaar）、代工（Propagate）和许愿池（Wish）。市集是一个用于快速建立原型、开展小型项目和丰富创客常用品库存的模块电子产品的地方，可以促进这些电子产品的销量。代工是一种服务，为硬件的制造提供便利：创客可将附有制造文件的原型发送给矽递的工程团队，后者将对该设计进行验证，并将其集成到小批量生产线中。当生产出的产品全部售出后，矽递会把扣除制造成本的所有利润交还到创客手中。在许愿池，人们可以通过社区投票来评估某个原型或想法的人气，可以发表评论，还可以加入一个项目。

矽递网站非常类似于众包网站，但它规模较小，业务集中。在市场占主导地位的众筹网站，如Kickstarter、Pozible和Indiegogo，已成为DIY和创客商业模式的象征。Kickstarter是世界上最大的创意项目融资平台，拥有艺术、漫画、时尚、音乐、影视、设计、科技、出版、食品等门类，是创客的梦想工作室。2014年，该网站宣布："十亿分感谢！"也就是说，从营业开始，该网站已经筹集了10亿美元。当然，这不仅仅是钱的问题，在网站上发布一个项目也可以起到市场调研的作用；同时，创客也可以在生产之前与潜在客户建立联系并形成信任关系，还可以从"观众"那里得到意想不到的帮助。

一些人也在指责中国的创客将工作直接与金钱挂钩，其中一则相对中肯的评论说道，中国的创客承受的压力太大，"他们不能单纯地享受创造"②。新车间联合创始人李先生说，在新车间，最顶尖的黑客中有一些是"富二代"，因为不用担心钱的问题，所以尽可以自由试验③。但是大多数人（包括地方政府）认为这是真正的创业机会，说得更夸张一点，这是新一轮工业革命的机会。不过，柴火创始人潘昊认为，要推崇一种"创造也有趣的文化，因为这是创意过程走向商业创新的重要组成部分"④。

当然，人们也可以只享受创造这个过程，或创造一些仅供他们自己或所爱之人使用的东西。因此，2013年1月，一则新闻报道引起了广泛的关注：一位父亲（人称"创

---

① 见http://www.seeedstudio.com/depot/index.php?main_page=about_us。
② 见http://selamtamagazine.com/stories/made-china-20。
③ 见http://online.wsj.com/news/articles/SB10001424052702303722604579111253495145952。
④ 见http://selamtamagazine.com/stories/made-china-20。

造之王")与一个团队合作了18个月,为儿子制作了一辆迷你赛车。这辆赛车速度可达130千米/小时……但父亲还是把速度限制在5千米/小时。这就是创客精神,用艾德丽安·杰弗里斯(Adrienne Jeffreys, 2013)的话来说:"这更是一种对赋权行为的鼓励,即鼓励技能而不是金钱,鼓励制作而非购买,鼓励创造胜于消费。"

但同时,人们想要广泛销售自己的产品并赚取利润的想法也无可厚非。制造经济学是从销售单件商品到小规模生产、逐渐扩大的订单,再到初创企业这样一步一步走过来的。有的创客空间还同时包含风险投资基金。例如由西里尔·艾博斯韦勒(Cyril Ebersweiler)和肖恩·沙利文(Sean O'Sullivan)创立的硬件创业加速器HAXLR8R[①],每年为选定的初创企业提供两次为期111天的孵化计划,并提供资金、办公空间和指导服务。

2014年,HAXLR8R在美国旧金山和中国深圳之间进行跨区域经营,将创客的创意与开源制造结合起来,这一过程得到了深圳数量众多的微型工厂的帮助。

此外,制造经济学是由**网络**组织起来的:

- 首先,网络使创客能够创造东西。他们使用基于开源数据的技术方法,同时也分享他们自己的技术和经验。因此,像Ardunio或Raspberry Pi之类的开源硬件非常重要。
- 其次,创造通常鼓励跨网络的跨界合作。工程师可以找到一位工业设计师来帮助他们设计作品的外观和人体工程学功能;工程师也可以帮助设计师将蓝图制作成真正的产品。这一切都在创客空间和创客嘉年华上演,在那里,创客拥有着更广泛的供应商、潜在客户和受众群体。
- 最后,网络是众包的平台。创客通常无意取代主要的制造商,而是对它们进行补充,提供更多的想法和解决方案。

中国制造2.0——"山寨"也是一种开源创新

"当今,除了湾区的另一大世界创客文化中心就是深圳。"(Tom Grec,点心实验

---

① 见http://haxlr8r.com/about。

室成员)①

深圳这个"世界电子供应链上跳动的心脏"②已成为创客文化的中心。深圳是中国第一个经济特区，也是珠三角地区的中心城市。这个20世纪70年代的小渔村正经历着中国最强劲的经济增长。富士康、黑莓、iPhone、iPad、Kindle、Xbox等著名品牌的制造商工厂都坐落于此。自称"全球领先的信息通信技术解决方案提供商"的华为，总部也在深圳。然而，创客运动在深圳兴起是因为其完整的电子供应链。在深圳华强北电子市场，创客可以找到他们需要的任何配套工具。此外，数以千计的微型生产商可以帮助他们实现任何规模的生产。

谈到深圳（或中国其他地方）的创客运动，我们就不能不谈到山寨文化。"山寨"的字面意思是"山的要塞"（即法外之徒的堡垒或海盗的巢穴），近年则成了"抄袭者"制造业的代称。在山寨产业链中，电子产品在低成本的家庭工厂中被抄袭和重做，制造出的无牌产品作为名牌产品的替代品在市面上出售。山寨行业的名声很糟（尤其在西方），人们指责山寨制造商剽窃他人的知识产权来生产次品。对于外界观察家来说，这是带有小农意识的中国式创新③。

另外，许多西方观察家认识到，山寨不仅仅代表盗版：它是一种共享或众包创新的形式（类似于借鉴古典音乐或时装设计）；同时也是新公司和新市场成熟之前的发展阶段（不断发展的山寨也能从"丑小鸭"变成"白天鹅"）。一位居住在中国的德国人雷纳·韦斯勒（Rainer Wessler）说，这个世界需要吸取一个教训——西方知识产权的监管机制本身是存在缺陷的，它并不像其执行者所宣称的那样是创新的担保人：

> "我能明白这种（认为山寨是创意分享的）想法似乎与我们在国际商业圈上处理知识产权的方式不相容——但是许多人都认识到目前的知识产权法律的落实越来越荒谬，因为它没有保护创新，反而抑制了创新。山寨就不用为此担心。"④

因此，当我们看到"奥巴马牌"手机在肯尼亚销售，背面印着奥巴马的名字和

---

① 见http://www.scmp.com/lifestyle/technology/article/1262979/hackjam-great?minds-tinker-alike。
② 见http://selamtamagazine.com/stories/made-china-20。
③ 见http://en.wikipedia.org/wiki/Shanzhai。
④ 见http://designmind.frogdesign.com/articles/shanzhai-s-role-in?innovation-strategy.html。

"Yes We Can"的口号时，我们可以说，山寨文化已经在世界上独辟蹊径了；的确，与其把它看成是异族的或外来的盗版物，不如把它看成是更大规模的正常的创新、再生产和分配模式，可以更快地将新的参与者融入全球体系。

双重标准在这里是适用的：即使山寨行为和山寨创新在市场竞争中比西方或主流的行为和创新表现更为出色，但是它们仍然受到了批评。例如，早在诺基亚于2010年发布其第一款双卡手机（C1-00）和WP8系列双卡手机之前，双卡双待就已经是山寨手机市场的普遍配置了。至于"奥巴马"手机，它和由旧金山自由撰稿人以及《连线》杂志特约编辑马修·霍南（Mathew Honan）于2008年2月创建的单一服务网站barackobamaisyournewbicycle.com（网站名意为"奥巴马是你的新单车"）在幽默感和创新性上有什么不同呢？

在某种程度上，创客文化是山寨文化的一部分，其中定制的产品是使用开源硬件创造的，创客文化在将原型转化为产品的过程中，得到山寨供应链的支持。尽管存在安全隐患（产品未必经过测试）和版权纠纷（知识产权未必总是得到尊重），但这种创造和重新创造是创新的来源。在2013年4月举行的首届中国创客圆桌会议上（作为"第七届中国发明家峰会"的一部分），创客代表们讨论了版权问题。一个可行的解决方案是建立一个"专利池"，将资源开放给版权所有人。这听起来与知识共享类似，它给予创客一系列灵活的保护和自由度，并"保留了一些权利"[①]。但开源共享已经并将继续是创客运动的核心。创客仅使用微型制造商来生产他们的产品。深圳矽递科技就是从这样的环境中发展而来的，因此它比其他地区的创客空间更具竞争优势。

虽然创客运动的意义受到广泛赞誉，但其参与程度尚未达到主流制造业的水平，而地方政府期待创客的星星之火能燎创新之原。

我们很难预测"新工业革命"何时才能进入成熟期，但重要的是，现在人们正在将互联网智慧应用到物质世界，或者用克里斯·安德森的话来说："网络一代正在创造实体事物，而不仅仅是屏幕上的像素。"这一现象在创意经济中值得引起注意。

我们的分析得出了一些令人不安的结论，其中之一就是：经济背景下的现有"所有权"概念（即知识产权）被彻底破坏了，需要修改；这个修改的过程需要认识到分享或"共有"的重要性，而不是生产力的"财产"基础的重要性。我们的分析没有考

---

① 见http://creativecommons.org/。

虑私人拥有或公司控制的信息，而是考虑群体创造和流通的知识，这种知识模型更像是共通的语言，而不是经济学。

长尾理论、俭约创新与非正规经济

克里斯·安德森的长尾理论在此处是适用的，这就表明了由创客创造的创新和来自高投资的公共或私人研发实验室的创新一样重要。在创客运动引起安德森（2006）注意之前，他就已经描述了长尾理论。当制造和营销利基产品的成本大幅降低时，这些产品在利基市场的销售利润将超过大众市场，此时作为Web 2.0基础的长尾理论就会在网络经济中应验。创客就处在这条无限延长的曲线的尾部某处。这是从"少卖即多卖"到"多创造少使用"的一步。不过，TechShop的增长是显著的，这表明创客精神可以在曲线上"向上"移动，从而实现更大规模的运营。

这种处于边缘的创新模式也反映在印度的俭约创新理念中，该理念提倡摸索和发现新的办法来避开抑制性的规则和机构（Radjou et al., 2012）。查尔斯·利德波特（Charles Leadbeater）的最新著作《俭约的创新者：在小预算中实现创造》（*The Frugal Innovator: Creating Change on a Shoestring Budget*）中也提出了类似的想法。他详细阐述了"有目标的创意社区"是创新的主要来源的案例，即带着一个目的以很小的成本来完成/弥补/创造，这个目的通常与改善边缘或受压迫的社区的条件有关：这个"目标"和"社区"是与"创意"同样重要的——其结果可以上升到全球范围（Leadbeater, 2014）。

此外，俭约创新还涉及开源和版权创新模式之间的争议。拉蒙·洛巴托（Ramon Lobato, 2010：337）在对诺莱坞（Nollywood）的研究中指出，非正规市场在尼日利亚建立一个"有效的和经济上可持续的"媒体市场方面发挥了重要作用。他与朱利安·托马斯（Julian Thomas）的研究还认为，盗版——所谓的"灰色经济"——具有重要的生产性，且在正规媒体行业之外创造了巨大的机遇（Lobato & Thomas, 2012）。记者罗伯特·纽威斯（Robert Neuwirth, 2011）观察了全球的非正规经济，他认为在非正规经济中工作的人是一群提供了基本服务和大量就业机会的企业家，这一现象在发展中国家尤为明显。

在第3章中，我们通过群体创造和身份协商，对新事物进行了微观分析。我们在本章中讨论的创客运动展示了一种方式，通过这种方式，微观的创意生产力就可以在中观层面上汇聚和扩展,成为更大规模的创意力量的一部分。在下一章,我们将展示这种创意生产力是如何整合到创意经济的复杂系统中的。

❖ 经济(2)场景

> 我开始做研究后不久就意识到,"场景"是表达反抗的重要资源,因为大量的日常线上互动都是关于本地场景的。
>
> ——帕特里克·威廉姆斯(J.Patrick Williams, 2006: 184)

创造一个场景

现在的创客嘉年华、创客空间以及编程马拉松(黑客松),常常通过创建一些对社区服务有用的软件来关注社会或教育问题。它们吸引了记者的眼球,成为一个新的"都市场景"。不过,除了这个技术方面的例子,创意输出的主要形式还有设计、音乐、媒体制作、表演和写作。每种形式都会产生自己的场景。城市就是这些场景可能重叠和混合的地方——它吸引了很多新鲜血液——尤其是看重独特风格以及与同龄人交流机会的年轻人。

场景在传统意义上指画作中的背景,但不仅限于艺术,而是延伸成一个艺术本身的场景和欣赏艺术的场景。因此,我们可以看到包括开幕之夜、艺术社区集会和公演的"画廊场景";"剧院场景"也不只有舞台布景,还包含演出前的饮料或演出后前往酒吧或咖啡厅的体验;"音乐场景""伦敦剧院场景""诗歌场景"和"哥特场景"也都频见报端。在学术领域,关于场景的研究在音乐民族志领域发展迅速,文化和亚文化研究中对场景概念的讨论也卓有成效。一方面,场景在地理上是特有的("本地场景"在一个城市的不同地区或不同城市之间存在差异);另一方面,场景也具有经济属性,与"夜间经济"关系紧密。因此,研究场景也是研究经济活动在当地文化系统中的延伸——反之亦然。

场景与地理位置的关联显而易见。然而,场景还与其他场景与场所相连——它们通过网络、广播与街道彼此联结。因此,贝内特和波得森(2004)提出了三种按地理划分的场景:"局部""跨局部"和"虚拟"。局部场景是一种传统的概念,即根植于特定地理中心的音乐社区（Straw，1991）。"跨局部"指"广泛分散的很多局部场景，它们围绕着独特的音乐形式和生活方式定期交流"（Bennett & Peterson，2004：6），这些局部场景有时会与全球媒体发生互动。关于第三种形式"虚拟场景"，我们可以通过粉丝专刊和商业音乐出版社的音乐评论对其进行观察（Hodgkinson，2004）；得益于互联网带来的交流模式的变革，这种场景展现了一种更加基于粉丝的话语方式。这些局部和跨局部的框架有时促进了特定的音乐流派的形成，如芝加哥布鲁斯（Grazian，2004）。然而，泰勒（2005：1027）对这种分类提出了质疑，认为尽管地点仍然很重要，但场景"可以通过印刷、广播或数字技术扩展到更大的网络中"。

由于"夜间经济"的重要性已经得到了许多城市的认可，因此场景的经济意义也得到了扩展。贝内特和波得森认为，音乐场景的组织形式有力地驳斥了"世界80%以上的商业音乐是由5家跨国公司控制的"（2004：1）的说法。此外，当今制作音乐的场景和工业方法是相互依存的：场景是真实性与新的音乐表现形式的来源；而音乐产业提供了从CD到互联网的技术，扩展了场景的影响力，实现了其经济价值（Bennett & Peterson，2004）。

简单地说，在最近一场俱乐部表演的前排观众中——如果乐队幸运的话——可能就有唱片公司的A&R星探①。在这种情况下，以往唱片公司与音乐人之间权利的不对称性已经开始发生改变。根据对柏林一家电子音乐俱乐部的案例研究，兰格和博克纳（Lange & Bürkner，2012）得出结论：由于技术变革和音乐产品的电子传播，价值创造的主体已经从大规模的生产者导向的媒体（唱片公司）转向消费者导向的现场表演和互动唱片。在这一过程中，文化内包含的价值观的发展，如鉴赏力的形成、艺术家和制作人的声望建设以及当地社区的建设，都在音乐制作的经济学中变得越来越重要。音乐家可以通过现场表演名声大噪，并直接与网上的和现场的粉丝互动。威尔·斯特劳（Will Straw）提出了一个微观经济活动网的概念，这些网络可以促进社交活动，并将其与城市的自我再生产活动相连。他将场景视为紧跟在下面五步之后的第六种形式：

1. 人们在某个地方反复进行的集会；
2. 这些人在这个地方和其他地方集会之间的往来；

---

① 意为"艺人与节目"（Artists and Repertoire）。见http://musicians.about.com/od/musiccareerprofiles/p/aandrprofile.htm。

3. 人们来来往往走过的街道/场所；

4. 围绕和滋养特定文化偏好的所有场所和活动；

5. 更广泛、地理上更分散的现象，与其相比，上述活动和偏好的范围只能算局部的；

6. ……场景（Straw，2001：249）。

这与Elizabeth Currid（2007）对"创意场景"的描述相似，它遵循以下路径：

• 作为消费场所的正式和非正式机构和社会活动。

→创意交流的节点；

→社会生产系统；

→位于多样化、开放、舒适的街区（如曼哈顿）中的创意场景；

→文化经济（共生）。

首先，我们将美术馆、博物馆和场馆这样的正式机构标记为介于创意和商业之间的市场（Becker，1982）。在这些场所，举办诸如展览、开业典礼和行业聚会等社交活动表面上是为了推销艺术，但同时也是为了让参与者有机会在鸡尾酒会上遇到志同道合的人、引领潮流的人和行业的看门人，以及潜在的跨领域合作机会（Currid，2007）。以巴西著名的涂鸦艺术家奥斯·格默斯（Os Gemeos）的"德茨计划"（Deitch Project）以及大卫·拉切贝尔（David LaChapelle）的"艺术家和妓女"展览（2006）的开幕为例，正如柯里德所说，格默斯和拉切贝尔的作品堪称一绝；然而，画廊里"鱼龙混杂的人群"似乎对艺术不太感兴趣，他们更关心的是彼此间的互动（Currid，2007：102）。

同时，像咖啡馆、休息室和俱乐部之类的便利设施也是创意人士聚集的重要场所。非正式的沟通与联系通常可以给正式的人力资源库、公司和供应商集群带来积极影响。然而，在创意经济中，非正式社会领域成为行动的中心，而不是其他正式生产模式的附属物。

此时，正式和非正式的机构、社会活动与事件成为创意交流的节点。这个过程需要"创意的集中"来为创意提供发酵的容器，使其在达到"临界质量"时变成有分量的东西。这个过程不是"弱联系"（Granovetter，1973），而是不同行业和职业的集中，它们可以推动创新和新知识的传播。在随意但很重要的环境中，人们进行着知识的交换，这是一个社会学习的过程。此外，它形成了松散的社区，以帮助"执行"想法。

因此，有创意的人并不会把这些地方看成是消费场所，也不把它们看成是吸引人的（旅游）设施，而是利用场所来发展自己的事业（Currid, 2007: 95）。

此外，在这些场所进行的不同活动涉及了更广泛的社会协同作用、网络和机构，使得知识、技能组合、项目和评价过程能够在灵活、非正式、更加有效的社会生产系统中相互作用（Currid, 2007: 110）。"好莱坞"就是另一个例子。有生产力的人在没有中央控制、没有任何所有权制度的情况下，就能够找到同类并完成项目。从严格的经济角度来说，所谓的"好莱坞"是不存在的——它不是一个公司，更不是一个行业，而是一个自我创造、自我组织和自我维持的社会网络（复合体系统），其中，跨越多个学科和平台的个人、公司、制作人和人力资源库可以通过为特定目的而形成的临时公司运作（比如制作电影），然后分散开来。对这样的系统进行协调的过程会产生新的机会（例如，预约演员）；而这些系统叠加的过程（音乐、电影、时尚）会产生创造性的试验和混杂产品，从而产生新的形式，比如一个有朋克音乐和"杂志文化"背景的人成为艺术导演后又当上了制作设计师，将朋克的黑暗美学融入故事片的叙事形式中（亚历克斯·麦克道尔就是一个这样的例子，他现任南加州大学教授），从而创造出全新的制作技术（麦克道尔称之为"世界建设"），可以跨媒体平台迁移，每一步都能产生新的价值主张。如果没有社会环境——人们生活、工作、消费、共处、学习和竞争的一个"场景"，上述所有情况都无法实现。

因此，整个街区都成了特定文化领域的场景——在纽约，切尔西区成为艺术的场景，SoHo区成为时尚的场景，下东区是音乐和艺术的场景，鲍威利区是音乐的场景。越来越多的街区和"人们闲逛的地方"的地理界限变得模糊，因为越来越广阔的创意场景在多元的、开放的、友好的场所有着越来越强的表现力。因此，文化经济中各种各样的人和机构在一个更广泛的共生环境中活动（Currid, 2007: 106-107），这个共生环境就是"创意生态"（Howkins, 2009）。

本·马尔邦（Ben Malbon, 1999）从地理学的角度考察了20世纪90年代末的英国俱乐部场景，考察对象包括：年轻人住所的地理位置和俱乐部的地理位置（娱乐的活力和反抗情绪），体验性消费的地理位置（按互动性排序，与身份、认同的形成以及调整有关），以及他们进行社交活动和身份表演（前面两者的产物）的地理位置。他在12个月的时间里选取了150个夜晚进行观察。作为俱乐部的常客和研究人员，首先，马尔邦认为通过俱乐部活动所体验的娱乐的活力，与僵化的"反抗情绪"的概念

（类似20世纪60年代末学生运动的反抗情绪，Hebdige，1979）关系并不大，"如果俱乐部成员想反抗任何东西……那可能是他们自己生活中的其他事情"（Malbon，1999：183；参见McKay，1998）。其次，他认为俱乐部的体验中生产和消费是同步的，同时具有建构性（Hebdige，1979）和表现性（Goffman，1971）。归属感和认同并不是自发产生的，而是通过技能、能力和需要重复参与的共同体验构成的。最后，俱乐部经历的一个决定性特征是自我与人群之间的波动——正如高盛所说，"自我表达与其说是一种情绪、精力、实践或兴奋剂，不如说是一种周围的人都与你同在的感觉"（Goldman，1993：286）。简而言之，俱乐部活动是"我们"社群成型的活动。

西尔弗等人（2005）认为场景有三个共同价值：

1. 合法性，主动的乐趣；
2. 戏剧性，参与的乐趣；
3. 真实性，身份的乐趣。

艾玛·鲍尔奇（2007）调查了在印尼巴厘岛的雷鬼音乐、朋克音乐和死亡金属音乐的场景，研究它们在诸如媒体全球化、"分裂、杂交和多样化的文化影响"以及媒体管控的影响下是如何发展的。她在媒体全球化、逐渐消亡的苏哈托独裁政权与"巴厘岛自我"的重新表述同时出现的历史时刻，记录了亚文化的创造。类似地，赛福拉（2011）调查了当地的朋克场景，认为这些场景正在成为后独裁主义印尼民主化的推动者。

菲尔德（2008）研究了1997—2007年间上海的国际化夜店场景。除了调查夜店作为进入中国的舞蹈和音乐的"渠道"和"国际人"在发展夜店场景中的重要性之外，Field还观察到一些夜店客对分离和独特的空间的选择中所揭示的社会分层和不平等。这在西方夜店的场景中不那么明显。不过，中国有很多名为"创意园"或"创意集群"的场景在迅速发展，例如杭州的理想·丝联166和深圳的华侨城创意文化园。

中国场景

杭州的理想·丝联166创意产业园是由一个规模虽小但经验丰富的广告公司提出的规划。大约30名创意人士聚集在拱墅区的工业遗产地。得益于蜜桃咖啡室和它的姊妹餐馆青桃主题餐厅，以及各个领域的设计师在这里开的商店和工作室，这个地方人气很高。这里时常举办各种音乐表演、展览和主题派对,吸引着具有相似兴趣的人群。一个文化共同体正在形成。但设计师们却不安于现状,寻找机会搬到新的地方,以便"保持增长势头",扩大整个城市的"场景"。

深圳的华侨城创意文化园(以下简称"创意园")藏身于市中心,周围是树木和灌木的自然"场景"。这是华侨城集团的一个项目。华侨城是一家大型的跨行业国有企业,经营领域甚广,涵盖旅游、文化产业、房地产、电子产品等。创意园再次彰显出中国对新兴经济部门不断提高其价值链占位抱有很高的期望。

创意园拥有60家企业和40家工厂,占地4万平方米,由旧仓库和工厂改建而成。创意园旨在模拟城市的自然发展,首先开始在一个现有的仓库中建设一个新的艺术中心。这些建筑之间的空地逐渐充满了画廊、书店、咖啡厅、酒吧、艺术家工作室和设计店以及阁楼和宿舍。这些新增设施被设计成包裹或穿透现有建筑的形式,建立起了建筑物之间的新关系,并创造了一层相互连接的城市空间和公共设施。创意园的规划并不寻求明确的边界或固定的形式,而是试图建立一个动态的、互动的、灵活的框架,不断适应城市巨大变化带来的新情况。

2005年1月,华侨城当代艺术中心(OCAT)在创意园开业,旨在成为一个枢纽——中国当代艺术的供应中心和出发点,即"国际终端"。2005年12月,首届深圳香港城市/建筑双城双年展在这里举办,并成为华侨城创意园和建筑设计师的主要活动。随着越来越多的设计公司、艺术机构、咖啡馆、概念餐厅和酒吧蜂拥而至,创意园已成为一个新兴的创意场景,拥有多个音乐、艺术和生活方式的场景。

杭州理想·丝联166和深圳华侨城创意文化园的例子表明了一种新的场所形成方式,即"城市生成"(Hélie, 2012)。文化场景和经济集群不再囿于边界,而是可转移的。自发的场景伴随着集群的形成过程,是其流行或成功的标志。对于规划的集群,尽管它们通常具有经济野心,但场景也是区分它们和制造业集群的基本要素,也是看一个地方是否具有活力的基本要素。

理查德·弗罗里达(Florida, 2010)认为,基于具体地点的、特定流派的音乐场景不如由规模经济和范围经济重塑的集群重要。这种看法是基于经济方法的。但场景是新创意形式的源头,或者是好音乐的来源,因此场景决定了音乐产业能否蓬勃发展。因此,我们主张一个相反的观点,即场景比集群更重要,因为它们形成了具有文化和经济潜力的新社区:志趣相投、互动性强、相互学习、目标明确的"集群"比拥有共同定位的公司更重要。因此，创意思维（文化）正在改变集群思维（产业），自下而上产生了新的经济创新模式。

新事物与城市符号的生产

创客运动为创意民主化提供了一个强有力的范例，具体来说是一个从虚拟世界到现实世界的范例。创客运动在技术领域最为强劲，它以开源作为创新模式，与节俭创新的理念密切相关，这一点不仅在技术层面显而易见，在商业模式上也是如此。创客运动可被视为非正规经济的一部分，而在中国、印度、巴西等国，非正规经济据称已经占据了主导地位。

创客运动仅代表城市中社会学习系统中的一个视角。它绝不是城市中最重要的经济成分。场景也一样。我们将这些看作基于微生产力和"我们"社群形成的"新兴"创意和新事物的来源。微生产力和"我们"社群与社会网络市场（Potts等人，2008）一起，正在重新连接当前的研发甚至经济体系，这个过程的方向并不局限于"虚拟"或中介性的创造性产业，它是系统性的：这个系统自我组织，自我创造价值，文化和经济价值在这个系统中由不按传统商业路线（公司）组织的主体共同创造。

此外，产生并依赖于文化和艺术创意的场景是城市符号的缩影（第2章）。这意味着，创意城市是指那些民众创造文化、文化创造经济的城市，其特点是既拥有社交集会和混合场景，又拥有摩擦和"碰撞"场景。场景连接文化，培育多样性、包容性与文明，同样也培育经济，协调经济价值（国民生产总值、就业）和文化价值（意义、身份、关系、边界）。

因此，我们可以从经济角度来解答什么是创意：创意是在复合的适应性系统中产生新事物（通过网络式的创客运动和场景），产生使系统可以在内部自我更新和变革的新知识和创新的过程。

5

每个地方

❖ **地理（1）——金砖国家**
巴西、俄罗斯、印度、中国、南非

> 面对许多棘手的问题，我不知道答案在哪里，但我认为把更多权力交给金砖国家是一个好的开端。
>
> ——吉姆·奥尼尔（Jim O'Neill）[①]

全球范围内的差异

批评人士担心，创意产业与随之而来的创意经济理念本身就是西方的观念，是"白人"和富裕阶层等群体考虑的问题。这不足为奇，因为英国及其曾经的自治领（澳大利亚、新西兰、加拿大、南非）和欧洲富裕国家在这方面都有出色的政策计划和已

[①] 出自《电讯报》（*The Telegraph*）2014年9月的一篇文章《给金砖国家更多权力：我们需要他们站在我们这边》（*Give the BRICS More Power: We Need Them on Our Side*），作者吉姆·奥尼尔，见http://www.telegraph.co.uk/finance/economics/11078396/Give-the-BRICS-more?power-we-need-them-on-our-side.html。

发表的研究成果。然而,有些最具活力的创意产业和创意经济政策却是在发展中国家和新兴国家蓬勃发展的,特别是中国和巴西。两国都采用中央政府大规模投资与企业投资相结合的经济模式。

在东南亚,绝大多数国家都拥有体系完备的创意经济政策,有专门负责落实这些政策的政府机构,还有大力发展创意产业并渴望被冠名"创意"的城市。印度尼西亚(特别是在尤多约诺任总统期间)、2013年军事干预前的泰国、菲律宾、越南、柬埔寨、老挝,甚至是小而富有的文莱,都在通过自己的方式同时维持创意经济政策(Lennon和Abdullah,2013)和严苛的新伊斯兰教法。[①]这些国家都将创意之路视为发展的一部分。印尼万隆、菲律宾宿务、泰国清迈等城市都在争相发展创意经济。

因此,我们现在处在这样一个模式中:创意经济"理念"在英语国家产生不少争议,但在发展中国家,得益于政府发展计划和年轻化的人口结构,创意经济正在蓬勃发展,至少在中国是如此——国家收支状况良好,有很好的条件投资国内经济发展。简言之,不应再将创意产业和创意经济局限于英语国家了,而应扩展至全球范围。

本章将概述发展中国家创意经济的兴起,特别是金砖五国(巴西、俄罗斯、印度、中国、南非)和薄荷四国(墨西哥、印度尼西亚、尼日利亚、土耳其)这些新兴经济体。"金砖五国"(BRICS)和"薄荷四国"(MINT)这两个缩略词都是由高盛资产管理公司前主席、前首席经济学家吉姆·奥尼尔[②]提出的。有些地区的创意经济更发达,而另一些地区的文化商业潜力尚待发掘。城市是创意人群和创意活动的直接枢纽和目的地。这就在我们面前展现出一派创意经济在全球"每个地方"生根发芽、遍地开花的景象。

巴 西

巴西长期以来一直被看作拉丁美洲地区的文化象征。巴西的多民族文化、热情洋溢的桑巴、巴萨诺瓦(一种融合巴西桑巴舞曲和美国酷派爵士的"新派爵士乐"),以及里约狂欢节仅仅是该国文化象征的一小部分。圣保罗和里约的时装周与纽约、米兰、伦敦和巴黎的时装周并列为世界首屈一指的活动。巴西被认为是金砖五国中最时

---

① 关于这样的并列会如何影响贸易的例子见http://www.smh.com.au/federal-politics/political-news/australia-to-question?brunei-over-stoning-laws-before-trade-talks-20140629-zsq1h.html。
② 见《华尔街日报》2013年12月9日发表的一篇文章http://blogs.wsj.com/moneybeat/2013/12/09/oneill-man-who-coined-brics?still-likes-brics-but-likes-mints-too/。

尚的国家①。

巴西总统卢拉·达席尔瓦于2003年任命吉尔伯托·吉尔为文化部长后,该国创意产业政策得到了大力支持。吉尔是第二位在巴西内阁担任部长的黑人。他是一位著名歌手、音乐家和政治活动家②。在他的诸多成就中,其中一个是将巴西舞蹈(桑巴、巴萨诺瓦)与非洲舞蹈以及其他有影响力的舞蹈(如瑞格舞)结合起来。他还受到东方冥想训练的影响,将冥想带到巴西文化部,很快就为创意产业开辟了一个新的方向。《纽约时报》报道了他对青年文化与政府之间关系的看法:

他在2月份接受的一次采访中说:

"这些现象(嘻哈文化)不应被看作是负面的,因为这些现象包含了庞大的群体,是他们与外部世界联系的唯一纽带。如果不能理解这一点,政府就没有能力制定足够包容的政策,无法防止年轻人犯罪或遭受社会孤立。"他还说,现在一些年轻人正在成为设计师、进入媒体,越来越多的电视节目和桑巴舞学校使用他们的作品来帮助消沉的社区重新焕发活力。他补充说:"这是对政府角色的不同看法,政府扮演了一个新的角色。"③

巴西创意经济的正式到来是在吉尔任职期间(2003—2008年),其标志是2004年于圣保罗召开的联合国贸易和发展会议(UNCTAD)第十一届大会上,举行了创意产业高级小组会议,讨论了创意产业在发展中的作用,并提议设立国际创意产业中心。其后,2005年4月在萨尔瓦多(吉尔的家乡)举办论坛,讨论该中心的范围、使命和运作方式(根据联合国的指导方针),但目前还没有建立该中心的迹象。

尽管如此,诸多国际机构认为创意产业的想法适逢其时,而创意经济在巴西的其他活动和倡议中也很明显,例如2010年举行的全国文化会议和2011年成立的创意经济秘书处。《创意经济秘书处计划: 2011—2014年的政策、方针和行动》确立了"创

---

① 见http://www.the-report.net/brazil/riodejaneiro-nov2012/211-branding-back?in-fashion。
② 出自《纽约时报》2002年12月31日的一篇文章《为巴西流行歌星举办的政府演出;吉尔伯托·吉尔成为文化部长,但并不是每个人都对他赞不绝口》(A government gig for Brazilian Pop Star; Gilberto Gil becomes Culture Minister, but not everyone sings his praises),见http://www.nytimes.com/2002/12/31/arts/government-gig-for-brazilian-pop-star?gilberto-gil-becomes-culture-minister-but.html。
③ 出自《纽约时报》2007年3月14日的一篇文章《巴西政府投资嘻哈文化》(Brazilian Government invests in culture of hip-hop),作者拉里·罗特(Larry Rohter),见http://www.nytimes.com/2007/03/14/arts/music/14gil.html?_r=0。

意巴西"的目标,强调"文化多样性、可持续性、创新性和社会包容性"是其工作的四项指导原则;认为主要挑战存在于以下领域:信息和数据调查,阐明和鼓励创意公司的进一步发展,创新能力教育,创造、生产、传播/流通和消费/享受创意产品和服务的基础设施;创建/调整创意部门的法律框架。

在城市层面开展了一系列项目和活动。里约热内卢(了不起的城市)是音乐表演之乡,这里孕育着桑巴、巴萨诺瓦、放克、电音等乐曲。位于巴拉·达·帝如卡区的艺术城是里约的主要音乐活动区域。这里拥有拉丁美洲第二大歌剧和古典乐音乐厅,可容纳1,800名观众。该厅已被改造成一个多功能的文化综合设施。自1993年以来,市政府一直为居民提供大型展览帐篷,用于音乐、戏剧和舞蹈表演,免费或收取少量费用提供各种艺术培训,包括卡波耶拉(巴西战舞)、吉他和瑜伽。该项目旨在解决社会排斥问题,让公共空间恢复生机,在让大众有机会接触文化活动的同时,宣传当地的艺术家,并与民间组织共同管理文化场所。

里约还是巴西主要的视听产业中心。巴西最大的媒体集团环球电视网(TV Globo)总部就设在这里。[1]里约电影节是巴西最重要的电影盛事。自1992年以来,里约政府所属的里约电影公司(RioFilme)已投资约300部故事片和130部短片。该公司的使命是促进和发展里约的视听产业并提高其文化、社会和经济价值的认可度。2010年,该公司在巴西贫民区开设了首家3D影院——新巴西里约电影院,开业的前33个月就吸引了近20万观众。

创意部门对里约国内生产总值的贡献率为4.1%。[2]为保持这一发展势头,里约于2010年启动了"创意里约"项目,其中包括创意企业家培育中心[3]等支柱项目。其中一个主要的培育机构是里约热内卢天主教大学主办的创世纪研究所(Genesis Institute),涉及技术、文化、珠宝设计和社区社会发展等领域的培育中心。这些培育中心支持文化和艺术领域的创业活动,并在大学教授的支持下为企业的发展和管理提供方法和工具指导。同许多其他机构一样,这些培育中心是大学和企业之间进行知识转化的实验室,帮助初创企业实现自我可持续发展,这预计会对本地区的文化和经济发展产生一定影响。[4]

---

[1] 见http://www.globo.com/。
[2] 见http://www.forum-avignon.org/en/culture-and-creative-economy-riode?janeiro-challenges-changing-city。
[3] 见http://www.riocriativo.rj.gov.br/site/。
[4] 见http://www.latamtrainingcenter.com/?p=2829&lang=en。

2014年世界杯足球赛和2016年奥运会似乎为里约在文化、经济和城市发展方面带来了巨大机遇。2007—2014年，巴西政府的"加速增长计划"需要在基础设施、能源、社会包容和安全领域进行总计8,723亿美元的投资。其中的主要项目是通过建设新设施或改造旧楼来促进文化资源多样化。新的里约艺术博物馆（MAR）① 已经建成。作为一个关注高科技和自然环境的旗舰博物馆，明日博物馆将成为Porto Maravilla区的地标之一。Morro da Conceicao是奥林匹克项目中心地带一个受欢迎的居住区，正在完成旧建筑和废弃仓库的修复工作，来建设"桑巴之城"。②

圣保罗是巴西最大的城市，这里汇聚着该国领先的电视网络、广告公司和出版社③。2012年，文化秘书处、旅游秘书处和工业联合会在巴拉那联合举办了关于创意经济、创意城市和地方发展的巡回研讨会，这是迈向创意经济计划的第一步。巴西政府宣布将投入430万美元，用于累西腓Porto Digital（巴西最大的科技园区之一）的创意产业的发展。

巴西小微企业支持服务机构（SEBRAE）等私营机构在促进创意经济方面发挥了积极作用。作为全国公共和私营机构的合作伙伴，巴西小微企业支持服务机构的参与至关重要，因为中小企业占巴西城市正规劳动力的56%，占工资总额的26%。中小企业中有500万家正规企业和1,000万家非正规企业。巴西小微企业支持服务机构在里约长期从事创意领域的工作，包括手工艺品、文化旅游和音乐。在米纳斯吉拉斯州，它致力于提高人们对创意经济的认识。2012年，该机构与州政府一起宣布在贝洛哈里桑塔市（巴西东南部城市）成立"创意经济之家"（UN/UNDP/UNESCO, 2013）。

经济增长促进了巴西创意产业的发展。巴西已成为世界第六大经济体。过去10年，4,000万拥有可支配收入的巴西人进入了中产阶层。经济增长和随之而来的富裕程度对社交媒体的使用产生了巨大的影响，在政府的支持下，人们接触社交媒体不再是一件难事。5年来，巴西的互联网接入率几乎翻了一番，而技术的使用对巴西的发展有巨大的推动作用。互联网的接入为巴西民众提供了更多接受教育和获取知识的机会。巴西政府希望通过数字文化使其公民接受教育，因而一直压低电脑和移动技术

---

① 见http://www.museudeartedorio.org.br/en/mar。
② 见http://www.forum-avignon.org/en/culture-and-creative-economy-rio-de?janeiro-challenges-changing-city。
③ 见http://www.ied.edu/sao-paulo/home。

服务的价格。数据显示，巴西目前是仅次于美国的Facebook第二大市场，约有4,030万人活跃于社交媒体平台。2012年，巴西的付费电视收视率也在上涨，拥有4,500万付费用户，智能手机销量也达1,540万部。

巴西已是音乐和电视肥皂剧（电视连续剧）的主要出口国。巴西是世界第十二大音乐市场，电子音乐和流行音乐的商机遍布全国。在出版部门，最新一版《双年书》拥有40万名读者。另一个成功的例子是帕拉蒂作家会议（PLIP），由英国Bloomsbury出版社创始人兼总编辑莉兹·考尔德组织。

俄罗斯

俄罗斯是世界第八大经济体，比巴西落后两个名次。西方媒体常常评论称俄罗斯经济保守，导致文化和创意的发挥受到限制。然而，俄罗斯丰富的艺术和文化历史及其令人羡慕的文化基础设施是举世公认的。

研究俄罗斯联邦文化政策的学者一致认为，俄罗斯文化部在文化和创意产业发展中所起的作用甚微，明显的表现就是缺乏清晰的政策路线。此外，应更注意挑战而不是机遇。这些挑战包括：国家监管不力；过于将文化和创意产业视作高雅艺术和文化遗产；不鼓励国有文化组织参与经济活动；私营文化企业筹资困难；环境不利于中小企业发展（包括过度官僚主义、腐败、缺乏种子资金或税收减免及正确引导）（Ruutu et al., 2009; Council of Europe/ERICarts, 2013）。

这与联邦政府对创意异见者的敌对态度截然不同。"造反猫咪"（俄罗斯女子朋克乐队）的案例充分说明了这一点。然而，贾斯廷·奥康纳（Justin O'Connor, 2005）基于曼彻斯特和圣彼得堡的合作项目，研究了俄罗斯，特别是圣彼得堡的"文化产业"。他的经历也充分显现出上述挑战。此外，对高雅文化的强烈自豪感意味着对文化商业化的抵制，因为后者被认为是一种旨在"追赶西方"的方法，而不是"找到一条特定的道路"途径。这种抵制甚至延伸到蔑视"过渡经济"的概念，而这一概念在中国等国家广受欢迎。

然而，在艺术家看来，美术并不是一种保守的力量，而是在戈尔巴乔夫时代向普京时代过渡时期表达自由精神、重组精神和地下思想的一股力量。例如，今天的"新美术学院"于1989年由蒂穆尔·诺维科夫在圣彼得堡设立，在他之后又有多位掌门人，其中包括多媒体计算机艺术家、电影制片人、"新学院派"艺术家奥尔加·托布雷卢兹。她是第一批在作品中使用数字和计算机技术的艺术家之一,其作品将古典题材和流行文化符号结合在一起,互为讽喻。新美术学院是艺术家、思想和新表现形式汇聚的地方,跨越不墨守成规的和官方的艺术场景,并通过提供工作室、学费和举办活动支持创意实践①。

因此,在实践中,莫斯科和圣彼得堡等主要城市对创意产业深感兴趣,与欧洲理事会、欧盟、英国文化教育协会和卡尔弗特22基金会等国际机构合作开发了很多项目。2014年,作为"欧盟-俄罗斯科学年"②活动的一部分,欧盟-俄罗斯创意产业论坛先后在莫斯科和布鲁塞尔举行。同年,莫斯科罗蒙诺索夫国立大学举办了主题为"再工业化世界中的创意产业:东西方媒体的做法"的国际会议,会议发言人有来自澳大利亚的特里·弗卢、来自比利时的即将离任的国际传播学会(ICA)主席弗朗索瓦·汉德雷克斯、来自英国威斯敏斯特大学中国传媒中心③的辛欣。

20世纪90年代末,圣彼得堡成立了创意产业发展中心。圣彼得堡于2012年开始举办年度国际文化论坛。该论坛由俄罗斯联邦政府与圣彼得堡政府共同举办,旨在保护和促进俄罗斯文化,支持区域、联邦、国际层面的文化举措,并鼓励国际合作④。

2013年9月,近400名观众聚集在圣彼得堡的埃尔米塔日博物馆新开放的当代艺术展厅,参加卡尔弗特论坛。该论坛的成功举办标志着圣彼得堡国立大学斯莫尔尼学院与卡尔弗特22基金会合作的开端。该基金会是位于伦敦的一家画廊,也是一个艺术组织,旨在提高俄罗斯创意界的知名度⑤。

在莫斯科,古老的工业遗址据说正在"蓬勃发展成艺术和文化的创意中心"。这些中心接管了城市中荒凉地区的破旧工厂,目的是尝试恢复城市文化生活跳动的心脏,发展前景良好的创意产业。Artplay设计中心是这些重建项目中的第一家,占地超过74,000平方米。该中心所在地曾是一家压力表工厂,现在已成为建筑、设计、城市规

---

① 见https://en.wikipedia.org/wiki/Timur_Novikov;关于奥尔加·托布雷卢兹,见http://au.phaidon.com/agenda/art/articles/2013/january/25/russian?digital-artist-olga-tobreluts-gets-huge-retrospective-at-moscow-museum-of?modern-art/。
② 见http://creativeconomy.britishcouncil.org/Policy_Development/news/russian?british-creative-economy-forum/。
③ 见http://www.moscowreadings.com/。
④ 见http://www.russkiymir.ru/russkiymir/en/news/common/news12048.html。
⑤ 见http://www.theguardian.com/culture-professionals-network/culture?professionals-blog/2013/sep/25/russia-culture-st-petersburg-berlin。

划和室内设计领域专业人士的聚集地①。位于莫斯科东区的温扎沃德是一个当代艺术中心,建于2005年至2009年莫斯科当代艺术双年展的浪潮中。该中心致力于在礼堂、私人画廊以及精品店展示视觉艺术②。"车库"当代艺术馆是莫斯科最大的展馆之一,也是莫斯科最时尚的赞助者之一(俄裔富商罗曼·阿布拉莫维奇的前妻达莎·朱可娃是《车库》国际艺术/时尚杂志的主编)。法布里卡创意产业中心也因其创作、文化项目和作品的展览闻名世界。

莫斯科艺术博览会成立于1996年。这一为期5天的交易会每年都会在莫斯科举行,其中包括研讨会、讲座、展示,以及国际艺术收藏家专属活动。2013年,第17届年度展览与第5届莫斯科当代艺术双年展③同时举行。作为全球创业大会的一部分,世界创意产业峰会于2014年在莫斯科举行。该峰会由莫斯科政府与考夫曼基金会共同组织,旨在提升创意产业在国际商界的重要性,同时也有助于莫斯科成为国际创意中心,并发展超越地域和行业边界的创意产业的创业生态系统④。

除了在莫斯科和圣彼得堡等大都市,创意产业的政策和举措还深入到西伯利亚地区,这在一定程度上得益于英国文化教育协会等国际机构的协助。西伯利亚中部城市克拉斯诺亚尔斯克因在沙俄时期驱逐贵族流亡者闻名,如今成为一个知识分子的聚集地。近日,"造反猫咪"乐队成员娜杰日达·托洛孔尼科娃被监禁在克拉斯诺亚尔斯克⑤。2011年,该市成为俄罗斯首个拥有被创意产业协会和西伯利亚联邦大学"认可"的创意企业的城市。⑥位于该市的西伯利亚联邦大学在创意产业中占有一席之地,并积极从事创意领域的研究。⑦

此外,俄罗斯目前的教育体制和其他许多国家一样,都满足不了创意技能的需求,也不注重创意方面的教育,因此,发展创意经济得到了相关教育举措的支持。莫斯科斯特列卡媒体、建筑与设计学院启动了一项培养新一代专业人才的高等教育项目。该项目也想让更多大众了解当代创意项目,并通过对市场的引导教育创造出创意

---

① 见http://www.artplay.ru/。
② 见http://www.winzavod.ru/eng/。
③ 见http://www.art-moscow.ru/en。
④ 见http://www.summitofcreative.com/en/about/。
⑤ 见http://www.theguardian.com/world/2013/dec/24/pussy-riot-members?reunited-release-russia。
⑥ 见http://www.creativeindustries.ru/eng/news/260;结果公布在http://cr-journal.ru/en/journals_en/99.html&j_id=7。
⑦ 见https://www.youtube.com/watch?v=hVgc4PkOMB8。

产品的新需求①。

创意群体也积极开展创意教育。例如，Artplay设计中心每年举办一次学生艺术展。展出的学生作品吸引了顾客、信息传递者、媒体和消费者的兴趣。2013年10月，莫斯科国际"光圈"艺术节的教育活动在莫斯科红色十月工厂（广告创意园区）的"数字十月中心"举办，旨在展示多媒体/技术/光设计领域的最新成就和发展趋势②。

2012年，俄罗斯成为世界第九大国际票房市场，票房收入12亿美元。2013年8月，俄罗斯政府通过了一部打击盗版的法律，支持知识产权保护。2013年12月，版权持有者与几个用户生成内容（UGC）网站签署了一份谅解备忘录，以帮助俄罗斯及国际电影、电视、互联网公司开发一个日益壮大的合法在线市场。这一举措由俄罗斯联邦通信、信息技术与大众传媒监督局牵头③。

印　度

印度是世界上人口最多的国家（12亿人口）之一，是第十大经济体，也是发展速度最快的国家之一。在这里，富有与贫困、智者与文盲、创意与混沌并存。

2006年以来，尽管"创意产业"一词只是偶尔出现在印度国家计划委员会的政策文件中，创意已与该国文化遗产及工艺品等传统文化产业息息相关。此外，电影业无疑在创意领域占有最重要的地位。宝莱坞每年制作800多部电影。建筑、设计和数字内容等行业在这方面也表现突出。据英国贸易和工业部估计，这些服务部门的市场总值达411.09亿英镑，其中数字内容行业位于领先地位，产值为256.13亿英镑，占比达62%，其次是建筑行业（120亿英镑，占30%）。尽管设计行业只占8%（33.6亿英镑），该行业比建筑和数字内容行业更为突出地体现出相关政策提议（UKTI, 2011）。

2007年2月，由印度工商部下属的印度工业政策和促进部提出的首个国家设计政策获印度内阁批准。此项强调了四所新成立的印度国家设计学院有必要出于教育目的而设立一个展现优秀设计水平的"印度设计标志奖"，并成立印度特许设计师协会（类似于1930年成立的英国特许设计师协会）。2009年6月，印度设计理事会成立，汇

---

① 见http://www.strelka.com/?lang=en。
② 见http://www.migz.ru/en。
③ 见http://blog.mpaa.org/BlogOS/post/2013/12/18/Another-Important?Milestone-in-Russia-in-Building-an-Online-Creative-Marketplace.aspx。

聚了来自设计行业、学术界和工业组织领域的成员共同执行这些政策建议[①]。该理事会的目标是发展和促进印度设计，使印度发展为全球顶尖的设计目的地，并管理"印度设计标志奖"。印度设计理事会还与日本设计振兴会（JDP）等国际设计组织建立了合作关系，以了解1957年开始的"优良设计奖"（Good Design Award）是如何在日本运作的。

印度中小微企业部（MSME）也注意到了设计行业的蓬勃发展及其重要性。2010年，该部在新德里与印度国家设计学院共同启动了"设计诊所"项目，设在"全国制造业竞争力计划"（NMCP）下面。该项目提议为专家解决方案创造一个动态平台，提升现有产品（如农产品和自行车配件）的价值，从而使200个产业集群受益[②]。

有几个因素被认为是当代印度的创意和创新的推动力量[③]。首先，从人口结构上看，印度人口的异质性和多样性使印度成为文化和创意的沃土。印度12亿人口中有一半年龄在25岁以下，这些年轻人越来越多地感受到社交媒体技术的力量。其次是技术层面，印度在美国学者理查德·弗罗里达（Richard Florida）发布的全球"技术"排名中位列第23，"发展良好"。印度信息通信技术产业的发展令人震惊，也使其成为印度国民经济的一大支柱。

此外，移动通信行业已从2002年的约1000万名用户增长到了2012年年初的9亿名用户，有了很大突破[④]。在互联网市场，拨号上网用户有极大的热情，据估计，印度有60%的互联网用户仍经常通过国内10,000多家网吧上网。不过，印度宣布了一项国家宽带计划，预计固定宽带和无线宽带接入量都将迅速增长[⑤]。同时，印度的创意经济也以非正式和关注民生为特点。例如，在手工业中，非正式的学徒群体是必不可少的，但学徒群体为国民经济所做的贡献常常被低估。

一些报告得出了类似的结论，即印度创意经济人才短缺。在弗罗里达的测试中，印度人才数量排名第44位，仅有6%的印度人拥有学士学位，印度的大学也因为在创新领域"严重表现不佳"而受到批评[⑥]。这些现象显示出印度严重的社会分层和发展不平衡问题。

---

① 见http://www.indiadesignmark.in/about/india-design-council.
② 见http://theinsidetrack.in/first-india-design-mark-awards-handed-out-at?nid/.
③ 见http://www.eastasiaforum.org/2012/04/05/india-unleashing-potential-in?innovation-and-creativity/.
④ 见http://www.internetworldstats.com/asia/in.htm.
⑤ 见http://www.budde.com.au/Research/India-Broadband-Market?Internet-Services-and-Forecasts.html?r=51.
⑥ 见http://www.eastasiaforum.org/2012/04/05/india-unleashing-potential-in?innovation-and-creativity/.

中　国

中国是世界第二大经济体。改革开放40多年来，中国的硬实力取得了显著的进步，但中国的形象是否也有了相应的改善？

自中国制定"十五"规划（2001—2005年）和2002年召开中国共产党第十六次全国代表大会以来，"文化产业"这一术语便开始正式使用。相应地，各省和地方政府也为文化资源的商业开发制定了适当的"文化产业战略"（Keane, 2011）。中国的"十一五"规划（2006—2010年）将文化产业分为以下几个部门：

- 影视制作
- 出版
- 发行
- 印刷
- 广告
- 表演
- 娱乐
- 文化展览
- 数字内容和动画

"十一五"规划在文学艺术、媒体、数字内容，以及文化企业管理中倡导"文化创新"。此外，该计划承诺进行知识产权改革（State Council, PRC, 2006）。

"创意产业"和"文化创意产业"（广义）这两个术语的采纳较迟，最早见于2009年中国《政府工作报告》中关于发展服务业的内容①。据中国文化部前文化产业司司长王永章介绍，西方"创意产业"的内容与中国"文化产业"的内容相似，而"文化产业"更适合正在加强本国"自主创新"并意图把自己建设成创新型国家的中国（Wang, 2007）。此外，这可以确保国家政策的一致性。中国对"文化产业"的偏爱也是源于集体创造力的传统（相对于个体主义），源于欣赏、保护和促进中华5000年灿烂文明的承诺，源于加强"文化实力"，确保"文化安全"以及坚实和统一的意识

---

① 见 http://www.china.com.cn/policy/txt/2009-03/14/content_17444081.htm。

形态的需求。换言之，这些原因中包含着强烈的文化民族主义因素。尽管如此，我们可以看到，一股"创意"的潮流让"文化产业"在中国更具创新性。无论使用什么术语，创意、艺术、文化、数字技术正在一同成为经济和社会发展的新动力（Li Wuwei, 2011）。

2009年9月，文化部发布了"文化产业振兴计划"，目的是加速文化建设，尽管当时是在受2008年全球金融危机威胁的背景下。文化创新的主题成为政策声明的核心内容。不仅是北京、上海、广州、深圳等一线城市，杭州、成都、西安、兰州等二三线城市也都相继出台了许多资金和税收等方面的行动计划和辅助条例。

2012年以来，中国迎来了一种"融合"发展模式的趋势，即"文化+技术""文化+旅游"和"文化+金融"。2012年5月，中宣部、科技部、原文化部、原广电总局、新闻出版总署等五个部委首次举行了关于文化和技术融合的会议，宣布了首批16个国家级文化和科技融合示范基地，分别位于北京（中关村）、上海（张江）、武汉（东湖）、沈阳、杭州、深圳、成都、长沙、合肥、西安、天津、重庆、青岛、哈尔滨、兰州、常州，并联合发布了《国家文化科技创新工程纲要》，文化部也发布了《"十二五"文化科技发展规划》。2014年1月，中国又在一些城市设立了18个国家级示范基地，进一步扩大了政策的覆盖范围。

在这些举措中，文化产业园区显然被视为继"科技园"成功之后文化发展的关键结构要素。同时，中央政府发起了"创新型国家"战略。虽然许多集群是为文化生产目的而设计的（例如动画），但越来越多的创意场所（尤其是较底层的）改变了城市发展（或再发展）的思想，并逐渐重塑了城市的文化景观。这些创意场所遵循"以社区为基础"的发展模式。

博览会、交易会、节日和论坛等活动也不胜枚举。许多城市都有自己的文化创意产业博览会或交易会，一些城市（如杭州和西安）举办年度动画节。此外，腾讯（中国最大和最常用的互联网服务门户网站）[①]、阿里巴巴（运营电子商务、云存储等服务的领先在线和移动市场）[②]、华为（全球领先的信息通信技术解决方案供应商）[③]正在成为信息时代具有国际竞争力的企业。"模仿"和"追赶"（Keane, 2007）的时代

---

① 见http://www.tencent.com/en-us/index.shtml。
② 见http://news.alibaba.com/specials/aboutalibaba/aligroup/index.html。
③ 见http://www.huawei.com/en/。

正在让位于一个新的时期。在这个新时期,中国品牌在西方证券交易所上市,并自主在全球范围内开展业务。在消费文化方面,华为等公司已经找到了巧妙的方法,将自己的中国特色(引用创作了"傻笑"作品的中国艺术家岳敏君)转化为西方流行文化中的元素①。

一股"创意热"正在中国上演。2014年,国务院将"促进文化、创意、设计服务与相关产业一体化发展"纳入官方政策。文化部随即提出了一项行动计划,列出了以下主要部门:

- 创意设计
- 动画和游戏
- 表演
- 娱乐
- 艺术和手工艺

该计划阐明了文化、创意和设计服务在支持设备制造业、消费品工业和居住环境方面的作用,提出了文化与技术、旅游业、特色农业和体育产业一体化发展的战略。与此同时,国务院印发了《关于加快发展对外文化贸易的意见》:

> ……支持文化和科技融合发展……增强对文化出口产品和服务的研发投入;开发具有自主知识产权的关键技术和核心技术;支持文化企业积极利用国际先进技术,提升消化、吸收和再创新能力(State Council, PRC, 2014)。

这些文件显示出政府部门、公私营机构以及文化部门与其他经济部门之间跨界合作的重要性,并发出了长期支持文化产业发展的强烈信号。

当然,中国迈向创意未来的道路上也存在着阻碍。举两个例子:

- 知识产权:知识产权(包括国际企业的知识产权)的保护与中国迄今为止一直依赖的开源(和山寨)发展模式之间的紧张关系尚待解决(Montgomery, 2010)。

---

① 见http://www.shootgroup.com/2013/06/amit-naroop-capture?outstanding-features-for-huawei-g510-launch/。

- **教育**：尽管多数政策文件都有关于"人才培养"的部分，现有的中国教育体制，特别是那些只注重让学生在高考中取得高分的学校，仍被批评人士认为不利于年轻人的想象力和创造力发展。即使大学/产业链受到重视，各类大学、企业或社会教育机构已提供高技能或创意人才的培训项目，改革中国青少年在高考前接受的教育对未来中国创意产业的发展来说仍然至关重要。

南 非

继1998年英国政府提出创新倡议后（DCMS, 1998），南非是最早宣布建设"创意国家"的国家之一，着力发展其创意产业。同年，南非艺术、文化、科学和技术部（DACST）成立了一个多学科的文化战略小组，负责起草和发布《创意南非：实现文化产业潜力的战略》。该报告侧重于音乐、影视、出版和手工艺等四个部门，因为它们在南非已有良好的发展基础，且有促进经济发展和改善社会福利的潜力[①]。

针对这些问题，主要部门发布了一系列《文化产业增长战略》报告。这组报告的内容遵循英国文化、媒体和体育部的思想，并尝试将其应用于本地发展。这些战略政策涵盖了创意产业发展中的热点问题，即：有形资产与无形资产；一次性生产与大规模生产；融合与跨学科发展；普遍认为存在问题的领域，包括培训和技能培养、技术、制度结构、空间维度和版权。总体而言，创意部门预计将有利于南非的经济、身份、形象、创新和创意、旅游业和社会影响等多个方面。

2002年，南非贸易和工业部（DTI）发布了一项"集成制造战略"（IMS），其中"文化产业"被确定为南非的九个优先发展领域之一。2008年，"南非创意产业：部门研究调查项目"由南非劳工部委托开展并发布[②]。这是创意产业的第二份国家级报告，重点关注了电影、手工艺、音乐、表演艺术、视觉艺术和跨部门领域。

南非艺术和文化部在文化和创意产业的定位方面发挥了重要作用。自2003年起，该部就艺术、文化、遗产部门如何在未来3至5年改善国家经济和就业制定了年度战略计划。《2011—2016年战略规划》和《2012—2013年战略规划》结构相似，都由

---

① 见http://govza.gcis.gov.za/node/515418和www.gov.za/documents/download.php?f=70493。
② 见http://www.labour.gov.za/DOL/downloads/documents/research-documents/Creative%20Industries_DoL_Report.pdf和https://www.thedti.gov.za/industrial_development/docs/eusatraefinalreportsummary.pdf。

六个方案组成，反映了当地的优先发展领域：

- 管理
- 表演艺术
- 国家语言服务
- 文化发展
- 文物推广
- 国家档案和图书馆服务

创意产业倡议的实施情况在省市一级更为明显。根据2008年的《豪登省的创意产业分析》（由豪登省体育、艺术、文化和娱乐部与英国文化教育协会共同发布），构成创意经济部门的11,320家企业及机构直接和间接地为南非贡献333亿兰特的营业额，创造18.2万多个就业岗位。视听和音乐部门人均收入最高。就活跃在创意领域的公司和组织的数目而言，设计类占比最大（25%），其次是手工艺（21%）、视听（11%）、音乐（11%）和视觉艺术（10%）。从事创意产业的人一半以上（54%）来自行业和职业协会或游说团体。2005年，创意产业就被认为是实施《约翰内斯堡2030愿景》（该市30年的经济发展蓝图）的重要部分。开普敦也被视为创意阶层和文化旅游的中心。

生活在大城市或高投资环境中的人不会面临发展中国家的问题。因此，南非电影业因不均衡的基础设施投资受到阻碍。这些不均衡源自种族隔离时代：事实很简单，乡镇和村庄没有电影院，且非白人社区没有电影娱乐的传统。考虑到与市中心的距离、交通和安全问题以及高昂的票价，这种情况似乎不大可能改变。然而，一位企业家提出了一个有创意的方案：如果人们不能去市区看电影，那就把电影院搬到小镇来。

ReaGilê（南索托语中意味着"我们已经建成"）项目是由约翰·埃森伯格（John Eschenburg）推动的，旨在通过由海运集装箱制造的"合作社影院"提升社区文娱活动（Tomaselli & Mboti, 2013）。一份报道援引埃森伯格的话说，这项简单的计划有可能创造3.7万个就业机会，每年会将3.5亿兰特的潜在利润继续投入的当地电影业。据这份报告说：

这些配有空调、预制微型音响设备的集装箱可容纳60个座位，旨在用3米高、带有9.2声道环绕声音响的高清屏幕，为城市和农村地区提供低成本、无障碍的电影放映。这些综合设施还包括社区警务中心、护理中心，以及可容纳30人的计算机中心，这些都位于公共空间或当地学校，仅占地400平米。公共屏幕立在综合设施外部，对着特别建造的圆形露天剧场。埃森伯格说："这些屏幕可用于体育和新闻频道。这些独立的单元由一家工厂制造的5个集装箱组成，你可以在现场连接，两天内就能搭建好并开始运行。"①

根据埃森伯格的说法，ReaGilè项目通过面向4,000万人口中通常不看电影的人群，彻底改变了南非电影发行的格局。这是一种有创意的创新：在这种情况下，并不是要致力于用创意输出来吸引"无价值的人坐在座位上"，而是为他们提供一席之地。

本章关于金砖国家的内容以及下一章关于薄荷国家的内容，详细介绍了这些新兴经济体的创意、文化、经济政策。这些政策将政府、企业和艺术部门的机构和活动家聚集在一起。也许言辞和现实、政策和实践、房地产和"场景"之间仍然存在着差距，但这是"一级近似"的另一个例子：毫无疑问，创意经济存在于"每个地方"，它正在蓬勃发展，并被视为有着不同传统和期望的不同社会中推动文化和经济发展的动力。

❖ 地理（2）——薄荷国家等
墨西哥、印度尼西亚、尼日利亚、土耳其、日本、韩国及国际机构

有人随意指责薄荷国家（MINT）的说法，认为奥尼尔高估了个人能力的重要性，而低估了政治暴力、国家镇压和制度腐败对进取心的阻碍程度。

——《新政治家周刊》，2014②

---

① 出自在线新闻《见证者》（*The Witness*）2013年8月8日的一篇文章《把大屏幕搬到贫民窟》（*Bringing the big screen to slums*），见http://www.witness.co.za/index.php?showcontent&global[_id]=104415。
② 出自《新政治家周刊》（*New Statesman*）2014年1月23日的一篇文章，受访人Jim O'Neill，采访人Sophie McBain，见http://www.newstatesman.com/2014/01/after-bricsmints-austerity-britain-and-big-c。

"金砖四国"(BRIC)的概念由高盛集团前首席经济学家吉姆·奥尼尔[①]于2001年提出。后来,由于南非的加入,"金砖四国"的概念也扩大至"金砖五国"(BRICS)。某些(未经奥尼尔授权的)版本中,"金砖国家"还被缩写为BRICKS,即在最初四国的基础上增加了韩国(Korea)和南非(South Africa)。关于哪些国家应该被纳入"金砖国家"这一问题,回答肯定是不确定的,因为入选的条件是基于"良好的人口特征"(人口众多、年轻人口比重大)和与发达经济体(通常是G7或G8国家)相比国内生产总值(GDP)增长率较高。因为GDP增长率每年都有变化,且各个国家之间也有差异,随着时间的推移,曾经的经济强国衰落的同时也总有新兴经济体出现。

因此,奥尼尔最近提出了另一个缩写,以突出一组新的拥有高速经济增长和年轻人口的发展中经济体,即"薄荷国家"(MINT):墨西哥、印度尼西亚、尼日利亚、土耳其。奥尼尔曾考虑过提出"薄雾国家"(MIST),其中S代表韩国,但显然英国广播公司(BBC)最终说服了他把韩国换成了尼日利亚(Nigeria),因此MIST就成为MINT了(《新政治家周刊》,上述采访)。

请记住,这些只是候选国家,而不是最终获胜的国家名单,我们从金砖国家谈论到薄荷国家,以此说明,无论考虑到何种国家或经济体,创意经济和文化问题在很大程度上无处不在,且无论在哪里,创意都与经济增长和面向未来的人口有关。我们还把日本、韩国及一些国际机构算在其中,因为它们在设计、风格、创意、流行文化、媒体和技术方面都发挥着全球性的作用,且它们作为高度发达的经济体具有重要地位,特别是在数字连通性方面。

墨西哥

创意经济被形容为墨西哥"新的大米和豆类",因为墨西哥拥有创意经济所需的丰富资源、广阔市场和发展潜力[②]。根据联合国贸易和发展会议/联合国开发计划署(UNCTAD/UNDP, 2010: 180),墨西哥创意产业占国内生产总值的4.77%。墨西哥投资贸易促进局(ProMéxico)是该国负责吸引外国投资和出口商品及服务的政府机构,它将创意产业评为墨西哥第五大战略产业,仅次于航空航天、农业、食品和汽车工

---

① 原文见http://www.goldmansachs.com/our-thinking/archive/archivepdfs/build-better-brics.pdf。
② Andrés Reyes(BOXEL电影公司首席执行官),引用于Martinez (n.d.): 10。

业①。在国际创意产品出口方面，墨西哥全球排名第18位，在拉丁美洲处于领先地位。该国创意服务出口也从2002年的620亿美元增加到2008年的1,850亿美元，年均增长率为17%。

墨西哥政府致力于发展创意经济。在该国《2007—2012年全国文化发展规划》中专门有一章节讲述了文化产业。政府已启动联邦计划，为创意经济和文化产业提供资金和技术培训。该计划以商业银行系统贷款为基础，条件优惠，是启动该领域公私合作迈出的一步。总统恩里克·培尼亚·涅托还成立了国家创业局，负责协调和支持涉及企业家和中小企业的政策，使视听设计和制作方面的初创企业受益（Martinez, n.d.）。此外，历届政府都实施了一系列资助和促进创意企业的计划。其中最强有力的计划是：

- EFI Cine 226：为电影制片人提供减税优惠；
- FIDECINE：为长篇电影的前期制作、后期制作和发行提供资金的投资基金；
- 技术业务加速器（TechBA）：为以技术为基础的本地公司提供平台，帮助其在国际市场上取得成功；
- 信息技术产业基金（ProSoft Mexico）：技术和信息服务的发展计划；
- 国家科学技术委员会提供的促进研发创新基金（CONACYT）：为可以带来商业成果的私营部门研究提供政府资助；
- 音像支持基金（ProAv）：政府支持电影和音像制作，旨在实现其国际化。

墨西哥创意经济的发展采取"集群"方式，重点在数字部门。联邦政府已将瓜达拉哈拉列为数字创意城市，这对数字媒体企业来说是最重要的地方，特别是对电子游戏、电影、多媒体和移动应用领域的企业来说②。其他产业集群包括（见Martinez, n.d.）：

- 蒙特雷的互动媒体和娱乐集群；

---

① 见http://negocios.promexico.gob.mx/english/06-2011/businessTips/index.html。
② 见http://www.mexico.doingbusinessguide.co.uk/opportunities/creative-andmedia/（由国际市场顾问提供技术支持，与英国贸易投资署合作完成）。

- 罗马-康德萨区的创意产业集群；
- 新莱昂州的互动媒体和娱乐集群；
- 克雷塔罗州软件协会组织InteQsoft。

此外，墨西哥对文化活动的热情与拉美其他国家一样，博览会、商品交易会、节日、时装周和会议全年不断。其中，在瓜纳华托举办的塞万提斯国际艺术节是最重要的节日之一。该活动为期19天，内容丰富，形式多样，包括音乐、舞蹈、戏剧。2012年，该活动共吸引了来自26个国家的135个艺术团体，参观人数超过50万[1]。除此之外，各个行业也举办自己的活动。例如，墨西哥每年在瓜达拉哈拉、瓜纳华托和其他地方举办多达10个电影节。同时还有一些国际活动。2013年，纽约现代艺术博物馆专门为墨西哥设计了"目的地：设计"项目，60多名设计师的作品在纽约现代艺术博物馆商店进行展示和销售[2]。2014年5月在瓜达拉哈拉举办的第19届世界信息技术大会（WCIT 2014）据称是"信息通信技术界的奥运会"。

墨西哥的文化和科技基础设施都很完善。与美国这个世界最强大的经济体为邻，以及自己在拉丁美洲的领先地位（例如在电信业），墨西哥创意经济的发展充满机遇。根据墨西哥全国大学联合会/瑞士洛桑国际管理学院（ANUIES/IMD）发布的《2012年竞争力年鉴》，墨西哥提供的人力资源质量高于金砖四国。然而，就目前来说，培训计划不足，商业联系薄弱，这些都是墨西哥必须克服的挑战。

印度尼西亚

根据世界经济论坛的数据，2013年印度尼西亚的全球竞争力在148个国家中排名第38，手机用户数量排名第6，互联网用户数量排名第13。此外，它还拥有Facebook全球第三大用户群体。这些排名表明，印尼的社交网络市场规模庞大且在不断增长。然而，它依然面临挑战。

印尼创意产业的发展可以追溯到2007年，在贸易部长马里·潘格斯图的领导下印尼政府发布的规划文件，2009年又发布了一份研究报告，后来又制定了2015—2025年愿景规划。这些规划的制定和实施涉及27个部委或政府单位，旨在加强创意产业在

---

[1] 见http://eleconomista.com.mx/entretenimiento/2012/10/21/festivalinternacionalcervantino-rompe-record。
[2] 见http://negocios.promexico.gob.mx/english/08-2012/lifestyleFigures/art01.html。

经济发展中的作用（Simatupang et al., 2012）。内阁改组后，新的旅游和创意经济部接管了贸易部的"创意产业"相关职责，马里·潘格斯图于2011年被任命为新部长①，同时强调旅游业与创意经济之间的相互关系和融合。尤多约诺总统关于这一主题的演讲②和印尼创意旅游论坛的创办都体现了这一点③。

鉴于印尼的民族和文化多样性，蜡染和各种"创客"风格的物件的流行，从家居用品到家具再到乐器，看到创意与旅游的巧妙融合也就不足为奇了。传统的手工艺、传统创意习俗与前瞻性时尚和新媒体制作都是齐头并进的。

创意产业被认为是创造就业机会、消除贫困、增加国民收入和培养民族自豪感的可行途径。其中14个重点领域是：

- 建筑
- 设计
- 时尚
- 电影、视频和摄影
- 手工艺
- 计算机服务和软件
- 音乐
- 艺术市场
- 出版和印刷
- 广告
- 互动游戏
- 研发
- 表演艺术
- 电视和广播

2010年，马里·潘格斯图部长表示，创意产业对印尼出口（不包括天然气和石油）

---

① 见http://indonesia.travel/en/news/detail/517/minister-mari-elka-pangestuleads-ministry-for-tourism-and-creative-economy。
② 见http://program.indonesiakreatif.net/programs/sentra-kreatif-rakyat-2013/。
③ 见http://www.thejakartapost.com/bali-daily/2013-06-01/creative-tourismnew-mantra.html。

的贡献率达到7.5%左右，与英国相当，远超"先进"的邻国澳大利亚。

通过与英国文化教育协会等国际机构合作，万隆和雅加达等城市正在提升其作为创意城市的形象。万隆尤为致力于打造创意品牌。万隆城市人口十分年轻化，60%的人口在40岁以下，这与印尼整个国家人口的特征类似。创意战略得到了该市大学的支持①。

巴厘岛是印尼传统的流行音乐的之都（Baulch，2007）。音乐家正在与艺术界及设计、时尚、电影制作甚至城市农业领域的人士合作。小型独立企业2008年开始蓬勃发展，巴厘岛创意社区②成立。

在雅加达，由年轻人创立的小型创意企业方兴未艾，老城区也重新焕发活力，成为城市的创意游乐场③。创意中心也正在兴起。2012年5月，合作和促进司在万隆成立了一个创意中心，汇集了诸多数字经济创意主体，包括游戏开发商、软件应用程序开发商等。

举办"创意课堂：联合"（欢迎2011年巴厘岛创意节的举办）和"2011年创意展：与世界创意思想家和实干家交易"等活动都旨在支持创意经济的发展。一项名为"印尼新设计创客"（New Design Maker Indonesia）的计划旨在寻找和制作有潜力的设计作品，并挑选50名设计师奖励种子资金，为他们提供指导和培训计划、商业配对以及实地考察等服务④。

尼日利亚

尼日利亚现在是非洲最发达的国家之一，即将超越南非成为非洲大陆的领先经济体。2014年，尼日利亚国家统计局宣布该国的国内生产总值已达到5,099亿美元。该国设计了一个新的包含十个新类别的计算系统，反映了各个类别的支出和收入，并且给予通信和娱乐等快速发展的部门更大的比重。新的统计算法将采矿和建筑所占比例降低到20%（将之前的比例减半），农业从逾30%降到20%。相比之下，服务业的份额翻了一番，占比达50%，制造业占比从2%增加到7%。这些数据表明，尼日利亚正在

---

① 见http://www.britishcouncil.org/indonesia-creativity-creative-citiesbandung.htm。
② 见http://www.thejakartapost.com/news/2012/10/12/after-bombs-bali-youthdrives-creative-industry.html。
③ 见http://www.britishcouncil.org/indonesia-common-creativecititesjakartacity.htm。
④ 见http://indonesia.travel/en/news/detail/517/minister-mari-elkapangestu-leads-ministry-for-tourism-and-creative-economy。

从以石油为主的经济转向现代服务型经济①。

然而,这些新的数据除了提高国际社会对尼日利亚的认识之外,还被一些人称为是"虚荣的表现",因为实际上这些数据几乎没有明显的变化②。根据国际货币基金组织的数据,尼日利亚的国内生产总值排名上升11位,成为世界第26大经济体,但人均国内生产总值保持低位,排名第121位③。贫困仍然是尼日利亚面临的一个严重问题。尼日利亚过去5年的经济增长率达到7%,而南非为3%,但其电力、道路和通信等基础设施并不能与南非的基础设施相提并论。移动电话网络和互联网接入也有很多不足之处。此外,南非仍被认为是一个负责、发达且多样化的经济体系,而尼日利亚尚未达到这一水平。

非洲电影文化推广组织(Agoralumiere International)在联邦工商部的支持下,开展了对尼日利亚创意经济的研究(Kwanashie et al., 2009)。该研究从阿布贾和扎里亚抽取了样本,通过对各个参与者的采访和问卷调查来研究两个城市的创意活动,研究发现,资金短缺、本地市场疲软、培训不当等因素阻碍了尼日利亚创意经济的发展。该研究最后提出了相关建议,包括需要明确指出包含文化、经济、社会和技术方面的创意资产;在不同的部委和经济部门之间建立一个行动小组,专注于创意产业,协助生产和出口;在全球化和市场自由化的框架内提高尼日利亚文化产品和服务的竞争力;打击盗版。

在这种显然不合情理的情况下,诺莱坞(Nollywood)的崛起引起了创意世界的注意(Lobato, 2010)。凭借每周50部长篇电影的制作能力,诺莱坞已经取代好莱坞成为全球第二大电影制片商(仅次于宝莱坞)。这个行业的崛起表明了一个行业经济自发增长的可能性和市场对娱乐产业的巨大需求。现在,电影已取代了音乐和舞蹈成为非洲第一媒体,它深刻地塑造了非洲人看待非洲大陆的方式,它"联系起遥远的社会,促进了思想的交流,推动了时尚潮流④"。

诺莱坞是在非正式的电影制作和传播的基础上运营的。鉴于大多数电影都制作成VCD并在家中而不是在电影院消费,这种非正式性在很大程度上消除了电影与观

---

① 见http://www.tradingeconomics.com/nigeria/gdp-growth。
② 见http://www.aljazeera.com/news/africa/2014/04/nigeria-becomes-africalargest-economy-20144618190520102.html。
③ 见http://newspaper.jfdaily.com/isdb/html/2014-04/08/content_1156802.htm。
④ 见http://www.economist.com/node/17723124。

众之间的距离。但这种模式的缺点也很明显,除了质量方面,盗版也是一个主要问题。诺莱坞电影的故事情节不适合主流国际市场,尽管这种非正式发行已经使得诺莱坞电影遍布全球。在尼日利亚政府的支持下,诺莱坞这个品牌将变得更加响亮。非洲电影文化推广组织建议政府通过组织诸如戛纳电影节和柏林电影节等活动,将诺莱坞推广为国际平台。

总之,尼日利亚的创意经济已经腾飞,但尚未完全成熟,政府也在采取进一步的行动。2012年,联邦政府启动了版权制度改革,并于2014年成立了尼日利亚版权委员会(NCC)①。负责管理政府娱乐基金的尼日利亚工业银行(BOI)重申了政府对发展尼日利亚创意产业的承诺,以促进国民经济增长。工业银行的一项举措是与"全非音乐奖"(AFRIMA)合作,寻找分散在全国各地的人才。另一个有影响力的活动是由创意企业家协会创办的"年度创意产业奖"②。

土耳其

由于缺乏官方数据,土耳其的创意经济由联合国贸发会议和学术界等国际组织统计。联合国开发计划署和贸发会议发布的《2010年创意经济报告》衡量了2002—2008年土耳其创意产品和服务的进出口情况,其涵盖的领域包括:艺术、工艺品、视听、新媒体、表演艺术、出版、视觉艺术、广告、建筑、研发以及个人、文化和娱乐服务。数据显示,土耳其创意产业的出口额从48.64亿美元增加到65.93亿美元,增长率接近15%,而进口额则从13.25亿美元增加到37.58亿美元,增长率超过25%。2002年到2008年,土耳其出口的主要目的地是欧洲(超过50%),亚洲超越美国成为第二大目的地(从17%增加到30%),而对美洲的出口下降(从24%降至11%)。对非洲的出口也有所增加(从3%增加到5%),对大洋洲的出口则有所减少(从1%减少到0%)③。

拉泽雷蒂等人(2014)研究了土耳其2008年至2011年间的文化和创意产业。该研究使用英国文化、媒体和体育部的分类作为参考点,希望与国际水平进行比较。根据土耳其统计年鉴和其他官方消息来源的数据,该研究表明,2011年土耳其创意产业的

---

① 出自Osun Defender(在线新闻),见http://www.osundefender.org/?p=59776。
② 见http://www.thisdaylive.com/articles/boi-partners-afrima-to-boost-nigeriascreative-industry/176704/。
③ 见联合国开发计划署(UNDP)和联合国贸易和发展会议(UNCTAD)共同发布的《2010年创意经济报告》。

雇员人数约为191,634人,比2008年增加了38%。2011年,土耳其创意产业就业人数为总就业人数的2%。

土耳其的创意经济更多地体现在城市层面。正如19世纪的法国诗人和政治家阿尔方斯·德拉马丁所说的那样:"如果一个人只能看这个世界一眼,他就应该看看伊斯坦布尔。"伊斯坦布尔无疑将引领土耳其的创意氛围发展,作为一个拥有拜占庭帝国和奥斯曼帝国丰富遗产的古老城市,伊斯坦布尔也欢迎现代和当代艺术。几乎所有土耳其的主要文化和创意企业都将其总部设在伊斯坦布尔。

与此同时,49%的博物馆参观和30%的土耳其文化表演也都在伊斯坦布尔进行[1]。自2010年被选为欧洲"文化之都"以来,伊斯坦布尔已成为欧洲国家创意活动的中心之一。算上首都安卡拉,这两个城市的就业人数占土耳其就业总人数的64%以上。

此外,还有一些私人创意部门值得研究。例如,虽然土耳其是欧洲进口家具的主要来源国,但其电影业被认为是最受欢迎和最杰出的创意产业。土耳其大多数电影业务都在伊斯坦布尔,尤其是在叶西尔卡姆地区。与此同时,安塔利亚有望成为"新兴的欧亚电影中心",因为在2006年,金橙电影节成为国际欧亚电影市场的一员,并在电影节期间开始主导这一电影市场[2]。电影业的发展也通过举办电影节得到提升,平均每年有30部故事片在土耳其制作,35个电影节在土耳其举办,或由土耳其与德国、黑海地区和远东国家等合作举办[3]。除了自1963年以来每年举办一次的安塔利亚金橙电影节之外,包括伊斯坦布尔国际电影节和亚达那金球奖电影节在内的其他多个重要活动也在这里举行。

土耳其文化旅游部赞助了各城市在戏剧、电影及节日、音乐会、展览、会议、交易会等领域的一系列活动[4]。与此同时,许多非营利组织都参与其中并扮演了重要角色。伊斯坦布尔文化艺术基金会(I·KSV)是其中的先驱之一。I·KSV由17位商人和艺术爱好者于1973年创立,其目的是在伊斯坦布尔举办国际艺术节。现在它分别在电影、戏剧、音乐、爵士乐和设计领域举办了五个标志性的双年展,以及Filmekimi

---

[1] 见http://www.worldcitiescultureforum.com/cities/istanbul。
[2] Durmaz, Bahar, Yigitcanlar, Tan 和 Velibeyoglu, Koray(2008)'Creative cities and the film industry: Antalya's transition to a Eurasian filmcentre', The Open Urban Studies Journal, 1: 1–0。
[3] A. Kamera, 见http://www.kameraarkasi.org/festivaller.html。
[4] 见http://www.worldcitiescultureforum.com/cities/Istanbul。

（10月的电影放映周）和米勒的Phonem（11月的另类摇滚和电子音乐表演等小型活动）。此外，它还发起了伊斯坦布尔文化艺术郁金香会员计划，在I·KSV活动期间召集艺术爱好者并为会员提供各种优享服务①。其他一些主要机构包括：土耳其创意产业协会理事会（YEKON）②，土耳其创意产业部门的表演研究涉及多个学科，因此由与这些学科相关的11个非政府组织创立了该理事会；此外还有跨文化交流与跨学科艺术协会。

城市建设同样也涵盖了文化空间的建设：例如，Vakko时尚中心Nakkastepe，其中包括土耳其首家创意产业图书馆——Vitali Hakko创意产业图书馆。该图书馆由土耳其高端时装公司Vakko于2010年创建③。2012年，伊斯坦布尔商业大学与贸易和海关部、伊斯坦布尔市政府和伊斯坦布尔商会共同成立了伊斯坦布尔创意经济、文化产业和创意城市中心。该中心的目标是开展政策导向的研究，并建立涉及所有相关方的全球和地方网络。联合国贸易和发展会议支持该中心的建立，并应邀与其他国际知名专家一起加入咨询委员会。2014年，联合国贸易和发展会议签署了一份谅解备忘录，与该中心建立官方联系，以促进伊斯坦布尔创意产业网络的发展④。

总之，丰富的文化遗产、横跨欧亚大陆的地理位置以及对现代多元文化的开放态度（尽管似乎因中央政府的影响而有所减弱），都为土耳其发展创意经济提供了巨大的潜力。此外，土耳其的人口结构非常年轻化（总人口为7,100万，其中3,100万人年龄在25岁以下），而且年轻人都能熟练使用技术并通过互联网与全球其他地区联系在一起⑤，这让土耳其拥有前景非常广阔的人才库和文化市场。尽管如此，土耳其学者阿克约尔（Riada Asimovic Akyol）认为，与中国相比，土耳其可通过"改善教育，与产业建立更紧密的联系，更好地激励创新和保护知识产权"以及营造"开放、稳定和健康的环境"来推动其创意经济的增长，从而确保和提升土耳其的"软实力"⑥。

---

① 见http://www.iksv.org/en/aboutus/history。
② 见http://www.yekon.org/。
③ 见http://www.labkultur.tv/en/blog/vitali-hakko-creative-industries-libraryturkey-s-first-creative-industries-library。
④ 见http://unctad.org/en/pages/newsdetails.aspx?OriginalVersionID=772&Sitemap_x0020_Taxonomy=Creative%20Economy_Programme。
⑤ 见http://www.publications.parliament.uk/pa/cm201012/cmselect/cmfaff/1567/1567we24.htm。
⑥ 见http://www.todayszaman.com/news-315211-what-about-creative-economyin-turkey.html。

创意星球

金砖国家和薄荷国家是世界上发展最快的一些经济体,而金砖国家比薄荷国家更发达。这些国家跨越拉丁美洲(巴西、墨西哥)、亚洲(印度、中国、印度尼西亚)、非洲(南非、尼日利亚),其中又有两国横跨欧亚(俄罗斯、土耳其)。同一地区的国家不一定有很多共同点,而在有些情况下又的确如此。

拉丁美洲地区以其对音乐、舞蹈以及狂欢节/节日的热情而闻名。随着时尚和电影的发展,巴西和墨西哥已经"富有创意"。促进官方"创意经济"的目的是通过促进创意企业发展,将文化竞争力转化为经济增长。在举办城市节日和国际节日方面,土耳其跟巴西、墨西哥很相像,都在人才库和文化市场上占据特定的优势。

许多亚洲国家人口众多,正处于"转型"时代①。印度在电影和科技产业方面表现出了竞争力,而中国一直在努力让创新产生更大的经济价值。转型的主题标志着"改革"时期之后的新阶段,即从低成本制造业经济向高端知识密集型经济转变,从复制模仿到自主创新和城市化转变,从生产出口型到完全成熟的内需型经济转变。

与此同时,俄罗斯和中国形成了有趣的组合:二者都由强有力的政府来统治,也都有过"计划经济"的历史。两国也都有丰富的文化资源(俄罗斯:高雅文化;中国:传统文化),但两国在创新方面都遇到了一些挑战。然而,两国企业家对其政府的态度完全不同。根据奥康纳(2005)的观点,俄罗斯企业家似乎对官方政策漠不关心。相比之下,中国企业家渴望遵循官方政策路线。大型建筑集团(如中南集团)在动画方面投入巨资,媒体集团发起了大规模的文化项目。每当国家政策公布时,各个地区和城市都会以自己的方式执行政策。例如,一些城市会在不同地区都建立一个文化和创意产业办公室,以促进创意经济增长,或者更具体地说,是在其管辖范围内建立创意"园区"和组织活动。尽管如此,这些办公室或地方政府的很多人至少在开始时都对"创意产业"感到困惑。一些"园区"幸存下来并逐渐找到了清晰的定位,而许多其他"园区"在运营时遇到了麻烦。

有观察者认为,中国无法真正具有创意,因为不能以公开形式表达反抗,"创意"仅意味着经济方面的创意。然而,正如我们在第7章("每个人")已经证明的那样,还有多种方式来表达异议或差异,而创意除了街上的街垒或喷雾罐之外还能找

---

① 出自文章《亚洲创意转型》(*Asian Creative Transformations*),见http://www.creativetransformations.asia/。

到其他表现方式。与此同时，在俄罗斯，艺术家发现反抗文化很有吸引力，但它与公众怎样融合并不是那么清晰，因为它与其说是根植于"用户"文化，不如说是根植于对商业文化历来充满敌意的知识界。这里的问题不是关于异议或抵抗是否可行，而是它是否是与广大民众沟通的最佳方式。为此，商业化既具有意识形态意义，又具有经济意义。

南非和尼日利亚既是兄弟又是竞争对手。新设计的统计系统和7%的增长率使尼日利亚超过南非成为非洲第一大经济体。但是，南非仍然拥有完善的基础设施和成熟的投资环境。虽然扶贫仍然是尼日利亚的首要任务，但该国电影产业已经取得了不凡的成就，并且改变了非洲的文化氛围，电影取代舞蹈和音乐成为创意表达的前沿。南非似乎已经为创意经济做好了准备，但缺乏标志性产业可能会降低创意产业的信心。不过，约翰内斯堡和开普敦的文化空间得到了更好的发展，ReaGilè试验小镇电影项目（见第10章）展示了如何根据当地条件对创新方案进行试验和测试。

虽然韩国和日本不属于金砖五国（如果使用BRICKS的缩写，韩国就被包括进来）或薄荷国家，但这两个国家对亚洲创意产业的发展至关重要，且在世界流行文化中发挥着关键作用。日本和韩国不仅通过创造力促进了经济增长，并通过漫画、"可爱文化"和"韩流"等创新举措打造了全球流行的文化标志。很多报告和学术文献都详细记录了这些创意经济的成就：日韩两国的经验被广泛分析、引用和复制。因篇幅所限，我们无法在这里详细分析，但日韩两国的例子有力论证了我们的观点，即创意经济和文化是一个全球网络化的现象。

日　本

日本已宣布追求"酷"，世人似乎也同意这一点：Adobe公司在2012年的一项研究中发现，日本是最具创意的国家，而东京是最具创意的城市[①]。日本文化厅致力于在当代艺术、视觉艺术和音乐领域从以下方面深入推广艺术和文化发展：（1）保护文化财产；（2）建设新的文化设施，举办节日和活动。20世纪90年代末，日本经济贸易产业省（METI）开始重点发展内容产业——电影、音乐、游戏软件和动画（Yoshimoto, 2003）。这些被认为是具有巨大潜力、前景广阔的创意产业；随后已有

---

① 本次研究采访了来自美国、英国、德国、法国和日本的5,000多名成人。见http://www.adobe.com/aboutadobe/pressroom/pressreleases/201204/042312AdobeGlobalCreativityStudy。

基于分析和研究的推广政策出台,其中最具影响力的是"酷日本"倡议。①

"酷日本"是一项国际品牌战略,旨在促进文化和创意产业在日本境内和境外的发展。该战略增强了对日本文化影响的认可,包括日本流行音乐、漫画、动漫、时尚、电影、电子、美食和"可爱"现象(卡哇伊,McGray,2002)②。日本经济贸易产业省宣布日本流行文化(包括偶像、动漫和B级美食)是酷日本的关键元素。2010年6月,日本经济贸易产业省成立了新的创意产业促进办公室,再次将创意产业作为一个战略部门,在"酷日本"这个统一、长期的概念下进行推广,并与不同的政府部门和私营领域的伙伴合作。

此外,日本还成立了创意产业国际化委员会,专注于开拓海外市场。根据该机构的中期报告,日本创意产业(虽未明确定义)的GDP值已达到64.4万亿日元,就业人数估计为590万人。这些数字超过了汽车行业的数字。即便如此,由于"盗版"(因用户共享产生的知识产权侵权)和发行中心不足,日本文化的全球传播产生的经济效益不尽人意,其全部潜力尚待释放。

因此,面对不断扩大的创意产业市场,预计到2020年总体上将从现在的463万亿日元增加到超过900万亿日元,2014"酷日本"计划明确提出了三个目的:(1)激发日本的创意热潮;(2)从海外市场获利;(3)吸引外来投资,促进日本旅游业的发展。日本已经制定了一系列方案来支持该倡议。例如,CoFesta(日本国际文化节/日本国际文化产品展)是日本最大的综合文化节,涉及游戏、动画、漫画、人物、广播、音乐和电影等18个活动,以及时尚和设计中与内容相关的行业活动,都是相互合作举办的。2014年CoFesta吸引了180万人参加,并签订了总价值达5,200万美元的合同。"酷日本"商务配对大奖赛(Cool Japan Matching Grand Prix)举办配对会议,以支持与不同业务类别的公司合作,并设立了"酷日本基金",以帮助创办和发展创意企业。

韩 国

自20世纪90年代中期以来,以电视剧、娱乐节目、电影、音乐、动画和游戏为特色的"韩流"已经征服了整个东亚和东南亚(Hui,2007)。有趣的是,这被认为

---

① 见http://www.meti.go.jp/english/policy/mono_info_service/creative_industries/creative_industries。
② 出自《外交政策》杂志(Foreign Policy)文章《日本国民酷总值》(Japan's gross national cool),作者道格拉斯·麦格雷(Douglas McGray),见http://www.foreignpolicy.com/articles/2002/05/01/japans_gross_national_cool。

是媒体自由化的一个意想不到的结果——需要取消对主流外国音像制品分销的控制（Choi，2008）。在国内市场规模相对较小的情况下，这一潮流还展示了韩国在1997—1998年亚洲金融危机后重振国民经济的决心和努力（Hui，2007）。

韩国文化和创意产业的发展与其国家政策和法规密切相关。早在1972年，韩国就颁布《文化艺术促进法》，以促进文学、美术、音乐、舞蹈、戏剧、电影、娱乐、传统音乐、摄影、语言和出版等领域的发展。1994年，为应对外国文化产品对国内市场的冲击，韩国在文化体育部（1998年更名为文化体育观光部）内专门设立文化产业局，下设六个部门，包括文化产业、出版和报纸、广播和广告、电影和视频、互动媒体和文化内容推广。1999年，韩国制定了《文化产业促进法》和《文化内容产业发展五年计划》，随后又于2000年发布了《内容韩国蓝图21》，于2002年发布了《文化内容产业蓝图21》（Hui，2007）。

不难看出，进入21世纪，韩国政府进一步强调了"内容"的重要性（Jin，2012）。表现在电视节目总产值从1995年的550万美元增加到2007年的1.509亿美元，增长了27.4倍。韩国文化产品的主要市场在亚洲，其中日本占57.4%，中国台湾占18.4%，中国大陆（包括香港特别行政区）占8.9%。在出口的电视节目中，电视剧占比最高（87.8%），其次是娱乐节目（8.4%），而动画在2007年仅占0.6%（Jin，2012）。

与此同时，重视建立知识型信息社会的政策取得了成效。韩国现在是世界上网络最发达的国家。其高速互联网的订阅率实际上超过100%，智能手机普及率超过70%，4G在公共场所无处不在。[①]

Jin（2012）将韩流2.0或"韩国数字浪潮"（Goldsmith et al.，2011）看作韩国创意产业发展的新阶段。韩流2.0依托社交媒体技术迅速发展，社交网站已成为全球文化产品的主要传播渠道。韩流不再局限于亚洲，已扩展到世界其他地区。例如，Psy的《江南Style》是优兔上观看次数最多的K-pop视频，迄今仍保持着21亿次观看的最高纪录（截至2014年10月）[②]。事实上，《江南Style》不仅仅是优兔上观看次数最多的K-pop视频，在所有视频中观看量也排名第一。K-Pop和网络游戏是新阶段或"数字浪潮"的驱动因素，其增长率为159%，产值从2009年的5,090万美元增长到2010年的

[①] 出自文章《风险资本家对韩国创意经济以及创业公司所扮演角色的见解》（*Venture capitalists' insights on South Korea's creative economy and therole of startups*），见http://www.forbes.com/sites/meehyoekoo/2014/03/03/venture-capitalists-insightson-south-koreas-creative-economy-and-the-role-of-startups/2/。

[②] 见http://www.timesofisrael.com/israeli-site-pioneers-do-it-yourself-tvproductions/。

8,090万美元；2011年增长到1.77亿美元，增长了112%（Jin，2012）。

数字内容和海外市场的开发给知识产权保护和"落实"带来了新的挑战（Jin，2012）。2011年7月，韩国政府启动了知识产权基本法，成立了国家知识产权管理委员会，并投资90亿美元建立了"海外版权信息数据库"①，以促进文化和版权交流。

随着2013年2月朴槿惠总统就职，韩国进入了一个新的阶段。朴槿惠总统在就职演说中提出了通过发展创意经济创造"汉江第二个奇迹"的愿景。她将"创意经济"定义为"科学技术与产业的融合，文化与产业的融合，以及在曾经布满障碍的边界地带迸发出的新的创造力。②"同年6月，韩国政府推出了"创意经济行动计划"。该计划遵循了总统演讲的精髓，即通过为创意经济建立生态系统并将其民主化来关注创新。在当前的经济结构中，前30家企业集团（财团）的销售占2012年GDP的82%③，且该国已步入老龄化社会，创业精神因而被视为新经济的救赎命脉。创意经济倡议即是通过一系列鼓励建立风险投资、初创企业和教育改革的计划来实现的，旨在建立一个更加包容的社会。

国际机构

联合国

国际组织在分享经验和帮助创造性方法实现本地化的方面发挥着重要作用。联合国是世界上成员数量最多的政府间组织。参与创意经济的联合国专门机构和计划包括：联合国教科文组织（UNESCO）、世界知识产权组织（WIPO）、联合国开发计划署（UNDP）、联合国贸易和发展会议（UNCTAD）。在某些情况下，世界银行和国际货币基金组织（IMF）（非联合国机构）也开展相关研究并发布有关创意经济的数据。

联合国教科文组织已经启动了各种活动或研究计划以支持许多国家的文化发展。与创意经济相关的最著名的计划是联合国教科文组织的"创意城市网络"。该网络把在文学、电影、音乐、手工艺和民间艺术、设计、媒体艺术和美食等七个方面表

---

① 出自文章《韩流是如何改变世界的？》(*How Korean wave trends the world?*)，见http://english.sipo.gov.cn/news/iprspecial/201403/t20140320_919866.html。
② 出自文章《韩国总统朴槿惠承诺带来一个充满希望和幸福的新时代》(*President Park pledges new era of hope, happiness*)，见http://www.korea.net/NewsFocus/Policies/view?articleId=105860。
③ 出自文章《韩国不能只是把创意经济提上日程》(*South Korea can't just order up creative economy*)，见http://www.bloombergview.com/articles/2013-05-30/south-korea-can-t-just-orderup-creative-economy。

现出色的世界各地的城市联结起来。到目前为止，大约有40个城市加入这一网络。它旨在通过活动和交流计划分享创意城市发展的经验，并加强各成员城市的文化身份。此外，"文化和创意产业知识库"提供了500多个与世界各地文化和创意产业有关的研究、报告、调查和纲领性文件①。

由于创意产业与知识产权紧密相关，世界知识产权组织也被视为与创意经济相关的重要组织。近年来，该组织已经编制或委托开展了一系列研究，以便了解在文化和创意产业方面描绘许多不同国家的不同限制和例外情况②。

联合国开发计划署和联合国贸发会议还启动了关于创意经济的研究项目，它们发布的2008年、2010年和2013年的《创意经济报告》（特别版）现已成为了解全球文化景观的手册，但其中的统计方法并未被普遍接受。

欧盟

欧盟（EU）可能是世界上第二大的政府间联盟。欧盟委员会（EC）是欧盟的执行机构。欧盟现有27个成员国，体现了之前处于冲突中的欧洲国家之间日益增加（但有争议）的政治一体化。欧盟主要通过经济政策和社会事务以及文化事务来发挥作用。

"欧洲文化之都"项目是支持欧洲文化和创意产业的主要项目。与加入联合国教科文组织"创意城市网络"获得终身会员资格的城市不同，获得"欧洲文化之都"称号的城市有一个日历年的时间来组织这一主题下的文化活动。自1984年以来，有50多个欧洲城市已经或即将接过火炬。此外，该项目具有浓厚的欧洲风味，其目的是突出欧洲文化的丰富性和多样性，从而将欧洲人民团结在一个共同的文化基础上。

此外，欧盟委员会已经启动了一系列行动和计划，包括"创意欧洲"计划。其活动包括：文化多样性经济试点项目；出版了一份关于文化和创意产业潜力的绿皮书③；举办"创意和创意产业的信息通信技术的未来"等研讨会④。通过欧洲科学基金会，欧盟还为创意产业泛欧研究提供资金，例如HERA（欧洲研究领域的人文科学），它

---

① 见http://www.unesco.org/new/en/culture/themes/cultural-diversity/diversityof-cultural-expressions/tools/ci-mapping/。
② 见http://www.wipo.int/ipdevelopment/en/agenda/flexibilities/resources/studies.html。
③ 见http://ec.europa.eu/culture/policy/cultural-creativeindustries/index_en.htm。
④ 见http://ec.europa.eu/digital-agenda/en/news/future-ict-creativity-andcreative-industries。

在创意产业和文化动态研究(2009—2011年)方面获得的投资超过1,650万欧元,后续还将有1850万欧元投资用于研究"文化接触"(2012—2014年)①。

英国

作为最早为创意产业命名的"先行者",英国一直是创意产业话语的标杆国家。英国文化教育协会(British Council)一直是主要的文化交流机构,它将艺术、教育和商业推广巧妙结合起来。英国文化教育协会成立于1934年,现已扩展到在全球100多个国家拥有200多个办事处。每个办事处都在当地独立开展活动,促进总部与当地文化之间的联系。英国文化教育协会还以更深入的方式关注一些优先国家。2014年,其主要关注国家是巴西、俄罗斯、越南、印度尼西亚、尼日利亚、南非和葡萄牙,与这些国家携手开发了量身定制的项目,以支持当地文化和人才发展,并加强其与英国的长期联系。

英国文化教育协会的活动包括英国文化活动的国际化(例如,"莫斯科的未来一切"),研发项目(例如"文化转型"),专业发展和技能(例如"内斯塔的创意企业工具包"),行业交流(例如"创意中心交流")和政策调查。其中,"文化转型"计划和"青年创意企业家"计划(YCE)引起了年轻人的极大兴趣。文化转型计划要求参与者进行48小时的团队工作,将完成的作品提交给评审小组。该计划在两年内扩展到了肯尼亚、津巴布韦、尼日利亚、巴西、埃及、俄罗斯②,可被看作第8章所述的"创客运动"的一部分。YCE计划旨在发现全球创意企业的新领导者,并将其聚集在一起以促进国际合作。YCE颁奖活动过去10年已在54个国家举办,会聚了500名年轻的创业者,激励了全球范围内的初创企业。

英国贸易投资署(UKTI)也非常重视创意经济。2013年,该机构成立了一个创意部门工作组,其中包括一些顶级公司,目标是帮助创意企业在未来3年内签订价值5亿英镑的海外合同。2014年6月,该机构与创意产业部门咨询小组一起发布了一份题为《英国创意产业:国际战略》的研究报告,以帮助增加出口和对内投资。

---

① 见http://www.esf.org/hosting-experts/scientific-review-groups/humanitieshum/hera-network/hera-joint-research-programme-2009.html。
② 见http://creativeconomy.britishcouncil.org/projects/culture-shift/。

明天，全世界……

除发达经济体中的国际组织外，发展中国家的组织也积极参与创意经济的发展。例如，非洲联盟国家元首和政府首脑于1992年通过了"达喀尔文化产业行动计划"，以强调文化产业在推动经济和社会发展方面的潜在作用，但尚未采取必要行动将创意经济置于成员国发展的最前沿。2008年10月，非洲联盟成员国文化部长在阿尔及尔进一步阐明了文化和创意产业行动计划，认识到文化部门之外的创意的重要性。

总之，发达国家的学者、顾问和国际组织都期待向发展中国家提供帮助。许多国家都遵循理查德·弗罗里达（Florida, 2002）提出的"3T"模式，即提升城市在技术（Technology）和人才（Talent）方面的实力，以创造更包容（Tolerant）的氛围，希望能够在竞争排名中提升名次。各国还通过建立文化区、重振创意集群、组织活动来创造场景，期待文化、经济和城市的共同发展。政府试图明确哪些关键部门已经实现经济增长或具有这方面的潜力，并通过阐明金融、法律等政策来促进这些部门的增长。同样，各国已经形成了自己独特的创意经济版本。有些更时尚，有些渴望创新，有些则以非正规经济的节俭创新为特征。"赶上西方"或"寻找新的道路"不仅是俄罗斯和中国面临的问题，也是其他发展中国家和新兴经济体共同面临的问题。有证据表明，这些国家不仅关注发达的创意经济体或追随"市场"，还在各地以自己的方式不断发展。

第三部分

塑造未来(三个"但是")

6
怀疑主义

❖ "这个将毁灭那个"

> 在雨果的《巴黎圣母院》中，弗罗洛将一本书与他老旧的大教堂进行对比，他说："这个将毁灭那个。"（这本书会毁灭大教堂，文字会毁灭形象）麦克卢汉将曼哈顿的迪斯科舞厅比作古腾堡星系，他说："这个将毁灭那个。"这次研讨会的主要关注点之一，当然也是这个（电脑）将毁灭那个（书籍）。
>
> ——安伯托·艾柯（Umberto Eco）[①]

"这个将毁灭那个"

在探知塑造未来的可能性时，最难的莫过于克服当下的恐惧、幻想以及斗争（通常以事实的形式出现），并确定将会出现取而代之的是什么，无论是好是坏。对这种

---

① 这里安伯托·艾柯（Umberto Eco）是在引用马歇尔·麦克卢汉（Marshall McLuhan）引用的雨果引用柏拉图的话。"这次研讨会"指的是于1997年9月在斯坦福大学的科学之历史和哲学项目（HPS）上进行的关于这本书的未来情况的讨论会。见http://www.stanford.edu/dept/HPS/HistoryWired/Eco/EcoAfterword.html。

感觉有一经典的说法来自维克多·雨果的《巴黎圣母院》(1831)，这本书也以《钟楼怪人》这一书名为人们所熟知。故事发生在1482年，正是印刷术刚发明之后的几十年。在某个关键时刻，雨果让故事中的反派角色克洛德·弗罗洛说出了让人难忘的一句："这个将毁灭那个。"（第5卷第2章）"这个"指的是印刷书籍；"那个"指的是中世纪的大教堂，以及大教堂所代表的整个世界（见图6.1）。民主、世俗的印刷文化将会取代教堂的权威，颠覆体现在宏伟教堂中的信念和形象体系，而教堂正是故事发生的地方。读者读完雨果这部哥特式的杰作，无疑会认同这句话的重要意义（雨果用了两章来讨论这句话：第5卷第2章和第6卷第1章）。但旁观者可能就不那么笃定了。其中一人说道："哟！这到底有什么好害怕的？"另一人（此人刚好是乔装打扮的法国国王）附和道："他疯了！毕竟，这只是一本书！"①

图 6.1 这个将毁灭那个：雨果《巴黎圣母院》插图，作者艾梅·德·勒缪德（Aimé de Lemud, 1889）

我们之所以提到这个故事，是因为当新的通信技术出现时，"这个将毁灭那个"这句话会经常出现，在当下的利益相关者看来，这些技术显得无足轻重或不值一提，但在其他人看来却具有革命性或预示性。电影和广播（Marshall McLuhan）、电脑（Umberto Eco）、电子游戏、电子书、互联网和"云技术"②都预示了印刷书籍的消亡。尽管学术界对"技术决定论"③持怀疑态度，但很明显（几个世纪的后见之明），一旦通信技术的变化在一个社会中出现并普及，确实会给以前存在的主导形式拉上帷幕（Ong, 2012）。然而，这些在当时不会十分明显。我们组织知识体系的方式一旦开始转变，往往会饱受怀疑、轻视，并

---

① 来源：苏黎世大学，见http://www.mediality.ch/galerie.php?id=26。
② 两个例子见http://insolublepancake.blogspot.com.au/2013/03/tuera-cela-on-books.html（Kindle），以及http://futurebook.mit.edu/2012/05/ceci-tuera-cela/（电子游戏）。
③ 戴维·钱德勒（David Chandler）的账户会有所帮助，见http://www.aber.ac.uk/media/Documents/tecdet/tecdet.html。

且迎来一个充满敌意的问题:"但是,可以肯定的是……"

对"炒作"持怀疑态度当然无可厚非,但与此同时,当下的恐惧、幻想和斗争将会消失,新的体系将会出现。本书提出,我们正处在向创意经济和创意文化转型的阶段,这一论点在学术文献中经常遭到怀疑的"但是,可以肯定的是"式的反对。本章和下一章会讨论三条这样的反对意见。

"三个但是"(见第6章)为:(1)控制(自由);(2)可持续性(舒适);(3)鸿沟(知识)。本章篇幅所限,无法详述每个"但是",因此第6章第2节将对其进行详细阐述,类似于内含三个小节,每节分述一个"但是",而本章仅为介绍,试图采用这样的方法:将怀疑本身归入"知识的统治",主张面向未来的合作性对话不应囿于学科纯粹性的限制。如果必须以击败对手为代价,实现这一目标,那么思想的多样性将瓦解为"政党路线"。本章还介绍了一个关于控制和混乱区别的通用或系统模型,为接下来引入三个"但是"做好铺垫。

"但是,可以肯定的是……"

《理解新闻》(*Understanding News*, Hartley, 1982: 113–114)是对新闻话语的早期研究,其中有一节是关于电视新闻节目如何利用采访的形式来制造冲突——不仅是为了报道冲突,也是为了将新闻叙事戏剧化,使其变为冲突。哈特利指出了采访者通常会问的三类问题。分别是:

1. **感觉如何**……? 你不是专家,但你是我们的一员:我们需要你的情绪而不是信息。

2. **难道不**……? 你是专家,另外你还是我们的专家:请告诉我们更多。

3. **但可以肯定的是**……? 你不是我们中的一员。你想说什么并不重要,重要的是我们对你的敌意,这是这个电视台将传达的信息。

类型1是一种**温和型问题**,用于"街头采访",让采访更有人情味,让受访者感觉舒适,也适用于体育新闻。类型2是引导型问题,用于根据新闻机构或新闻记者所采用的报道角度,诱使受访者提供信息。这两类问题都能有效地让受访者成为剧情/冲突中的主角。类型3是典型的为难型问题,通常会将受访者排除在采访者所代表的

"我们"这一团体之外,有效地使受访者及其信息成为"我们的"敌人。

直到今天,类型3的问题仍然很常见。通常来说,那些对所谓的平衡构成某种威胁的人群会面临"但是,可以肯定的是"的问题,比如:罢工者或示威者,持激进观点或少数派观点的人,来自不同国家或与"我们的"国家有争端的外国人,以及其他人。

知识的"普遍—对立"

这就是"普遍-对立主义"在新闻领域的运作方式,而在媒体环境下,新闻本身就是传播新信息的主要手段。新闻不会将信息视为惰性信息输入。相反,新闻品牌,不论是新闻节目(如Ten Eyewitness News、SBS世界新闻等)、新闻电台或新闻公司(如CBS、CNN、BBC等),在重要意义或道德意义不同的信息之间自导了一场戏剧,并承担起其中的演员角色,以机构的身份为其所代表的整个团体发声,就像那句"我们美国人"一样(G. Baym, 2000)。这种策略将"我们"这一身份及其信息普遍化,但同时又将"他者"(不论如何定义)及其信息排除在外,将其视为实际或潜在的敌对方。在这一过程中,主流新闻将所有的"他者"混为一谈,对敌人、恐怖分子、持不同政见者、离经叛道者、有"外国"观念的人(文化、宗教、意识形态)、对立团体或组织、少数群体或混乱的青年定位,几乎不加以区分。所有"这些人"(或他们的支持者)都常常会面临"但是,可以肯定的是"的问题。因此我们会产生一种看法,那就是在这个世界上,"我们"可以利用我们自己的资源、语言、国家和行动(普遍的)了解任何事、所有事,这就意味着"他们"所知道的一定是错误的、恶意的或具有误导性的,是对真相的潜在威胁,并且最终会对"我们"产生潜在威胁(对立)。我们将关于世界的"信息"进行预先分类,用信息代表我们自己,而不是世界(Luhmann, 2012)。

无论受访者是反社会公民还是政治当权者,只要有新闻价值就行:让新闻界兴奋的是追逐新闻的过程,而不一定是接近真相。新闻把社会问题和政治冲突作为对立的体育赛事——体育是我们文化中最受欢迎的"现场戏剧"形式。电视评论员都青睐来自"我们"国家的选手(无论他们表现得多糟糕),尽管他们沉醉其中的是由国际比赛和锦标赛撑起的"世界舞台"。这是进化生物科学家马克·佩吉尔(Mark page, 2012b)所称的"侵犯性狭隘主义"①的一个非常明显的例子。这似乎是文化(人类群

---

① 马克·佩吉尔(2012b)指出:"文化忠诚最生动的体现方式不是道德行为,而是侵犯性狭隘主义,这一事实表明,在人类整个进化过程中,文化忠诚在保护人类方面发挥了重要作用。"

体)在试图保护自己免受内部和外部威胁(包括盗窃或颠覆知识)时的普遍特征。这种模式是把知识本身描述成一种党派,并且只要我们已经知道那些为群体带来新信息的"知识主体"会说什么,他们就是值得信赖的!按照奥林匹克体育评论的模式来讲,"我们的"落败英雄比"他们的"获胜者更有价值——因为信任比真理更有价值。

如果柏格尔是正确的,那么这并不是一个媒体不诚实的例子,而涉及更根本的东西:这是文化如何跨越许多(可能是任何)边界的一个例子。这里的边界可以是群体、语言、国家和知识领域之间的边界(Hartley & Potts, 2014)。当然,我们发现,所谓的寻求真相和不失公正的学术界,并不能免于受到"普遍-对立"趋势的影响。在许多关于创意产业的文章中可以看到一些明确的策略,例如,试图将读者吸引到党派斗争中(我们对他们)。对文化的研究涉及自我表达、价值观和判断以及描述和论证。文化研究已经高度政治化,表现为"批判"与"新自由主义"意识形态之间、"现实主义"与"后现代"理论之间、"艺术"与"商业"之间的斗争。既然情况如实,难怪会发现有些策略是反创意、对立排外的,并试图维持"我们"这一团体界限,以限制那些在为创意产业领域提出学术意见方面会说会想的人。简而言之,就学术话语试图解释所有现象而言,学术话语是"普遍主义"的,但与此同时,学术用语又具有对立性(在部落中,或至少是群体中),为"我们"所知的事物划定界限,因而将"他们"的知识定性为奸诈的或有威胁的。因此出现了"普遍-对立"结构,"对立阵营"之间的交流开始剑拔弩张或是陷入停滞。

研究文化、商业、交流和创意的学术界,以文化而非科学的知识策略为特点,这些策略通过某种对话模式的逻辑进行,已经成为一种自动策略。这一领域不再寻求是否令人可接受的真相,已然成了"学术政治"的代名词(例如Breen, 1998; Miller, 2004; Kenway et al., 2006; Ross, 2007; Cooke & Lazzeretti, 2008; O'Connor, 2010; McGuigan, 2010)。"但可以肯定的是"这一方法占主导地位,使得价值判断、政治立场和群体的边界维持比专业技能或知识更为重要。这是非常令人遗憾的,因为这耗尽了建立探究基础(大致上)所必需的论证工作(从波普尔派的角度看来),而进一步的探索和证据收集又需要以此为基础来发展知识。

知识大融通——在对话中构成

我们想要解决一些与创意产业和创意产业研究相关的问题。然而,概括型的"但是,可以肯定的是"问题(或"关键方法")是无效的。20世纪"左派"(进步的、自由主义的)和"右派"(保守的、独裁的)的(对立的)政治范畴不再被人们认同。争论的哪一方面向未来,哪一方基于过去,不能在一般(部落的)层面决定,只能在案例基础上决定。本书中,我们主张走一条和解之路,而非对立主义所代表的预先选择出的"我们"团体,在这条和解之路上"我们"和"他们"之间的界限没有预先确定(如路障),而是将界限当作不同领域之间的交换和转化区(如交易站),如此,差异冲突能够产生更加密集的新信息。这种"知识大融通"(Wilson, 1998)并不意味着"不加批判地"认同"我们"做的一切,而"批判性地"反对"他们"所说的一切;相反,这意味着跨越差异的界限来理解争论的关键。

本书中,我们假设创意经济是当代的一个普遍特征,而不只是"资本主义"或"新自由主义"经济的一部分。这一步至关重要,因为创意的引擎,即应用于新环境的新知识,是沿着差异冲突的界限产生的。创意本身就是无数不同实例和风格的"我们"/"他们"之间互动和冲突的产物。习惯性的"侵略性狭隘主义"可能在文化演化和政治论证中根深蒂固,但随着知识全球化,人类群体扩大到物种的规模,用这一方法来解释如何获得新知识就有些牵强了,除非是在更高级别的抽象化和一体化上,敌对势力之间的差异冲突催生出了新事物(而不是"赢家")。实际上,人类群体、文化、类群和网络扩张到全球范围也会为其自身带来新的问题,"普遍-对立"的方法无法察觉这些问题,更无法解决问题。

首先需要优先考虑的是将需要注意的困难找出来,为此,一个讨论活跃的多元共同体比派系间的僵局更为可取。要丰富有关创意经济的知识,从而改善我们的表现,无论是在获取和使用知识,还是在使用知识的效率和质量方面,我们都需要一个概念共同体。这个共同体由那些足够关心讨论最佳方法的人组成。这样的共同体不局限于那些已经同意彼此观点的人("难道不是这样吗?"),在被"激烈的"分歧和争论("但是,可以肯定的是")分裂时显得最有生机,并将争论双方视为同一团体的具有创意的成员。

诀窍不是将一个更大规模的"话语社会"中不同的方法、意识形态、价值观以及政治立场分离,将社会上以"诗意地成就世界"(Warner, 2002: 422-424)这一形式发挥作用的由读者、实干家和思想者组成的团体分离,而是将他们联结起来,利用从不同来源和主体获得的新知识来创造未来的可能性。正如罗素·普林斯所言,"是不断进行的跨空间对话和联系,赋予了(创意产业)理念以活力"(2010:136)。创意经济依赖于其自身的概念化,由分散于全球的概念和政策团体(或符号圈)在对话中构成,由迥然不同的人组成(包括实践者和理论家,市场商人和部长)。区分"内部人士"和"外部人士"为时过早,而且有可能让创意经济理念全盘崩溃。我们不希望提出专门控制这场争论的定义。相反,我们试图分离出需要讨论的最重要的问题。如果没有不同的观点,创意经济的概念将从公众的视线中逐渐消失。

经济还是政治?

正是本着寻求通过严肃对待一个概念的缺点来增强其生命力的精神,我们才致力于"三个但是"。当讨论创意产业(及其研究)时,一些根本性的问题经常出现,这些问题并不限于传统意义上的创意领域。但是,如果我们要从"三大方面",即全球、每个人之间以及贯穿整个广大经济体的层面来看待创意产业,换句话说,将创意产业作为一种创新知识的通用能力或"社会技术",那么可以预见,创意产业这样一个范围广阔的概念将极易受到批评,这些批评也会广泛出现在现代生产生活、日常文化和地缘政治竞争中。总之,如果有这"三大方面"助力创意创新以及新事物和知识的增长,那么至少会有"三个但是"会循着相反的趋势来质疑这些说法能否成立。

这是现代状态的普遍现象,对某些人来说,知识、自由和舒适方面的"进步"似乎常常造成——甚至来自——其他人可怕的"另一面":战争、殖民主义、奴隶制和经济剥削,性和其他形式的个人压迫,大屠杀和种族灭绝,气候变化、环境恶化和其他物种灭绝,重新抬头的宗教狂热和意识形态偏狭。要反驳人类生存条件已得到改善这一说法十分容易,只需要一个十分合乎情理的问题"但可以肯定的是……"

保持对此类问题的开放态度十分重要,即使这些问题有时可能看起来更加世俗、不像世界末日般严重。在这种情况下,一处的相对收益(x公司所获利润)会被另一处的相对损失(发展中国家y的血汗工厂)所抵消,一些人的自由意味着对另一些人的奴役,知识的增长被精英们垄断而大多数人依然愚昧无知。创意经济和数字网络的命运也会如此吗?(Zittrain,2008)

但同样,从长期趋势来看,对以下可能性持开放态度也很重要,即如今的低收入、被剥削人群,他们能够获得的清洁空气和营养有限,更别提获得教育、福利和政治代表权,但他们可能是一个新兴系统的"发展初期困难"的表现,而不是一个

"有"和"无"之间有严格权利差异的系统的表现。随着时间的推移,从人口层面来看,这一新兴系统将改善每个人的生存条件。

19世纪的伦敦和格拉斯哥正是如此,当代中国城市的情况也是这样。没有人会认为美国的大城市,比如纽约和芝加哥,是在没有腐败、敲诈勒索和强盗行为的情况下建成的,但建成这两座城市的初衷却的确是让它们成为世界上最新的奇迹:这需要资本和劳动力,缺一不可(Cowen,2013)。同样,新兴经济体的例子也是同样的情况,去看看现在的上海或深圳。在这两种情况下,与压制/倒退的"政权"相比,面向未来的严峻考验是,增长的引擎(即知识的增长)是否有利于整体改善,比如帮助大量人口摆脱贫困、让代表性的协会行动起来,使得公众能够为自己的利益奔走。

控制——一个系统概念

有三种控制类型引起了高度关注:技术控制、政治控制以及商业控制。我们将在下一章讨论每一种类型。但首先我们需要了解一些一般原则。这种情况不是简单的对立或二选一:要么进行控制,要么就会变得混乱;要么拥有自由,要么就会出现暴政。相反,这里存在一个从有序到无序的熵梯度(如图6.2所示),是在完全控制(无力)和混乱(熵)之间处于"平衡"的最佳状态,此时这个系统各方面状态最好(弹性、适应性、效率),因为它的灵活性足以进行改变,结构也足以保持稳定。

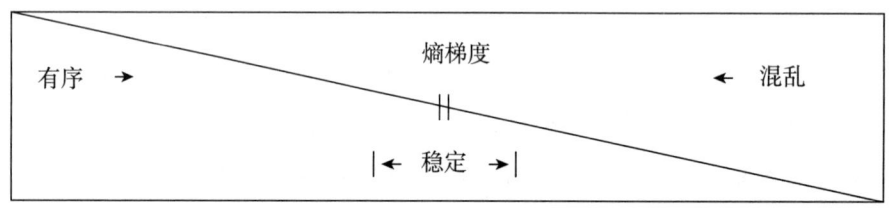

图 6.2 控制:不是混乱的对立面,而是一种在"稳定系统"中处于"液态"或"反混乱"的状态(Kauffman,1991)

这样一个稳定空间无法预先定义,但必须经过反复试验和试错才能找到,这是一个复杂的自适应系统本身固有的过程,是所谓的"自我生成"或"自我创造"的一部分,因为无论是生物系统、技术系统还是社会系统,具有生存所需弹性的复杂系统都是自我组织的(Luhmann,2012)。

在这种情况下,"控制"既不是积极的,也不是消极的:它内生于复杂系统。但是，人类主体，尤其是领导者和控制精英，倾向于认为需要从外部强加控制，并且认为越多越好。因此，在实际情况中，政策活动倾向于决定的不是系统需要多少控制，而是领导层想要多少控制。因此，政策设定往往需要更多的"秩序"，而非"混乱"，无论是有组织的群体（国家、城市、市场）还是生产力的"引擎"（企业、官僚机构、技术网络），要维持一个复杂系统的稳定，所强加的控制都超过了所需要的控制。政策制定者考虑的是，就像发动机需要调速器来调节速度（驱动轴的旋转速度或车辆的行驶速度）一样，一个复杂社会系统同样也需要管理者和调节者来稳定其（未来）走向。然而，与产生的离心力调速器飞球不同的是，社会管理者和调节者有他们自己的想法，偶尔还会言行不一。几乎无一例外，在系统的自组织运行过程中，控制设置过高会导致效率低下（缺乏灵活性，速度缓慢），那些社交因此受控的人之间会产生表现为怨恨和不满等形式的摩擦。

最关键的是政治和商业控制，这两类控制靠直接强迫、政府管制或市场支配力实施。极端情况绝无成功可能。完全控制僵化而无效，完全开放则会导致混乱和无序。一定程度的组织是必需的，但是，某种程度上不可预测的机会也是系统繁荣的必要条件。开放的市场、开放的竞争和个人自由仍然需要通过正式的法治和社会的非正式制裁来规范，配合参与者保证公平竞争环境，打击搭便车者，帮助弱势群体或发展中群体，并培训新入体系者。但过度监管、禁令、私人交易（腐败）以及任意或反复无常的权力行使，都会损害整个系统的运转。

生产力需要在选择性压力，通常也是竞争性压力中达到某种平衡。不同的系统、阶段和制度可能同时经历（或受制于）不同的设置。例如，在一些国家，市场是开放的，家庭关系（私生活–性别角色等）却仍然受到严格控制（即体现为社会性的不平等而不是经济性的不平等）；或是另一些倾向于中央集权控制（包括官僚主义）或政府进行干预甚至禁止的国家，不只要面对威胁稳定性的风险，还造成了一种僵化局面，即不光不能保护系统，最终还会破坏甚至迫使系统重组。独裁是这方面的常见例子，但这种倾向仍以民主形式存在，这里的民主形式通常受意识形态驱动的政党或个人的专制冲动支配。

斯图尔特·考夫曼解释了在复杂的自组织网络中秩序和混乱之间张力的一般原则，用布尔数学证明了计算机系统和生物系统（生物体）会显示出相同的行为。他认为秩序类似于"固态"的不变性，混乱类似于"气态"的无序性，两种状态之间的过渡

178

阶段或适应空间是"液态"的。任何的复杂网络（我们认为这不仅适用于技术或生物系统，也适用于政治和商业等社会系统，因为此类的所有系统都建立在交流和知识的基础之上），"在有序组织和混乱组织之间都存在一个液态过渡"的"稳定"空间。这种"液态"状态对系统的生存至关重要，因为这种状态可以观察到动态变化或进化，并且成功的网络会"向秩序和混乱的边界处汇集"：

> 通过积累有用的变化，位于秩序和混乱边界上的网络能够灵活且成功地迅速适应。……稳定的系统……通常会逐渐适应不断变化的环境，必要时也能偶尔进行迅速变化。这些都是在生物体中观察到的特性（Kauffman, 1991: 82）。

考夫曼对进化系统的最佳平衡或稳定的描述可以用图表来表示（见图6.3）。最左边是秩序：固化、僵硬、不可改变且无效；右边是混乱、无序、无组织以及熵；两端之间是混乱和考夫曼称为"反混乱"（1991: 78）之间的（适应性或生产性）张力的一种"液态"或稳定状态，动态系统在此处"结晶"成高度有序的状态（如图6.3的状态Ⅱ所示）。

集中控制	自组织系统		不协调的熵
有序（"固态"）	稳定（"液态"）	‖	混乱（"气态"）
技术/物质秩序 →	○ 自然状态	‖	← 混乱
商业/网络秩序 →	○ 自由	‖	← 无序
政治/社会秩序 →	○ 开放市场	‖	← 无组织
现实环境 =	○　　稳定系统	= ‖	
	|······政策鸿沟······|	

图 6.3　秩序、混乱、稳定及政策

然而，图6.3同样显示出，大多数真实的社会系统，例如政治和商业系统，并不能自主达到稳定状态。相反，它们受到政府和公司等主体从外部强加的控制，还会作为科技和实体的一部分存在，以便引导用户得到专有的解决方案。这些点（在图6.3中以○的形式标出）有系统地趋向于掌控整个系统。政治和商业话语经常援引对无序或混乱的恐惧为独裁统治辩护，但这种"解决方法"（命令和控制）同样危险。政治争论是关于是否要加强控制还是更加开放,这在任何给定的环境中都合乎时宜。政策制定者的诀窍是在事先不知情的情况下,找到最佳平衡点(自然系统能够自我发现这个点),然后尽可能地将任何给定例子的实际情况靠近这一点。对分析者来说,诀窍不在于支持某一种极端,而在于收集和筛选依据,定位可自动修正的"液态"状态,主张在实践中通过技术、政治和商业控制来不断趋近这种状态。

❖ 三个"但是"

> 怀疑一切。
>
> ——马克思的座右铭,1865[①]

本书的目的之一就是要证明很多现在被认为是经济学"外源",即被广泛使用的经济模型以外的很多东西,应该属于经济学"内源",即产生于模型内部。我们称为"文化"的一系列因素肯定会产生经济学家所说的"外源冲击",即那些改变某一经济体的出乎意料或不可预测的事件。本章我们回归到这一主题,研究"从外部"塑造文化和经济创意的一些力量,从某种意义上说,这些压力由不直接参与创意过程的主体施加,但适用于任何文化或交流系统。

这些外部力量正是我们所说的"但可以肯定的是……"类问题(见上一章),也就是"三个但是":1)控制(自由);2)可持续性;3)鸿沟。

每一条"但是"都很好地说明了"外源"力量(从个人决策的角度来看)同样也是"内源"的(从系统的角度来看)。经济学中,人们常常忽略这些考虑,认为这超出了学科范围。但在文化和创意研究中,它们往往是人们关注的焦点,代表着那些被认为是基本的但却受到威胁的价值观。从事物的角度来看,困难的事物常以它们的对立面命名(比如国"防"部是为战争而设,"卫生"部是为疾病和死亡而设),因此我们能够通过"三个但是"所否定的东西来理解它们所代表的命题本身。所以,控制被视为对自由的威胁;可持续性是由于其对立面(即不可持续性)带来的问题,而不可持续性又是对舒适(物质幸福)的威胁(Hartley, 1996);鸿沟意味着群体间的不平等,

---

[①] 此座右铭出自卡尔·马克思(Karl Marx)填写的一份Confession(一种维多利亚时代的半娱乐问卷),由其女儿Jenny(1865)记录,见http://www.marxists.org/archive/marx/works/1865/04/01.htm。

以及将社会的各个部分作为"他们"这一群体对待,这些问题会威胁到知识。因此,看似是"外源冲击"的权力行使、生态破坏和社会不平等也是"内源"的,因为这些因素决定了一个群体或类群可以获得什么样的自由、舒适和知识,决定了这些东西是否能够持续,以及它们如何能够自行发展和更新。

控制(自由)

- 技术控制
- 政治控制
- 商业控制

技术控制:互联网

技术网络背景下,互联网是其中最详尽和最重要的例子,极端控制和极端开放从一开始就是控制问题的重心,解释这两种极端能够很简单地说明控制问题。

第二次世界大战和冷战期间,计算、互联和内容共享的出现加速了互联网和万维网的发展。艾伦·图灵(Alan Turing)从事的军事性密码破解工作对推动计算机科学的发展起了决定性作用。图灵是首位计算和算法理论家,其他理论家在20世纪40年代陆续出现,当时整个欧洲和亚洲,从英国到中国,都在经历国家存亡的关键时期。

互联网首创于20世纪60年代,那是冷战最激烈、最偏执的阶段,当时的太空竞赛、U-2间谍机危机、柏林墙事件、古巴导弹危机、中印边境自卫反击战以及电影《奇爱博士》让人们似乎对东/西方冲突主义和"相互保证毁灭"习以为常。同一时间,美国通过电话线(还有无线电)进行军事通信。那时的电信系统高度集中,很容易受到攻击。如果美国遭到核打击,中央指挥和控制职能的毁坏将使美军无法收到总统命令。发送简单的"发射"或"不发射"信息的系统能力,将在第一次打击中彻底瘫痪,同时被毁灭的还有西方安全政策所依赖的核威慑或"相互保证毁灭"的政治立场。世界地缘政治的战略平衡和数以百万计的人的生命,都悬在一根细细的电话线上。

电气工程师保尔·贝恩(Paul Baran)从原理上解决了这一问题:

我们需要一种战略系统，能够经受住第一次攻击，然后以同样的方式反击。问题是我们没有能够经受住攻击的通信系统，所以一旦苏联导弹瞄准美国导弹，这将会摧毁整个电话通信系统……因为这个系统高度集中。把电话通信系统分散开，这样我们就有其他通路能够免受打击(Paul Baran)。①

贝恩提出将集中式系统变为分布式系统，用一个简单的（现在是图标式的）图解，就直观地呈现了分布式系统如何能在重大破坏中得以保存。如果信息通过系统以小的"分组"（威尔士计算机科学家Donald Davies②发明的术语）的形式进行网状排列，信息就可以通过仍然活跃的任意链接和节点传输，而不是依赖于单一的通信线路。整个系统更加稳定，能够经受巨大损失而不至于整个系统崩溃。可怕的是，如果贝恩的解决方案奏效，那条报复性的指令"发射！"（也就是下令用核武器毁灭敌方的城市和公民）也会发送成功。

结果却是，20世纪60年代，无论是军事当局还是当时的美国电话电报公司（AT&T）都没有采用贝恩提供的模式。这一模式被解密之后，引起了互联网先驱劳伦斯·罗伯茨（Lawrence Roberts）等人的注意。相比于线路交换（或直达线）连接③，罗伯茨更喜欢这种稳定的网络和"分组交换"模式。

贝恩的分布式连接和节点网格就成了互联网的第一个"图解"（图6.4），尽管它不是为此而设计的，但它却很重要，因为它"推翻"了指挥−控制的层次结构，让"控制"不再作为一个单独的功能，而是将控制分布到本地，并将其移交给用户。这样一个系统仍然能够发送来自指挥官的世界末日般的"发射"或"不发射"的决定，为了能够做到这一点，技术上必须允许系统中的任何节点都能发送、转发或接收信息，也就是说节点没有直接受控于指挥官。

---

① 保尔·贝恩曾接受杂志《名利场》的采访，这段话出自2008年7月刊登在杂志上的一篇文章《互联网是如何赢的》(*How the web was won*)，作者Keenan Mayo和Peter Newcomb，见http://www.vanityfair.com/culture/features/2008/07/internet200807。
② 见http://internethalloffame.org/inductees/donald-davies。
③ 详细描述（或其他相关信息），见http://www.cybertelecom.org/notes/baran.htm。

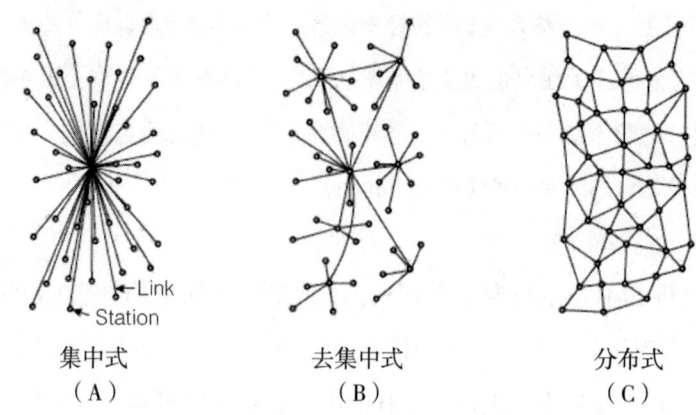

集中式　　　　　去集中式　　　　分布式
（A）　　　　　　（B）　　　　　（C）

图片来源：www.cybertelecom.org/notes/baran.htm

图 6.4　保尔·贝恩（Paul Baran）1964 年绘制的图解

此时，"稳定位置"，也就是连接开放，开始成为人们关注的焦点。互联网和万维网的许多技术先驱都倾向于自由而非独裁的价值观，并希望该系统尽可能地开放、普遍和自组织。他们希望人类系统（政府、企业）遵循技术系统的逻辑，沿着"控制/自由"的梯度进一步向"开放"面转变。这种开放的憧憬仍然与互联网激进主义（企业或个人形式）紧密相连（Benkler, 2006; Zittrain, 2008）。互联网协会的工作很好地总结了这一点，该协会由先驱人物温特·瑟夫（Vint Cerf）和鲍勃·卡恩（Bob Kahn）等人于1992年创立，代表了130多个组织，各组织共同负责制定标准、政策和承担教育任务。发源于互联网协会的域名注册组织，负责各类组织机构或非营利团体性质域名的注册。起初，互联网协会主要关注与互联网协议相关的工程和技术标准，但它最近承担了更广泛的教育和倡导作用，比如建立互联网名人堂等。互联网协会理想中的使命宣言已经再"开放"不过了：

> 互联网协会是自由开放互联网的主要倡导者，致力于推动互联网的开放发展、进化和使用，造福世界各国人民。[①]

互联网协会代表许多的企业和个人成员，促进开放访问、经济可靠的系统，并且该系统是由用户而不是由网络所有者或政府控制。协会赞成过程透明和共识决策：

---

① 更多内容见http://internethalloffame.org/inductees/donald-davies#sthash.R3Wud7Mx.dpuf。

互联网协会帮助确保互联网成功的核心信念属于互联网使用者。如果这一点保持不变，或者控制权从使用者更多地转向网络所有者，我们的政策也会随之改变。展望未来，我们希望世界各地的人们都可以使用互联网来改善他们的生活质量。标准、技术、商业惯例和政府政策可以为创新、创意和经济机会提供一个开放的、普遍可用的平台。一个真正为了每个人而存在的互联网的愿景给了我们力量、动力和能量。①

互联网协会描绘的愿景明确指向一个"真正"为"每个人"服务的互联网。在意识到技术、企业和政府"能够维持"一个开放可用的普遍系统时，协会也隐隐地认识到，这些因素也是"控制权从用户手中转移"的罪魁祸首。

因此，技术控制与政治控制和商业控制的纠缠不可避免；而技术能力并不能决定实际情况，实际情况是来自不同方向压力的结果：技术架构，用户（无论是游说协会成员还是单纯在社交网络为自己行事的人），公司以及政府机关。技术控制本身会"沿线向下"移动，比如公司要求用户购买特定的版式或设备（比如苹果电脑或其他品牌个人电脑），喜欢开发专用而非通用的零件和系统，这让设备之间的互相操作变得困难；或是你只想看一个节目（《权力的游戏》）时，内容提供商却要求你购买一整套服务（付费电视频道）②；又或是政府或其他监管机构出于道德和政治原因，禁止访问某些类型的网站、内容或用户。这就是人们对互联网普遍感到不满的原因，症结不在于互联网的基本架构，而在于监管机构或寻租企业在开放访问和用户控制方面设置的障碍。我们或许更应该向监管机构和寻租企业提一提"但是，可以肯定的是"的问题。

政治控制

"互联网"有很多含义。其中一点是"西方对我国国家安全的威胁"。高调的政府干预具有新闻价值，例如，2014年，在针对土耳其总理的批评言论被广泛传播后，

---

① 出自互联网协会发布的一篇文章《我们的工作；为什么这么重要》（What we do; why it matters），见http://www.interne tsociety.org/what-we-do/why-internet-matters。
② 澳大利亚出现了这种情况，见http://www.businessspectator.com.au/article/2014/4/7/technology/will-foxtel-reap-its-game-thrones-bounty。

土耳其政府禁止了脸书和推特的使用①。中国对互联网进行的政治控制最广为人知。中国政府不仅对国内用户的上网权限和网上活动进行日常监管，还反对将互联网开放作为外交政策的一部分，利用外交手段建立起反对互联网自由的国家联盟。在这种立场看来，"批评"就相当于要"推翻政府"，把国家内部持不同政见者描绘成敌对的外人。《纽约时报》2014年的一篇新闻报道说明了这一点：

> 时任中国公安部部长郭声琨在塔吉克斯坦举行的上海合作组织成员国安全会议上表示，俄罗斯和中亚国家必须进一步加强对互联网的控制，防止"外部势力"试图推翻政府，"掀起新一轮颜色革命"……"这是对该地区国家主权和安全的严重威胁，也是上海合作组织成员国共同关心的问题，"郭声琨还说，"外部势力正在利用我们的社会经济矛盾和问题"，试图"推翻我们的政府"。②

这种情况下，"政府"不会让系统自行组织，找到系统的"稳定"位置。毫无疑问，与西方民主国家相比，专制（中央集权的指挥-控制）政府往往更接近"控制"的一端。然而，很少有西方民主国家能将它们鼓吹的内容落到实处。2013年，也就是爱德华·斯诺登（Edward Snowden）泄密的那一年，在受调查的60个国家中，美国、澳大利亚和英国的互联网自由度分别排第四、第五和第十位。

> 实际上，这项调查显示，全球互联网自由度已经连续三年下降，威胁也变得越来越普遍。特别令人关注的是限制网络言论的法律、规定和指令的泛滥，因在网上发布的内容而被捕的人数急剧增长，社交媒体用户经历的法律案件和恐吓，以及监视的增加（Kelly, 2013: 1）。

自由屋指数（Freedom House Index）衡量三大类别：

---

① 关于该事件的一个报道，见http://www.neurope.eu/article/turkey-ban-twitter-and-facebook。
② 出自《纽约时报》文章《中国：敦促盟友控制互联网》（China: allies urged to control internet），作者E. Wong，2014年4月19日，A7版。见http://www.nytimes.com/2014/04/19/world/asia/chinese-official-urges-russia-and-central-asian-allies-to-control-internet.html?partner=rss&emc=rss&_r=0。上海合作组织其他成员国包括：乌克兰、格鲁吉亚、哈萨克斯坦、吉尔吉斯斯坦、塔吉克斯坦和乌兹别克斯坦，但据报道只有4个国家的代表出席了此次会议。"外部力量"指的是西方国家。

A. 准入障碍：评估基础设施和经济准入障碍、政府阻止特定应用或技术的措施、对互联网和移动电话接入提供商的法律、监管和所有权控制。

B. 内容限制：检测网站的筛选和屏蔽、其他形式的审查和自我审查、内容操纵、网络新闻媒体的多样性、使用数字媒体进行社会和政治活动。

C. 侵犯用户权利：衡量对网络活动的法律保护和限制，监视，隐私，以及网络活动引起的反应，如法律起诉、监禁、人身攻击或其他形式的骚扰（Kelly 等人，2013）①。

北欧国家（冰岛、爱沙尼亚）对互联网自由的保护似乎已经到了令人嫉妒的程度，而在埃塞俄比亚、叙利亚、中国、古巴和伊朗，互联网自由却受到了最严格的控制。

政治控制紧随技术变革而来，同时也加速技术变革，所以"政府"当然也就随着群众进入了互联网。政府的监管网络和可搜索数据使得被监视的用户大众的范围不断扩大，达到了前所未有的程度，涉及生活的各个领域。正如阿桑奇（Julian Assange）（维基解密）和斯诺登等人所证明的那样，西方政府和专制国家一样，沉迷于窥探本国公民和监视其他所有人。这是技术控制在政治层面最有争议的地方。（Andrejevic, 2007; Best, 2010; Morozov, 2011; Bennett和Segerberg, 2012）

除了直接的政府控制之外，政治控制还有其他形式，包括富裕精英和说客的影响，或者是意识形态的路径依赖，这种特性倾向于现有意义而不是新意义（霸权）。民主国家也有这种控制模式。最近，美国的一项研究测试了"经济精英""普通公民"或"有组织的利益集团"是否影响了美国的政策决策（Gilens, 2013; Gilens & Page, 2014）。研究发现，"代表商业利益的经济精英和有组织的团体对美国政府的政策具有重大的独立影响，而普通公民和大众利益团体几乎或根本没有独立影响"。作者得出结论：

在美国，我们的研究结果表明，大多数人并不能主宰政策结果，至少是跟实际决策结果没有因果关系。即便是大多数公民不支持经济精英和/或有组织的利益集

---

① 见http://freedomhouse.org/report/freedom-net-2013-global-scores#.U1Spwcc08b0。自由屋（Freedom House）是一家位于纽约的监管机构，该机构受到美国及荷兰政府、一些慈善基金会（如麦克阿瑟基金会）和谷歌等机构的支持，官网网址http://freedomhouse.org/donate/our-supporters#.U1SsFcc08b0。

团,通常公民也会失败。另外,由于美国政治体系对现状的强烈偏爱,即使相当多的美国民众赞成改变政策,他们也很难成功(Gilens和Page, 2014: 22-3)。

这项研究以"美国不再是民主国家"为标题,在公众间广泛传播。这是政治(经济精英资助的活动、游说团体的权力,以及企业利益对民选官员的影响)取代了经济。当大公司试图通过让政府和立法机构屈从于自己的意志来扩大对不确定性的控制时,真正的游戏可能正在其他地方进行。

商业控制

很容易看出,大企业和经济精英通常可以通过代理人施加与其人数完全不成比例的政治控制。于是似乎有一个必然规律,那就是富人越来越富(Piketty, 2014)。然而,"富人"并不是一个稳定的群体:其中的个体来来去去,公司起起落落,国家竞争地位一变再变。这种动态形势不是富人作为个体施加控制来推动。相反,人们受益于系统范围内的动态形势,因为我们处于不确定的领域,这符合概率变化和概率,而不具有线性可预测性。奖励、名声和财富的分配遵循幂律曲线,在这种情况下,"赢者通吃"意味着那些处于"顶端"的人(极少数)比那些在"底部"的人(大多数)要富裕得多,这种差别大到需以指数计。但是,如上所述,位置不是一成不变的;而或许更重要的是,随着系统的发展,所有人都获得了系统成长的绝对收益,无论在系统范围内的相对位置如何,每个人都获得了更多的知识、社会联系、符号和经济财富。因此,控制可能不是企业成功的首要条件。甚至还有一种可能的情况,即那些不努力争取合作与联通、新颖与创新以及开拓新市场或与新型消费者互动,而是拼命争取控制的企业已经过时,这种类型的企业属于工业-机械冷战时代,而无法在创意-数字时代立足。

"商业控制"并不适用于所有商业甚至公司事务。重要的是要拒绝过于宽泛或抽象的"市场"定义,这些定义让人觉得好像市场中的一切和所有市场形式都是一样的。"商业控制"值得讨论的一点是其对自我组织的流动性和创业活动的妨碍:越界进行寻租、寡头政治、垄断或限制性行为,以及把人们的角色局限于消费者,而不是更具创意和生产性的用户和生产者角色的战略。因为依然有一些公司和行业渴望控制,不仅是控制它们自己的业务,还希望通过控制减少不确定性、将风险降到最低,进而控制市场、技术、人们的思想和政府支持,即使是从系统层面来看,这种利己主义的策略也会适得其反。即便是"数字原生代"的科技巨头,一旦占据主导地位,似乎也会沉迷于控制权;或者说,每个人都担心这些科技巨头会被控制欲支配。

版权

在影响创意经济的商业控制问题中,一个重要的问题是知识产权(Hargreaves,2011),特别是版权问题(而不是专利,专利在发明和材料产品领域更重要)。版权曾一度是一个晦涩难懂的概念,它起源于强制给予作者和艺术作品以产权(Hartley,2013),主要限于企业间的交易,例如另一个出版商使用已出版的材料,或在国际市场上对文学和艺术作品的保护(《伯尔尼公约》)。但是,或许与人们的直观感受不同,版权已经深入到日常生活中,现在,随着数字媒体和信息网络的发展,版权开始涉及消费者个人的微行动(电脑点击)。

然而,在数字环境中,复制成了最基本的操作,不算不正当行为,而且人们可以复制无限次,不会降低图像或文本质量。这就恰恰损害了"原作"和"复制品"的概念,因为在非数字时代,复制也被应用于很多过程中(例如,复制印刷品、电影或录像带),在这些过程中,连续几代的复制将使产品逐渐失去更多信息。与此相反,数码复印却具有革命性意义,即能够复制无限的完美版本,这首先影响了唱片行业。唱片行业自1948年发明黑胶唱片或慢转密纹唱片起,就处于长期繁荣的状态,当时黑胶唱片的发明让唱片销量超过了乐谱销量。但是一旦用户和服务提供商能够在网上免费复制音频/视频文件,并且不会影响声音或图像质量,唱片公司分销流行音乐的主导地位就终结了。

在数字时代,音乐产业对此做出的反应是使用版权来强力维持他们在非数字时代所拥有的地位。公司律师积极地执行版权保护,包括采取行动保护有价值的财产(例如商业电影的主副本),以及对将共享或下载音频和视频文件作为家庭消费和社会交往日常的普通公民采取行动。这或许是有史以来第一次整个商界都试图从自己的客户中排除犯罪分子和盗版者,以此维护其商业计划,确保生存。由于现有公司在法律上的成功以及拥有立法支持,数字时代并没有出现版权崩溃的情况,但却见证了版权范围的极度扩张,例如版权有效期(从作者死亡后的50年到70年或100年)、"艺术"作品的定义(把工业产品、空白表格也算作艺术作品),或将侵权范围扩大到私人用户。因此，网络上每个人每天做出的决定都可能违法。内容的"生产者"（更准确地说，是内容生产者的出版商和法律执行代理人）和"消费者"之间存在着根本的冲突，而就在此时，这种本身就令人不快的区别正被交互式媒体和社交网络所侵蚀，因为在媒体及网络上，要使得交流有意义，所有人都必须是生产者。

版权执法的过度控制要求甚至延伸到了公共教育领域。公共教育的重点是让新用户认知数字媒体并了解其所承载的内容和信息，而这一过程通常备受阻碍，因为获得材料使用许可会牵扯到一系列规则和成本。因此，教育主管部门和大学会向企业版权持有者支付大笔款项，以刺激下一代用户（消费者）的需求。版权和公共图书馆的出借权并没有对商业作者和学术作者加以区别，这就出现了一种奇怪的情况：公共教育系统向私人出版商（尤其是像爱思唯尔Elsevier这样的期刊出版商）支付费用，以获得受纳税人资助的学者所提供知识的使用权，而当这些学者的学生从图书馆购买或借阅他们的书籍时，他们自己也可以从版税或公共出借权中获益。这种制度显然不是致力于知识的公开传播，也不是为了提高一个国家未来"人力资源"的智力储备。难怪教育领域的许多人，包括研究资助机构和个人，都支持不同程度的开放获取和开放出版，其中，政府资助的研究不用获取版权就能免费使用（例如，美国宇航局多年来一直是这样）[1]。

这样一来，情况正越来越接近1978年邓小平提出"开放"以后的中国（众所周知）。当时，中国的版权执法力度较弱，而经济增长强劲。音乐、电影和出版业等"版权产业"在没有版权控制的情况下蓬勃发展，这让西方公司惊愕不已（Montgomery，2010）。在这一点上，中国的创意经济结构更像时尚产业，因为时尚产业也是复制行为泛滥（尽管如此，受知识产权游说团体花言巧语的影响，西方时尚产业却开始不加考虑地希望寻求版权保护）。自2001年加入世界贸易组织以来，中国一直在缓慢向类似于西方的执法机制靠拢，尽管在实际执行过程中有所变动。这时候西方网络活动家和一些教育机构正在迫切要求改革以确保（数字）知识（特别是纳税人资助的研究结果）的传播得到与公司产权同样的立法和法律保护。因此，创意经济的特征就是不断增强的控制（版权行业及其立法联盟以及世界知识产权组织WIPO等国际组织）和

---

[1] 美国宇航局（NASA）的静态影像、音频文件、视频、用于三维模型演示的计算机文件，如任何格式的纹理图和多边形数据，通常不受版权保护。用户可以将美国宇航局的图像、视频、音频和三维模型演示的数据文件，用作教育目的或作为信息使用，包括照片集、教科书、公共展品、计算机图形模拟和互联网网页。一般还可用于个人网页，具体许可规定见http://www.nasa.gov/multimedia/guidelines/index.html#.U3gYrC-1ldg。

不断增强的开放(中国、时尚、互联网自由主义者)之间的持续争斗。一方寻求过多控制,另一方却想要更少的控制:其中的"稳定位置"尚未被发现。

版权只是其中的一个例子,在这个例子中,数字时代的技术和政治"可供性"发展受到商业控制策略的阻碍,而商业控制策略从根本上来说是"寻租",而不是冒险或创新企业。问题不在于寻租机构是否有权行使其权利,甚至也不在于这些权利是否应由立法改革加以修正或限制。问题是商业控制系统及其立法同盟感兴趣的是财产而不是交流,是保护过去的知识(版权的功能)而不是刺激新事物。

企业和商业控制还有许多其他形式。已有不少批判性的研究,有些是学术性的,有些是政治党派性的或带有特定群体宣传性质的,还有些兼而有之(Jones, 1998; Vaidhyanathan, 2005; Benkler, 2006; Chadwick & Howard, 2008; Zittrain, 2008)。大公司会买断小公司的股份(通常得到小公司的热情支持),然后关闭小公司以保护自己的生产线,免受竞争影响。这种方式可以控制市场,但不能实现市场的扩大或现代化。企业营销及幕后影响力(游说;财富的影响:Gilens, 2013)将"消费主义"作为一种社会或文化价值来推广,将整个人群与让大公司更加繁荣的商业联系起来。在创意经济中,企业控制与创意开放之间普遍且持续紧张。政策需要针对的不是保持市场"自由",而是保持市场"稳定",其中,大规模的组织、协调和生产与全民共享或知识传播能力之间存在张力(Jenkins et al., 2013),这样一来,市场就有了灵活性和开放性,可以从尽可能广泛的文化来源进行变革、适应、推动乃至创新,而不仅仅是从被严格控制的企业参与者着手。

可持续性(舒适)

- 被浪费的地球
- 被浪费的言语
- 被浪费的人力

被浪费的地球

常有人说,"我们",即全球化经济贸易体系(也就是所有经济体中的每个人、每个地方)中的人类,产生的废弃物数量超出了陆地和海洋的承载能力。尽管技术一直呈指数级增长，经济增长也紧随其后，但据说我们赖以生存的是一个"有限的星球"，星球是固定的资源，不可能在不"威胁"环境的情况下保持无限的增长（Sachs, 2014）①。我们还被认为是一个热衷于浪费的物种。现实情况就是，自20世纪50年代消费经济出现以来，我们的许多文化经济实例，从炫耀性消费（Veblen, 1899）或"富贵病"（de Graaf et al., 2001），到企业（这些企业将"计划报废"融入产品，将营销驱动欲望融入客户之间）鼓励的用完即扔的一次性消费社会，让"我们"（这里指美国人）的消费习惯变得"更加浪费、轻率和无所顾忌"（Packard, 1960）。因而这种观点认为，我们不仅在破坏地球，还在"娱乐至死"（Postman, 1985）。因此，以国内消费主义为基础的全球经济已经由"好"变"坏"，开创了"风险社会"（Beck, 1992）。

通常列出的地球杀手按照顺序排列分别是：

1. 人口过剩
2. 全球变暖
3. 滥砍滥伐
4. 农业不稳定
5. 汽车
6. 意外事故（比如"埃克森·瓦尔迪兹"号油轮漏油事故、美国墨西哥湾原油泄漏事件）
7. 煤矿开采
8. 物种入侵
9. 过度捕捞
10. 大坝（探索频道）②

在持怀疑态度的观察人士看来，世界末日设想本身可能是富裕表现出来的一种症状，因为"可持续发展"话语和相关的行动主义都集中在西方，在发达经济体开始

---

① 出自首届科廷可持续发展讲座和展示会上杰夫里·萨克斯（Jeffrey Sachs，哥伦比亚大学地球研究所所长）发表的一段演讲，见http://new.livestream.com/Balconi/Curtin-Sustainability-Lecture。Jeffrey Sachs的演讲在第29分钟后开始，"有限星球"部分在第52分钟后开始。
② 出自探索频道（Discovery TV）在2011年11月4日发表的一篇文章《人类破坏环境的十大方式》（*Top 10 ways man is destroying the environment*），作者马特·施瓦茨菲尔德（Matt Schwarzfeld），见http://www.discovery.com/tv-shows/curiosity/topics/10-ways-man-destroying-environment.htm。

减少自身污染、清理自己的城市之后，关于"可持续发展"的言论恰好有所增加。来自新兴经济体的观察人士怀疑其公平性，这或许情有可原。就在世界其他地区正在迎头赶上之际，事实证明，地球再也无法承受更多的财富。

然而，这种愤世嫉俗的说法无从考证，仅仅是因为（就像歌里唱的那样）"我们共同面对一切"。地球只有一个，但垃圾却是全球的。另外，北京市民可能比卡尔加里市民更加担心污染问题，因为的确有更多的事情需要担心①。因此，这是一个"同一个星球"的问题。20世纪50年代，伦敦就像现在的北京一样，也面临着致命的雾霾和死气沉沉的河流。正如一篇评论写的那样，"过去伦敦的情况是什么样，现在北京的情况就是什么样"：

> 对付雾霾，最后一道防线是离开。就像富有的伦敦人逃离令人窒息的雾霾，回到乡下的家中一样，越来越多的中国富人和外籍人士干脆离开了北京……说起被污染的伦敦，故事很长，跨越了一个多世纪。北京的污染可不能持续那么长时间，因为那对中国乃至整个地球都将是一场灾难。但我们需要合作，认识到分离经济发展与环境破坏的迫切性，并采取适当措施，而不是用西方的自命清高的姿态来谴责中国。②

虽然目前世界上污染最严重的城市在印度和巴基斯坦，而且"污染最严重的20个城市没有一个在中国"（CNN，2014）③，但是中国却经常被称为世界上污染最严重的地区，这无疑是因为中国的经济增长速度比其他国家快，或者说是因为美国主导的网络舆论环境正在与中国而非印度展开地缘政治大国竞争。不管怎样，中国都以拥有被称为电子垃圾的"世界之都"的广东贵屿而闻名。2002年，西方环保人士（巴塞尔

---

① 卡尔加里获得了"世界上最干净的城市"这一殊荣，见http://www.huffingtonpost.ca/2013/05/18/calgary-worlds-cleanest-city_n_3299545.html。
② 出自每日在线杂志《全球主义者》（The Globalist）在2013年11月12日发表的一篇文章《伦敦和北京：两个城市的污染故事：北京的故事如何由此展开，将决定我们留下一个什么样的地球》（London and Beijing: a polluted tale of two cities: how Beijing's tale proceeds from here will determine what kind of planet we leave behind），作者施特雷贝·海迪和让-皮埃尔·莱曼，见http://www.theglobalist.com/london-beijing-polluted-tale-two-cities/。
③ 出自CNN在2014年月8日发表的一篇文章《世界上污染最严重的20个城市》（Top 20 most polluted cities in the world），作者麦迪逊·帕克，见http://edition.cnn.com/2014/05/08/world/asia/india-pollution-who/index.html?iref=obinsite。其中引用了世界卫生组织2014年环境空气污染资料库中的内容。

行动网络和绿色和平组织，见Puckett et al.，2002）让这一地区受到了世界的关注，从那时起，中国的中央和地方政府就试图将这一地区清理干净（CNN，2013）。①即便如此，这个地区电子垃圾产业的规模还是令人印象深刻：

> 贵屿有15万人口，其中包括10万移民，有300多家公司和3000家个人工场从事电子垃圾回收。在贵屿的28个村庄中，有20个从事电子垃圾回收。回收工人大多是来自湖南、安徽等偏远农村地区的农民工，他们从事着拆解和处理电子垃圾的卑微工作，平均工资每天相当于1.5美元。这些工人中许多都是妇女和儿童（Wang et al.，2013：22）。

据王（教授）等人（2013：4）："仅在2011年，估计就有120万吨的电视、44万吨的冰箱、32万吨的洗衣机、99万吨的空调和67万吨的电脑被丢弃在中国，还要加上数量未知的装满从日本、韩国、越南和更远地方进口的电子垃圾的集装箱。"该研究还列出了2011年中国使用的电子产品数量（见图6.5）。

作者评论道："最终，当这些产品到达生命周期的终点时，它们将被淘汰，并对中国的垃圾管理系统构成重大挑战。"这一"重大挑战"不局限于中国国内。这也是对"三大因素"的重大挑战。环境风险存在于"每个地方"、危及"每个人"，还会影响全体经济，"每个事物"都会受到影响。因此，问题不在于新兴经济体是否应该承担"拯救地球"的最大责任，而是要找到让"每个人、每个事物、每个地方"都受益的解决方案。这已然是一个全球性问题，尽管非政府组织和联合国努力促进全球行动一致，但寻求的解决方案往往只适用于国家或行业层面。②伴随着经济增长，人们对浪费的忧虑也在增加。大众富裕延伸到了以前贫穷的国家，这引起了人们对污染全球化的关注。"经济奇迹"也是"环境噩梦"。这只不过是在重蹈覆辙。

---

① 出自CNN在2013年5月31日发表的一篇文章《中国：世界电子垃圾桶》（China: the electronic wastebasket of the world），作者伊万·沃森在文章中引用道："尽管环境在恶化，空气中弥漫着有害物质，但对贵屿的许多人说，这些年环境状况有了显著改善"，见http://edition.cnn.com/2013/05/30/world/asia/china-electronic-waste-e-waste/。

② 见http://sustainabledevelopment.un.org/。

家电	数量
手机	796600000
彩电	519700000
洗衣机	338900000
冰箱	338900000
电话机	240000000
电脑	227300000
照相机	114700000

图 6.5　2011 年中国家用电器和电子产品库存总量（图片来自 Wang 等人，2013：12）

被浪费的言语

可持续发展与环境和气候变化有关，而环境和气候变化主要是由工业污染和生活垃圾引起的，即"不该在这里的东西"或"污秽"，这一说法由玛丽·道格拉斯（Mary Douglas）在一项经典研究（1966：36）中提出。她还指出："哪里有污垢，哪里就有制度。"具体来说，就是我们对"物质"进行分类的修辞和文化体系。因此，"不该在这里的东西"主要是一种人类学现象："污秽"在自然界中是不存在的；是我们对它的定义、对它的反应以及处理它的方式构成了它本身。决定什么是"干净"、什么是"污秽"，从而组织或系统化我们文化自身可持续性的意义，这一过程中引导我们的不是自然，而是人类的身体机能。正如道格拉斯所发现的，我们的文化秩序感与有形的物质紧紧联系在一起，这意味着我们会像对待身体边界一样对待社会边界。

越过边界的物质——体液，无论是与性相关（意味着强大）还是与排泄相关（意味着危险）都会被给予特殊对待。这些都属于禁忌，涉及同时高估和低估跨越边界的物质，或涉及将两个机体混合。人类似乎倾向于将为维持身体边界而产生"污垢"类别的系统转移到自然环境。因此，人类认为社会或经济主体的一些产品是强大的或与性相关的（新产品，如新车或消费者想要的产品）；而认为另一些则是危险的或与排泄相关的，包括来自工厂（污水、二氧化碳）、家庭（垃圾填埋场）、农场（如流失的化肥）的"废弃物"，以及最近的电子垃圾（如电脑和移动设备部件）。

正如麦克斯韦和米勒（2012：165）所言，"媒体技术在生成意义的同时，也产生了残余物和病症"。他们是想将学术注意力从媒体信息的内容转移到媒体设备的物质性,奇怪的是,此前在媒体研究话语中,媒体设备一直都是非物质状态(因为媒体学者对电视内容的兴趣通常比对制造电视的工厂的兴趣更大)。麦克斯韦和米勒想要把学者们从"充斥着学术劳动和媒体批评的发霉走廊"拖进残酷的现实中,即"充斥着风险社会所产生的物质生产和死亡的受污染的走廊"(p.19)。他们的修辞策略是将"残余物"与"病症"、"物质生产"与"死亡"联系起来,将媒体生产作为一个整体(包含劳动过程和废弃产品)描述成排泄的"污秽",变成我们引以为耻的事,尤其是对我们中间那些注重言辞而非事物的人来说。

然而,这里起作用的大部分都是言语。麦克斯韦和米勒不喜欢"网络控",这些人把新媒体视为是强大的(与性相关);相反,麦克斯韦和米勒想让他们看看实际上的"全球南方"(第4章)的情况,让他们看到,在那里媒体的物质性是可耻的(与排泄相关)。好吧,不断揭我们自己的疮疤可能有益处,但这并不能解决问题。为此,麦克斯韦和米勒转向了"绿色公民",设想在所有制造媒体的人(除媒体用户和观众外)之间形成一个工作者集体:一个由"计算机科学家、工程师、设计师、市场研究人员、矿工、矿物代理人、炼油商、化学家、工厂工人、服务商仓库雇员、电信工人、卡车司机、销售人员、办公室文员,以及线上线下媒体制作人员"组成的联盟(2012: 150),最后一个类别特指那些以作家、制片人、导演和演员(线上),以及制作团队(线下)身份而更为人们熟悉的人群。

麦克斯韦和米勒的修辞策略是淡化媒体的符号化现实,以支持"物质生产",尽管他们肯定承认符号化行动主义富有意义,比如绿色和平组织在惠普公司工厂的屋顶写了传奇式的"有害产品"(Maxwell & Miller, 2011: 150-151)几个大字。因此,并不是说这些都好像是不同的现实。相反,正如麦克斯韦和米勒所承认的,"能同时用于分析和宣传的模型"是通过关注"设计、制造、电力、使用、处置和回收"(2011: 151),将"商品符号"的材料和符号方面结合起来,而不仅仅是关注其中一个方面。

但在试图为资本主义商业市场制造一种关键叙事时,将符号简化为商品的说辞可能会忽略两件事情。首先,可能会低估生产系统本身的自我纠正能力。例如,即使在显然(即被明确描述为)饱受摧残的贵屿这样的地区或它所在的中国,结合外部线索和内部发现(包括对大规模工业活动不可预见结果的观察),人们都很明显能感觉到需要采取补救行动。虽然电子垃圾正被作为市场失灵的一个例子而被大肆渲染,但政府监管、公民参与和回收行业的企业家们正联合起来,寻找方法来改善电子垃圾的物质环境（Minter，2013）。

其次，可能会低估创意本身的重要性，仿佛生产和政策是因果关系（马克思主义术语称之为"经济基础"），而标志、符号和意义以及它们在群体和网络之间的交流是次要的（或者说是"上层建筑"）。这种区别忽略了另一种形式的浪费，这种浪费可能比电子垃圾影响更大，那就是被浪费了的意义。人类生活在一个符号饱和的环境中，在这里"言辞是廉价的"，与任何一种媒体有关的任何人每天都会遇到很多词汇，词汇的数量达到了史上最多。然而，"浪费"也会延伸到言语上，大多数人说的大部分话都被置若罔闻（Hartley & Potts，2014：Ch.8）。因此，一个"但是，可以肯定的是"的问题出现了：关注工业生产而非文化发展，是否会以产生另一种浪费，即人类的创意和交流潜力的浪费为代价？

被浪费的人力

浪费不会直接作用于物质（这种分类无关紧要），而是作用于人类生产力。对"可持续发展"而言，真正的"但是，可以肯定的是"问题关注的是环保的创意经济的能力，这种能力能够利用全体人类的创意潜力、从全体人类的创意潜力中获益并付出回报，把"美好生活"延伸到每一个能够享受它的人身上，即使是人们一直都在"轻踏"地球。许多国家正在努力解决这一问题的各个方面，设法提高生产率，同时通过解决青年失业、长期和两代人之间的福利依赖等问题扩大创意接触，延长退休年龄后的工作时间，将工作寿命从农业-工业社会概念重新调整到知识-创意社会概念。与此同时，全球劳动力的人口学特征概况自第二次世界大战以来发生了巨大变化，与工业时代相比，女性在劳动力队伍中的数量增加了，兼职工人数量增加了，童工现象少了，但在欠发达国家和农村经济中，童工仍然存在。

这些变化有一个无法预料的后果，即在过去的一个世纪里，工作、闲暇和无所事事的状态几乎颠倒过来了。在过去，无所事事的状态曾受人尊敬：

> 早在1899年，索尔斯坦·维布伦（Thorstein Veblen）就提出闲暇是一种"荣誉勋章"。富人们可以让别人去做那些肮脏的、重复性的工作，这就成了维布伦所说的"工业"。但是维布伦眼中的有闲阶层并非无所事事。相反，他们从事的是"开拓"：

具有挑战和富有创意的活动，比如写作、慈善和辩论。①

《经济学人》也这样认为，并指出了现代社会的一个重要阶级区别：勤劳阶级从事的"工业"（劳动）与"有闲阶层"从事的"开拓"（大胆无畏的功绩，Veblen, 1899）。"享有闲暇的富人"并非无所事事，但他们不像工业工人那样被工作捆住，他们的"劳动"是在追求一种煞费苦心的"昂贵信号"，即如果一个家庭的户主不用养家糊口或从事工业劳动，而是把时间花在费力但无用的工作上，比如维布伦提到的学习拉丁文和刺绣，加上《经济学人》提到的文学、政治和志愿工作，那么这个家庭的富裕程度就显而易见了。总之，"受人尊敬"和"功利"的工作存在结构上的差异（Sahlins, 1976: 179-204）。这种结构性差异还将我们现在所认为的创意活力，即文学、艺术和创业与"重复性"劳动区别开来。

享有闲暇的富人（尽管也在忙碌）与工作的穷人之间的区别可以追溯到比维布伦更早的时代②。但这已成为工业时代的一句文化老调：美好生活可以用休闲来衡量，休闲就是跷起二郎腿。但现在时代已经不同了，《经济学人》写道：

> 维布伦的理论需要更新了……在发达经济体中，工作已经变得需要更多的知识和智力。很少会有非常乏味的工作，比如操作电梯，而更多的是充满魅力的工作，比如时装设计。这就意味着在办公室里享受"开拓"的人比以往任何时候都多。如今的工作已经能够提供富人在闲暇时所追求的那种乐趣。另一方面，休闲不再是社会权力的标志，而是象征着无用和失业。

变化涉及两大方面。首先，"知识密集型"的创意经济如今包含了创意型、智慧型和胆识型的工作，而这些工作曾经是有闲阶层的专利；其次，现在的富人通常都是处于过劳状态，总觉得时间不够用。相反，现在穷人的特点不是做重复性工作，而是

---

① 出自《经济学人》在2014年4月19日发表的一篇文章《出去工作才是好工作：为什么现在富人的闲暇时间比穷人少》（*Nice work if you can get out: why the rich now have less leisure than the poor*），见http://www.economist.com/news/finance-and-economics/21600989-why-rich-now-have-less-leisure-poor-nice-work-if-you-can-get-out?fsrc=nlw|hig|4-16-2014|8329786|39493970|AP。
② 托马斯·霍布斯（Thomas Hobbes）在其著作《利维坦》（*Leviathan*）中指出，回溯到古典雅典时期，闲散富裕带来了一种意想不到的新奇：哲学——"闲散是哲学之母……那些没有工作的人，无论是在国内还是国外，除了讲讲或者听听新闻，或向城里的年轻人公开谈论哲学之外，没有什么别的事情可做"（1651: 683-685）。

没有工作或工作不顺,这就必然导致穷人没有生产力:失业者、移民(特别是那些因签证问题被禁止工作的人)、残疾人、儿童和老人,这些人身上都戴着一枚闲散的勋章,运气好时被别人看作是一无是处,运气糟时被认为是一种耻辱。

在这样一个世界里,活动家、政策制定者、企业家和福利机构有责任寻找方法,将曾经是贵族专享的"开拓"技能和艺术进一步延伸到创意时代的社会阶层。在这里,"美好生活"可能包括疯狂地努力工作,但在一个团体里,这就是为了某项事业(Leadbeater, 2014)。由于数字媒体的普及,目前沟通民主化的程度比以往任何时候都要高,因此,新工作方式带来的机会会以一种可行的替代方案来应对产业就业的浪费。如果这对贵族来说足够好,那它对每个人、每个地方来说也都足够好。①

鸿沟(知识)

- 经济鸿沟
- 政治鸿沟
- 文化鸿沟
- 创意鸿沟

经济鸿沟

在富裕经济体和新兴经济体中,随着贫富之间的差距日渐扩大,人们普遍担心收入不平等。一边是继承而来的财富带来丰厚回报、银行家获得令人咋舌的奖金、首席执行官的收入超过了股东,另一边却是非技术工人、未充分就业的女性和年轻人失业的增加。与"占领"运动和"我们是99%"运动相关的全球民众骚乱,以及各种民

---

① 拉塞尔斯家族(哈伍德伯爵)是传统有闲阶层贵族家庭的典型代表,他们的后代因毕生致力于创意经济而多产并广受尊敬。第七代伯爵乔治·拉塞尔斯是英国歌剧的捍卫者,第八代伯爵是一个电视制片人。关于第七代伯爵,伊丽莎白女王二世(即他的表妹)说:"说到乔治的趣事,你知道,其实在很多方面他都很普通。"(见http://www.theguardian.com/music/2011/jul/11/the-earl-of-harewood)第八代哈伍德伯爵大卫·拉塞尔斯是威尔士独立电影制作人克里斯·蒙格的制片人,之后为顶峰影视制作公司(Zenith Productions, 现为顶峰娱乐)工作,参与制作了《摩斯警长》《结婚礼物》《摩尔·弗兰德斯》《理查三世》(他的祖先)、《吸血情圣》等电视剧及电影。他以公爵的身份,在哈伍德宫拍摄了《狂欢节弥赛亚》,庆祝奴隶制废除200周年,他还把不丹的工匠带到哈伍德宫建造佛寺(见http://www.jamyangleeds.co.uk/component/content/article/53-from-the-archive-/90-david-lascelles)。因此这里说"有闲阶层"可能为创意创新做出实质性贡献。

主"春天"或"颜色革命",背后的原因一般都是收入不平等:人们以财富为由抗议政府(尤其是像欧盟这样的超国家形式①)。

但是,除非是在盗贼统治时期,即使是在不那么富裕的国家,极少数非常富有的人的存在并不一定意味着有什么事情完全出错了。主要问题在于,这个体系是否会像中国、越南和后独裁时代的印度尼西亚那样,能够实现全面改善,从而在企业和市场中出现亿万富翁;或是财富是否是来自对国家资产的政治控制,这会导致国家财产被窃取(苏哈托时期的印度尼西亚、马科斯时期的菲律宾、蒙博托时期的刚果/扎伊尔等)。无论如何,在经济学家看来,两类人之间始终保持着区别:一类是活跃的企业家,如微软联合创始人比尔·盖茨,或中国的废纸回收大亨、世界上最富有的白手起家的女性张茵②,另一类是被动继承财富的所有者,比如彭博社在2014年5月评选出的最富有的二十位女亿万富翁,虽然她们中不乏活跃在商界的人物,但她们都从自己的父亲或丈夫那儿继承了财产③。这两类人的不同之处在于,我们都认为企业家和白手起家的亿万富翁是通过创新和他们的事业(这些能够创造使所有人受益的财富和机会)来赚取财富的;而仅仅依靠每股收益或租金几乎不能让经济活动持续活跃,也不能保证其未来的经济活动。

人们担忧收入不平等,关心亿万富翁财富的来源或用途(以及由此产生的政治影响),这引起了广泛的讨论,讨论围绕法国经济学家托马斯·皮凯蒂(Thomas Piketty, 2014)最近的一项研究展开。他表示,社会的全面完善已停滞不前,但已经非常富有的人的财富却还在加速增加。这里,观察人士该担心的不是贫富差距,而是一个乍看似乎更神秘的经济公式:

$$r > g$$

该公式的含义是:r(财富回报率)>(大于)g(经济增长率或GDP增长速度)。皮凯蒂的分析称,"财富"(包括继承的股票和财产在内的投资)的增长速度超过了GDP

---

① 2014年的欧盟议会选举结果让人觉得奇怪:在英国、法国和丹麦等比较富裕的国家,右翼反欧盟政党占上风,而在希腊、西班牙和葡萄牙等经济困难的国家,左翼反欧盟政党占上风。但无论如何,欧盟未来的路都不太好走。
② 详情见 http://genevalunch.com/2010/10/12/worlds-3-richest-women-chinese-but-not-fashion-moguls/。
③ 资料参考自2014年5月28日发布的《彭博社亿万富翁指数》(*Bloomberg Billionaires Index*),见http://www.bloomberg.com/billionaires/2014-05-28/cya/aqaaa。

增长速度,也就是说,从长期来看,富人会越来越富,而且最富有的0.1%人群(超级富豪)和其他人之间的差距会越来越大。

皮凯蒂的结论在公众中引起了轰动:他在纽约的新书发布得到了至少两位诺贝尔奖得主的支持——保罗·克鲁格曼(Paul Krugman)和约瑟夫·斯蒂格利茨(Joseph Stiglitz)[①]。克鲁格曼在他持续连载的《纽约时报》博客中总结了几条他喜欢的Piketty的观点:第一,极端的不平等正在加剧;第二,这种不平等将人口划分为两类,一类是"1%和其中的0.1%",另一类则是其他所有人(包括受过教育的精英和中产阶级工薪阶层);第三,权力法则,赢者通吃的说法(即最具进取心的人达到顶峰)是站不住脚的:最富有的0.1%不是活跃的企业家,而是继承者们。克鲁格曼得出的结论是:

> 我们可能会面临政治经济不平等的螺旋式上升,这意味着巨大的财富会带来巨大的权力,而权力又被用来加强财富集中。……我们所说的是创造一个有利于家族王朝持续统治的"世袭资本主义"的环境。[②]

政治鸿沟

"政治鸿沟"最常指政党之间的意识形态差异(红州对蓝州;左派对右派;绿党对红蓝两党),体现为国家支持的对国内民众的侵略(监视和治安)或外部"威胁"(制裁和战争)。在公民协会强大的地方,机构的政治反对派就可以"代表"政治鸿沟,然后随着时间的推移,将其转化为话语和补救措施。当统治精英与民众出现根本上的鸿沟时,国家独裁主义会遭到公民行动主义"和平抗议"形式的反对,通过如匿名者、维基解密和斯诺登泄密事件,一直发展成各种暴动的"春天事件"(如"阿拉伯之春")以及出现在不同国家、不同时代的各种广场事件:格罗夫纳、塔克西姆广场事件等。另外,还有各种各样的政治模式是通过拒绝主流价值观(如"占领"运动)或脱离运动(各种远离行为,从朝圣先辈到嬉皮士运动)来展现鸿沟的。

---

① 见http://www.newrepublic.com/article/117407/thomas-piketty-speech-economics-sensation-visits-new-york。
② 保罗·克鲁格曼(Paul Krugman)于2014年4月16日发表的《纽约时报》博客,见http://krugman.blogs.nytimes.com/2014/04/16/piketty-day-notes/。

文化鸿沟

"文化鸿沟"指的是宗教、种族主义、乌托邦主义、个人政治或"团体"紧张关系。"文化鸿沟"有时会演变为暴力,经常使邻近的群体在很长一段时间内处于敌对状态。更世俗一点讲,文化不满可能体现为回避:如拒绝购买某些产品(与政治鸿沟中的某个群体有关)、"部落"的口味偏好(仅限于特定类型的音乐、电影和娱乐)、脱离公民参与、"邪教"等。

分析"鸿沟"得到的教训可能不是经济上的(例如征收全球财富税),而是政治上的,它加剧了民众的不满、导致直接行动、让投票情况走向极端。就连自由市场观点的先行者《经济学人》也(通过其"自由交流"经济学博客)清楚地解释了为什么这是一场关于公平和生活水平的争论:

> 皮克迪的观点是,在一些发达国家,许多人的生活水平现在已经比过去低得不能再低了,因为在过去的一代人中,精英阶层对分配问题漠不关心,而这种持续的掉以轻心最终会破坏资本主义促进增长的制度。他的观点是,即使大众的生活水平没有完全停滞,人们大概也无法容忍经济增长将利益集中在小部分人身上。①

不平等、政治鸿沟、团体或文化紧张是否会引起公众的强烈反对,或者能否找到办法相互迁就,都是由具体情况决定的。然而,这场辩论的进行,给了那些对创意经济感兴趣的人一些直接的经验教训。首先,这些辩论有一个注意力排行。新创意能否受到关注,取决于它的支持者能否在最有声望或最有影响力的媒体上获得曝光度。在大西洋两岸及其他地区,国内和国际报纸上、政治周刊和媒体评论里,皮克迪的书获得了密集宣传和大量关注,在创意经济的背景下,这绝对是绝无仅有的(能与之相提并论的是21世纪前10年中期理查德·弗罗里达创作的有关"创意阶层"的书)。然而,包括所有主要报纸、政治周刊、名人博主和重要的为数不多的诺贝尔奖得主在内的跨大西洋高级别"时事分析评论员",却似乎没有像对待皮克迪对财富不平等的看法那样,为创意解放的兴衰而激动。他们就是没有给予它同等程度的关注(专栏版面)。

---

① 出自《经济学人》发表的一篇文章《"资本"及不满资本者》("*Capital" and its discontents*),作者R.A.,见http://www.economist.com/blogs/freeexchange/2014/04/inequality。

其次，这也并非毫无关联，只是（从这个角度来看）在创意领域似乎没有这么大的利害关系：毕竟，创意产业只占经济的一小部分，文化政治也不是重中之重。因此，与不平等相比，人们很少能注意到，促进全民、全经济体、全球范围内创意事业全面完善的努力一般都没能成功。在人们看来，这并不是一个智力失败的丑闻，仅仅是一个助兴节目而已。

创意鸿沟

2014年4月，英国文化、媒体和体育部任命了一位新大臣（内阁部长），著名评论员彼得·普雷斯顿（Peter Preston，《卫报》前总编辑）不明白这一举动有什么值得关注的：

> 英国文化、媒体和体育部不能称得上是一个"部"。这个机构基本上就是拿钱……并将其分发给数十家半自治政府机构，这些机构自行决定如何花钱……在22年的时间里，已经换了12位内阁文化部门主要负责人，经历了多次洗牌和人才流动。此部门承担的所有日常功能都可以外包……①

政治意见领袖看不出在政府最高层代表创意和文化的意义，至少部分原因是人们还没发现为何它如此重要。换句话说，"概念社区"（Prince, 2010）或"话语型公共领域"（Warner, 2002）正在争论创意问题，但这却没能成功地传播到需要大众关注而不是专门或学术关注的平台。如果说这带来了什么变化的话，那就是公众的兴趣正在减退。这是因为在观察人士看来，创意部门就像一些特殊利益集团在为无关紧要的意识形态差异、无足轻重的想法和微不足道的经济相互争斗：这一景象并不是那么令人愉快。相比之下，人们对皮克迪这本书的接受程度是相当惊人的。问题不在于他是对是错（因为意见有分歧），而在于他能够让每个人都参与讨论。正如《经济

---

① 出自《观察家报》（*The Observer*）在2014年4月13日发表的一篇文章《玛丽亚·米勒：再一次从文化、媒体和体育部的旋转门离开》（文章题记：辞职和任命引发的愤怒掩盖了一个令人不快的事实，即文化还算不上一个真正的部门，*Maria Miller: just another departure through the revolving door at DCMS: The furore over resignations and appointments is concealing the unhappy truth that culture isn't much of a department*），作者彼得·普雷斯顿，见http://www.theguardian.com/politics/2014/apr/13/maria-miller-dcms-revolving-door-culture?INTCMP=ILCNETTXT3487#start-of-comments。

学人》前总编辑克莱夫·克鲁克（Clive Crook）所说，他"满足了一种需求"①。

"公共思想"领域的人不想谈论创意，他们想讨论不平等②。从经济上而非政治上来讲，这可能是一个巨大的错误。也许是皮克迪和他的诺贝尔奖得主支持者们问错了问题。真的是不平等驱动了增长体系吗？还是资本主义的熊彼特式的不安（Metcalfe, 2008）以及随之而来的资源、人员和知识的流动驱动了增长体系？"增长"（皮凯蒂的衡量标准）和"进化"一样重要吗？如果是后者更加重要，那么对增长政策的影响就不同了。斯坦·梅特卡夫认为，这类政策：

> 依赖于自下而上的观点，而不是整体经济向下的观点，依赖于事业和企业家精神的激励，依赖于市场制度开放、公正的运作。这类政策被恰当地描述为试验性经济政策，而政策制定者面临的问题是，政策必须适应浪费和被低估的低效，而这对所有进化过程都至关重要（Metcalfe, n.d: 47）。

一个自下而上的、试验性的、具有创业精神的、开放的市场结构，能够容忍短期的"浪费和低效"，不断进行创意活动。这就是所谓的创意经济。但在以美国为主导的博客圈中，人们在接触外界信息受限的情况下，可能无法在辩论中看到创意经济的重要性。从这个（相对广泛的）角度来看，不平等是不言而喻的，所以我们很容易进一步（道德上的）得出结论：这是不公平的，最重要的政策问题是阻止这种不公平。

然而真正最重要的政策问题是：理解是什么推动了增长（这是一个新出现的问题），以及如何将增长带来的财富普及到大众。来自旧经济体"底层"（例如初创企业、新发明和探索新知识）的新参与者在现有安排的边缘出现，人们将在这样的边缘区域以及像中国、巴西、印度尼西亚、尼日利亚等一样的新兴经济体中找到新事物。就像在欧盟的部分地区以及其他国家的激进"占领"运动中表现出的不满一样，在旧经济体系中，已经富裕的人也很可能会常常感到不满，但这可能不会阻止企业家在其他地方夺取新机会。人们的仇富心理是可以理解的（看看他们所做和所说的事情！），但要了解整个人口如何改善其自我导向环境，这可能不是最佳政策。这种出于本能的

---

① 见http://www.bloombergview.com/articles/2014-04-20/the-most-important-book-ever-is-all-wrong。
② 皮凯蒂立场的反对者们有很多理由可以解释为什么皮凯蒂的观点是错的，但不应该是不平等。例子见http://www.forbes.com/sites/kotlikoff/2014/05/15/will-the-rich-always-get-richer/。

对妖魔化人物（比如传媒大亨鲁伯特·默多克、澳洲女首富吉娜·莱因哈特）的敌意并不能找到让每个人、每个地方在整个经济体系中让自己表现得更好的方法。

政策制定者不"明白"为什么创意和不平等一样重要，这并不意味着创意就没那么重要。我们的观点是，当沿着"三大方面"的思路重新概念化数字创意经济（集成用户创造的知识的微生产力，进而生成新事物），就会看到数字创意经济正在成为解决不平等的主要途径。不平等让"穷人"永远都只能作为渣滓残留在固化的社会等级底部。换句话说，矫正不平等的方式是了解未来经济增长的驱动力，并把这些知识交到那些可能从中受益的人手中，而不是试图消除过去增长的残留。许多评论人士，即使是那些对马克思主义方法不感兴趣的人，都继续将此归咎于经济基础/上层建筑模式。他们将经济不平等（通常只考虑到了工资水平，没有包括福利、退休金和政府代表公民持有的教育"储蓄"）视为变革的原因之一，但目前没有太多的证据证明这一点（美国人并不那么关心平等，而活动家又不是那么懂经济）。同时，这些评论人士忽视或低估了文化和知识的不平等，几乎没有一个可以用于描述这种现象的相关词语，更不用说一个相关的宣传组织或政策策略。

因此，除了倡导自由意志主义、揭发和反审查的人（如盗版党、维基解密或查禁目录）以外，似乎没有什么政治"需求"要求平等获取、理解和创造文化和知识。这才是真正需要改变的。

我们需要制定一套新的关键优先事项，致力于推动创意和知识的民主化。在本书中，我们已经提到了一些线索，即创客运动、DIY公民以及用户共同创造。然而，要让知识共享对所有人开放，让创意为每个人带来"美好生活"，还有很长的路要走：

> 当我们穿过马拉坎山坳时，我看到一个年轻女孩在卖橙子。她正用铅笔在一张纸上画记号，想要计算她卖出了多少个橙子，因为她不识字。我给她拍了张照片，发誓要尽我所能帮助像她一样的女孩接受教育。这就是我要投身的战争（Yousafzai, 2013: 182）。

事实可能恰恰相反，马拉拉·尤萨夫扎伊（Malala Yousafzai）自己就是这种可能性的体现，鉴于这种可能性一直存在，问题应该是："这个"（追求文化和经济解放的教育）将毁灭"那个"（被浪费的人力）吗？

7

乐观主义

❖ 塑造未来

有一种概括性的说法是,学者所取得的重要成就几乎总是起源于其生命中的第三个十年,一个孕育成就的神圣十年。这一结论常常通过推测得到,并且越来越被传记研究所证实。

——约瑟夫·熊彼特(1991:51)

本书观点总结

截至目前我们都讲了些什么

在本书中,我们试图找到一些简单的模型来分析当代全球市场和数字媒介文化背景下的创意。

- 我们认为创意是一种**系统**现象。产生创意的系统是**文化**,而不是个人行为。

- 文化和知识首先应该被理解为**交流**的一部分（即作为一种社会性交流而不是行为交流）。
- 应该以一种新的方式来看待文化，不是把它看作高雅的艺术或遗产，也不是风俗和实践，而是看作人类群体形成的必要条件。
- **文化构成群体**。文化群体总是"我们"群体或"类群"，"我们"群体或"类群"总是（显性或隐性地）与"他们"群体对立。"我们"在语言和意义的符号网中相连；是类群成就个人，而不是个人成就类群。
- **类群造就知识**。由此可见，知识是**普遍的**（"我们的"知识充分地解释了世界，并且对所有人都有约束力），也是**对立的**（"他们的"知识是虚假的、奸诈的或具有威胁的）。
- 在与其他群体的竞争和冲突中，群体能够学习并进行改变。这种学习过程是社会而非心理的，即知识不光是在个人大脑中积累，还在机构中积累。知识的积累有时是通过合作获得的，但通常情况下不是。
- 我们把社会学习的过程叫作**创意或创新**。群体间的边界是产生创新或创意最密集的地方。
- 如果一个群体或类群想要扩展其边界以吸收另一个群体的知识，这个过程常常是破坏性的、痛苦的，甚至是致命的。这一过程可能表现为征服或殖民、盗版或剽窃，以及"我们所知的世界末日"。这不像合作，也不符合"创意"这个词的标准含义。但是，从系统的角度来看，知识的净收益、知识带给"获得"群体成员的新效用、知识与其他知识和用途进行全新组合的新潜力，都为整个系统，甚至包括"给予"类群或群体，增加了新的优势，并有利于**知识的增长**和整体协调。

如果文化造就了群体而群体造就了知识，那么新的知识对于在不确定情况下的生存就显得至关重要，这里的不确定是指时间的不确定性（不可预测的变化）和地点的不确定性（生态位和环境）。这就是为什么创意和创新很重要。创意和创新是沙砾，激发文化有机体产生珍珠，让有机体在有危险的地方产生新的价值，从而得以生存。对于群体的生存来说，创意/创新是最重要的，尽管群体的大量时间和精力都有意识地投入到保持群体的稳定中。

因为群体或类群是在适应情况和环境的过程中由文化塑造的，群体中包括非亲属关系的成员，这些人通过交流和知识建立关系/密切相连，并衍生出了认同感、社会性、意义性和外部联系感，所以除了这个基本要求以外，我们不可能事先定义一个群体。事实上，群体是没有范围的，文化上的类群可能小到像一个狩猎团体，或者大到犹如一个国家，甚至是一个物种。类群可能是"真实的"（部落）或"虚拟的"（粉丝）、类群可能是具体的（所有使用特定语言的人），也可能是抽象的（如"公民""观众""公众""消费者"）。类群或群体不仅与其他群体截然不同，还具有重叠的复杂性，这样一来，个体就能同时或先后属于多个类群。

在这种情况下，我们是谁、我们知道什么、我们如何与各种"他者"产生联系，都远不能预先决定。相反，这种知识是完全不确定的。对身份的确定是一种错觉。基于索尔斯坦·维布伦（Thorstein Veblen, 1898）所称的"万物有灵论"（以神人同形同性论为由），而不是"唯物主义"（以物质能量为由），任何一个群体或个体对类群间的复杂性了解得越少，他们的知识系统就越"确定"（越容易被欺骗）。万物有灵论的知识体系（从宇宙论到家庭角色）将类群的身份认同移交给世界（认为"我们"由神的意志产生于此；"我们"一直存在于此，知道这些事、反对那些事）。

相反，人们和群体越是意识到这些关系和差异的不确定却又纷繁的复杂性，文化的反思性就变得越强。文化需要创造关于自身的知识，而不是将幻想中的自我投射到外部世界。文化造就了群体，群体造就了知识，但对这种安排的复杂性的认知导致了疑惑、怀疑、相对主义、多重或模糊身份，以及能够处理差异和不确定性的需求。人类关于因果关系的知识，从一种与现实的"机械"关系演变成一种"量子"关系，在这种关系中，力量之间的可能性和关系取代了确定性和"客观"本质（自我、事物、他人）。

毫无疑问，前现代社会、祭司种姓制度社会和统治家族中的一些个体，以及现代社会的某些科学团体，比其他大多数人更早获得了这种"概率性"的意识，但互联网时代的非凡之处在于，伴随着全球媒介和交换（通过符号圈），对于多重且相互竞争的意义系统和人类群体，人们对其纷繁复杂性的反思意识必然在整个群体中普遍存在。这种反思意识本身也会借助媒体：以每个人创造、交流或公开展示的、多样的"自我"形式由周播连续剧、晚间新闻、实时状态更新传达；同时，在大家和众多的"我们"群体以及众多的"他们"群体在线上、城市中、媒体上进行连接、浏览以及互动时，这种反思意识也在主动"消耗"。简言之，每个个体，以及整个空前庞大的人口比例之间,迅速出现了多类群的归属感和类群间的接触。

传统的文化和知识的"用途",是在一个缓慢变化、相对孤立的小世界中确认身份、位置和意义,这一用途将被文化和知识的新用途取代。当务之急是在不确定情况下的反思:学习处理差异(转化),并引导变化(轨迹)穿越多元文化/知识的边界、差异、矛盾和冲突。在这些边界上,创意和创新的机会大大增加了,因为"每个人""每个地方"都是新想法的潜在来源,还能随即通过社交网络测试这些新想法。这是一种进化的观点,因为它假设了随机的变异(来自整个群体的新想法),而不是选择性采用(通过中观层次的机构)和文化复制。在文化复制过程中,幸存下来的是文化/知识的"有机体",而不是个体(Pagel, 2012a, 2012b)。

从这个逻辑中获得的一条经验是,如果对创意和创新感兴趣(文化批评家和经济学家的关注点),你需要考虑创意和创新在整个人群中的传播,还需要注意一点,那就是与以往任何时候相比,现在有更多的人更具反思性地与多个、多价值的类群和群体联系在一起。在这种情况下,我们正应对复杂的系统,并在全球(符号圈)范围内彼此互动、改变,而这种环境下的鼓励创意和创新的政策制定如果没有顾及反思性的、有生产力的、不断生成不同群体(自我生产)的人口组成特征,也没有认识到这样的群体在此过程中进行的(通常是颠覆性的)互动是在创造可能具有更广泛"用途"的新事物和新知识,那么这种政策就不会有什么价值。因此,政策需要从"机械"方法(专业实验室里的工程创新)转化为"概率性"方法(在类群和知识领域,由制度化"搜索"功能加速的全民随机变化),这种方法让所有经济和文化内的每个人、每个地方都成为参与者,变成整体生产力系统的一部分。政策制定需要从中央控制、"挑选赢家"、对公司进行高投资,转向分布式控制(自组织系统)、尝试和试错以及试验、对人口进行投资(教育、互联、培育协会)。

一组新的分析镜头

当面对新事物时,我们的类群习惯将其视为"他们"的知识而加以拒绝。这种状况不仅出现在地方思维中,还伴随着文化和创意的新概念化而经常出现在学术或分析层面。将一个熟悉的文化概念融入一组已知的经济参与者和问题中(这就是"文化经济学"的作用)要容易得多。但无论是在现实还是媒体中,很难将文化"视为"一种群体创造机制,这种机制能在竞争群体之间产生知识,从而在不确定的情况下产生新事物。

那么，怎样才能将由能量物质构成的火热的太阳表面降温，变成能够研究的对象？怎样才能让新观测到的物体不那么刺眼，以便更冷静地理解其性质、力量和相互关系？我们可以使用一组镜头，每组都有三个组件（由此受到启发）。

首先，使用多普菲（Dopfer, 2004），提出的"微观–中观–宏观"（MMM）三重结构，有助于我们研究不同程度的复杂性，具体指的是：

- **微观**：个人主体层面。为此，"主体"可以是一个单独的人，比如一个用户，也可以是一个微型企业，比如专营商。
- **中观**：机构所处的中间层面。抽象来讲，机构被定义为"讲规则的群体"；更具体地说，一个机构是一群共同行动的主体，即一个类群或群体、一个组织或一个"社会机构"，在这种机构内，人们为了特定的目的或行为而共享行为模式。
- **宏观**：系统层面。即人口层面、符号圈层面、文化和知识层面以及"宏观经济学"层面。

在经济学中，微观经济学（个体决策）和宏观经济学（全部经济活动）之间有着既定的区别。微观经济学代表着供求关系，而宏观经济学代表着规模大且抽象的模式，比如增长、通胀以及就业率。微观–中观–宏观系统并不会整齐地映射到这种模式中。中间的中观层次代表着动态、进化和变化。从进化的角度看文化、创意和知识，需要将分析的注意力从微观层面（个体、行为）转移到中观层面（群体、机构、规则），并且参考宏观系统（种群、类群）对二者做出解释，从而理解创意作为复杂系统（产生）的一部分是如何在其中起作用的。

为了在使用这种涉及创意产业和创意经济的方法方面迈出第一步，我们之前已经确定了我们所说的"三大因素"：

- **每个人**：人口方法，而非行为方法。行为方法总是将研究范围缩小到某些精英身上：要么是在专业领域科班出身的艺术家或"创意人员"，要么是创意公司。一般来说，创意公司通过产出财产权（知识产权）来创造价值，这些财产权代表了艺术家或其他人才的创意。"每个人"都在叫板这一方法，他们将创意定位在人口层面，在这里，每个人都能从他们的中观群体互动和知识创造型的交流中产出创意。因此，"财产权"并不是价值创造的基础，而更像是一种"共有权"（奥斯特罗姆）或一个"俱乐部"（布坎南）。

- **每个事物**：不仅是创意从特定的创意部门延伸至"整个经济"，"经济"又延伸至包含文化知识创意系统的生产力以及系统之间的交互。
- **每个地方**：基于符号圈（符号圈本身区别于生物圈和地圈，意味着将知识和文化领域与物质过程和相互作用联系起来）。说创意产业是一种"第一世界"现象，或者仅限于发达经济体或英语文化圈，就像是在说一些新的传染病（如SARS）是一种"第一世界"现象一样，毫无意义。创意产业迟早会从这种所谓的限定范围中跳出来，延伸到每个地方。因此，虽然对创意产业的研究集中在英语文化圈和欧盟，但在全球范围内相互关联的各领域构成的一个连贯的系统中，人们都在进行实践，并且创意产业之间常常互相竞争，而这些新兴或发展中经济体（如印度尼西亚）可能比发达经济体（如美国）呈现出更成熟的创意经济政策。美国要当心啦！

当然，事情往往不会严格按照计划发展。常常会出现天翻地覆的情况。认识到这一点后，我们提出了"三个但是"。"三个但是"与"三大方面"交叉和冲突，造成不确定的影响。具体包括：

1.**控制（每个人）**：人们被组织为"我们"群体，这些群体与"他们"群体在系统层面具有对立关系。换句话说，在群体斗争、竞争、冲突和合作中，主体和处在中观层面的机构在群体内部争夺控制权，而各个群体则在彼此争夺控制权。控制可以被细分为三类：

- 技术控制
- 政治控制
- 商业控制

这三种类型处处都有重叠：政治和商业控制可以通过技术控制来实现，开辟新的机会就会带来新的控制机会。系统扩展到人群，不仅意味着更多地参与，还意味着更多地监督（Andrejevic，2007）。

2.可持续性(每个事物): "无效"的可持续发展就是浪费。有三种类型的浪费:

- 被浪费的地球
- 被浪费的言语
- 被浪费的人力

"被浪费的地球"指的是环境的不可持续性和污染,这通常由工业化和大规模生产技术引起。"被浪费的言语"指的是学者、政策制定者和批评家对符号的普遍偏见,他们对"物质""现实"的系统性偏好超过了谈话(谈话是廉价的——好像那是件坏事!)、媒体(媒体是非物质的、虚幻的、奸诈的等)和风格(显然不如物质)。对此我们不敢苟同:在如今的社会和经济理论中,意义的创造被严重低估。大多数的言语都被浪费了:大多数人在大多数时间里说的话都被看作是无足轻重,人们对其置若罔闻,认为没有价值。我们需要找到一种更好的方法来确立符号的价值。"被浪费的人力"指的是世界各地"人力资源"开发不足,这一情况不仅存在于发展中国家(影响最为突出),还存在于任何社会中都存在的不受欢迎群体:包括难民和移民、儿童、在某些情况下包括女性、种族上的"他者"和少数民族在内的"他们"群体。普及女童教育是第一优先事项。

3.鸿沟(每个地方): "有"和"无"之间的鸿沟。分别是(见第5章):

- 经济鸿沟
- 文化鸿沟
- 创意鸿沟

与所有此类鸿沟重点相关的是: a)不平等: 知识或知识获取不平等; b)"我们"群体或"我们"类群相对于"他们"群体抱有的受害者心理让"我们"产生了要求赔偿、惩罚或报复的冲动或欲望。这种冲动或欲望在最初由某事(持续几个世纪的不同种族的人之间的"群体紧张")引起之后还会持续很长时间,且有时如果种群之前处于被征服的地位,发生地位扭转之后很长一段时间内,基于类群的政府仍觉得有理由镇压政府所认为的种群对手。因此,人们很容易认为"鸿沟"是负面的,但这并不是全部。在我们的系统方法中,"鸿沟"当然也意味着"界限",即意义创造和交换的区域、寻找新知识(带来创意和创新)的边界。受害者思想在这里不过是"万物有灵论"。

此外，我们还提出，"三个但是"是根据它们的对立面来命名的，即自由（控制）、舒适（浪费）以及知识（鸿沟）。

复杂性和冲突

复杂性和市场

复杂性理论倾向于开放系统，开放系统可以自我创造、自我组织和自我纠正，以此来适应其自身内部发生的变化以及周围环境中的变化。这实际上就是先进的知识经济和创意社会正在走向的方向吗？我们能不能在市场关系中找到考夫曼所说的"稳定系统"（见第6章）？内在的不稳定性以及复杂性（即无序的混乱）是否会遭遇防御性的"指挥控制"反应？在这种反应中，秩序由外部（外源）组织和机构（这些组织和机构至少在短时间内可以不受"垄断暴力"控制）强加。

换句话说，"市场力量"真的能最大限度地发挥和利用全社会的创意吗？或者，未来真的是像批评家和悲观主义者警告我们要提防的那样吗？这里，"市场力量"导致企业间的垄断、联合、腐败和利己，而消费者在他们使用的系统中被剥夺了自我导向能动性，并沦为可以被营销策略操纵的对象。当"我们"所做的任何事情都被跟踪和监视，以此为企业提供更多可供"挖掘"和利用的"大数据"，在这样一个系统中，"公民"的概念已经过时了吗？

考虑到我们在这里讨论的是未来的情景，就必须承认这种可能性，而且人们肯定经常想象到这种可能性。我们生活在一个政治控制的世界体系中，这一体系与经济活力、媒体交流或文化体验的世界体系并不匹配（Lee, 2010）。对此有一种说法是，政府本身已经变成了企业。我们可以在发展中国家看到这一现象，在这些国家，低经济自由和专制国家可以与高增长或超高增长同时出现，而中央或省级政府比大多数私人投资者更加富有。但这也是成熟民主国家的一个特征，正如玛丽安女娜·马祖卡托（Mariana Mazzucato, 2013）所指出的那样，私营部门倾向于在一个具有企业家精神的国家做出高风险投资后，再进行投资。她引用了从绿色革命到生物技术，从制药到硅谷的例子。她认为这相当于私有化公共风险回报。这种观点也十分适用于我们的学术界：在学术界，政府资助的研究通过私人期刊进行报道，如果公立大学想要使用他们创造的知识，就要付费！难怪对开放获取出版的需求正在增加，尤其是因为政府资助机构开始要求他们资助的研究结果必须通过开放获取的形式出版。

同时,各国似乎在进行一场追赶市场的游戏,在危机时期为市场纾困,或者建立国有企业,按照"如果你不能打败他们,就加入他们"的原则进行竞争。

从进入市场的"关键"方法中,人们很快就能想象到最糟糕的结果,而且有时这些想象被证明是正确的。一个非常明显的例子是,企业占用互联网的趋势明显不可阻挡。互联网曾经是自由思想、自由主义实验和希望的天堂,但大多数人所理解的互联网现已迅速转变为一系列"封闭社区",由品牌化的私有财产组成。在这条"信息超级高速公路"上,有监管机构进行巡逻,寻找恐怖分子、行为反常者、黑客和盗版者;有公司律师,寻找侵犯版权的人、检举者和泄密者;还有服务提供商,为了稳定市场愿意妥协(按照说客要求做事)。因此,伴随着"开放"身份、匿名和多个用户ID的出现,网络(网络最新颖的特性之一是:数字技术可以无限复制并且不损害质量)可以进行复制、文件共享、流式下载的潜在用途已经被削弱。在线互动曾经的吸引力变得无足轻重、偏离原义甚至让人怀疑。大企业及其立法同盟维护着网络安全,他们乐于把犯罪分子从他们自己的消费者中分离出来,让网络的"共有权"无效,他们还乐于对用户施加外部控制,限制用户无限、完美地复制他们想要共享的材料。

与此同时,用户本身正受到各种可用手段的制约,让他们重新在产业中扮演低工资劳动力("朝不保夕"的自由职业者、兼职人员、实习生和志愿工作者)和高需求消费者的角色。这些人根本不存在"隐私",因为企业从未像今天这样如此了解个人的"消费行为",而消费者为保护自己的身份所能做的事情却在不断减少。在互联网发展的初期,互联网是一个具有巨大潜力的"开放系统",但它现在却成了一个高档购物中心,由无情的保安巡逻、被官方的规章制度包围、被公司自身利益左右,而"使用"互联网的还是一群处在混乱无知中的未接受过训练的群众,不是吗?这样一来,愤世嫉俗的观察人士可能会问:"这有什么稀奇的?"这"一如往常"还是大公司的天下啊(Zittrain, 2008)。

另一种未来的设想可能是,对市场力量的偏执本身是基于"我们"和"他们"阶级之间过时的二元主义:关注对抗主义而不是所有阶级都能受益的知识增长。这种观点认为,工业革命带来的颠覆和不平等,以及此后的许多经济创新,不管怎样,在短短两代或三代人的时间里,为更大比例的人更快速地带来了富裕(McCloskey, 2010)。从这个角度来看,我们可以把互联网的发展和成长看作是知识技术史上一个独特的实验：互联网是首个由私营企业开发的"大众媒体"，仅用了30年，即一代人的时间，其意义和重要性就以网络的形式跨越了全球。这期间自然会出现小故障、缺陷和"坏邻居"，但这并不妨碍一个事实的出现：那就是互联网和移动通信已经为世界各地数以百万计的公民提供了来源和资源、建议和应用程序、非正式指导和正式学习，面对这样的广度和规模，我们通过搜索功能接触到的只是其中的"样本"，其真正的潜力我们几乎还没有开始挖掘。

这不仅仅是一个看杯子是半满而不是半空的问题，这更像是一个你可以从中观察到爱丽丝梦游仙境般的杯子，这个杯子能膨胀到巨大的尺寸，我们看到它不断地装满水，却似乎怎么也装不满。这个杯子就是网络。当然，到处都是红桃王后（她们狡猾地伪装成公司律师和国家执法人员），大喊着"真是没头没脑！"但这既不是我们叙事的方向，也不是故事的寓意。实际上，未来的设想不应该太过担心当前参与者的不良行为，因为历史告诉我们，这些参与者来了又走，而应该更关注新参与者为他们自己制造新事物和意义的机会，并且所有这些可能都会是一种以前无法想象的规模。

这里提供一种可能的设想：所有人都活跃并参与到DIY文化中，互相之间产生线上线下的连接。我们根本不能，也无法向所有人保证这样的未来最终会发生。提出这一想法是想要看到在"创意经济"中，需要对开放、获取知识的"公共"途径，以及群体间的互动和交流的承诺，来维持知识增长。从当前的情况无法看出这种"开放未来"，要察觉到这一点，只需要设定一个政策目标：应该怎么做？怎样才能使所有人、全球范围内、文化经济的微生产力得以实现、得到教育和受到鼓励，以产生新活力、新知识？

冲突和用户—公民

本书的主题之一是："自己做"（DIY）对于"曾被认为是消费者的人"（新闻评论员杰伊·罗森的名言）来说，是一种新出现的现实。明天与今天的不同之处，在一定程度上可能在于这种从"被动消费"到DIY文化的转变被人们接纳。一方面，很明显，无论是以引人注目的、戏剧性的街头干预形式（如占领运动、涂鸦、抗议和示威），还是以更加"文明"（在城镇会议、规划听证会等采取行动）的形式，公民都愿意不时地采取行动。从社区花园到为选举进行的舞蹈对战[1]，公民们聚集在一起，利用"现实"

---

[1] 见https://www.youtube.com/watch?v=wzyT9-9lUyE。

空间和"网络空间",引起公众对新才能、新想法和新解决方案的关注。正如我们在前几章中所讨论的,线上DIY或用户创意媒体符合线下的创客运动和"场景"。

这些都是"自下而上"行动主义的证据,也是"曾被认为是消费者的人"的欲望的证据:想控制什么就控制什么,想什么时候控制就什么时候控制。正如杰伊·罗森警告的那样,这并不意味着"大媒体"或企业的诡计会崩溃或消失。这只是一种趋势,还没有成功:

> 我并不是说权力转移是完全的,甚至是决定性的。我只是想说权力转移很重要,并且改变了等式。排他性影响、垄断地位、发号施令权、朝代连续性、祭司权威、同业公会限制竞争的条件,这些都不复存在了,但根深蒂固的媒体社会和市场力量还在,正如你所说的,它们仍然相当强大。[①]

媒体(作为一个新的祭司)为我们思考,这种想法已经不适用了。但是媒体在社会和商业上仍然很强大:电视上的自我呈现仍然比网络上的更有影响力。此外,商业压力系统性地倾向于把你从一个公民变成一个消费者。如果你想成为一名公民,你必须"自己做"(或"与他人一起做"),"有代表性的"媒体不能也不会为你做这件事(媒体关于数字或DIY文化的"新闻"事件往往会为它们或其商业盟友追逐既得利益)。

这就是为什么直接的民众"反抗"是重要的。民众为自己的代表权承担责任的程度(往往需要勇敢地承担高风险)是变化的晴雨表。对于专制(国家或商业)控制,最大众化的"回应"就是找到尽可能多的方法来实现和行使自治:这有时出现在街上,有时表现在讽刺性文章中,有时体现在人们私下里的选择和为自己设计的身份中(Baym, 2010; Papacharissi, 2010; Gauntlett, 2011)。未来似乎会出现更多相同的情况:在控制成瘾的国家和商业组织力量之间,以及在分布于许多不同平台和领域、几乎具有无限多样性、渴望自治的公民之间,将会有一场持续的"低强度冲突"。

我们不难预测这其中的可能性:未来会变得复杂、有危机和冲突;会涉及市场、国家和公民;未来将是关于试图在每一个层面建立开放和自主,反对惯性和强加控制的习惯。我们无法回答的问题是,网络DIY创意需要多长时间才能成为变革动力中

[①] 出自杰伊·罗森(Jay Rosen)2006年6月提到的"曾被认为是消费者的人",见http://archive.pressthink.org/2006/06/27/ppl_frmr.html。

的主导力量、哪些新机构将扮演什么样的角色、网络DIY创意是否会被"有组织的少数群体"（这些"有组织的少数群体"将继续击败"无组织的多数群体"）的阴谋所阻碍？答案取决于你。不，取决于我们！

这其中的风险很高。正如查尔斯·利德比特（Charles Leadbeater, 2014）的明智论断所说："持续创新的基本单位是一个带着使命的创意团体。"一个"带着使命的团体"不仅会为他们的使命奋斗，而且一般来说，他们常常也是整个系统的"新事物源泉"，即持续创新的"单元"。

知与行

像这样的书的最后一章通常会遵循一种模式，那就是由书中提出的观点转向一个问题："该怎么办？"对于进一步的研究，我们有什么建议？还有什么未解决的问题？如果这个领域全心全意地致力于解决这些问题，又会有什么不同？

DIY学科

这类问题由来已久，但对于一些在学科层面的DIY工作，这些问题指向的是一个真正的机会。我们已经介绍了研究创意经济的系统方法，并概述了该方法涉及的一些概念、主张和设想。但这些也有明显的缺点。

一是在创意产业领域，我们能指出、举出实例并进行具体分析的现有研究非常少。为数不多的例子之一是杰森·波茨的研究，特别是他于2011年出版的《创意产业与经济进化》，至于基本的概念梳理，可参考哈特利和波茨（2014）。读者还可以关注卡斯滕·赫尔曼–皮尔斯（2010, 2013）的权威著作，且已有许多作者提供了此类研究所需的线索、概念和案例研究，但其中直接应用于文化和创意产业以及创意经济研究的并不多。此类研究中最好的范例是大卫特罗斯比（David Throsby, 2010）、露丝·托斯（Ruth Towse, 2014）以及特里·弗尔（Terry Flew, 2012, 2013），很少采用"文化科学"方法。

另一个缺点是，本书作者没有接受过系统科学家的训练。我们的背景是媒体、传播、文化和管理。为了使我们的方法更深入，需要一个跨学科的团队对"每个人""每个事物""每个地方"进行实地研究，分析"三个但是"和"未来情景"对这"三大方面"的相对影响。哈特利等人（2012）给出了一个例子：他们运用文化科学或系统方法开发了一个综合的"创意城市指数"。但为了取得更多进展,我们需要更多的文化科学家的加入。在这方面我们真的需要帮助!你就可以帮助我们。

理论和实践

你可以通过两种方式提供帮助:一是通过"理论"(即"知");二是通过"实践"(即"行")。你可以在实践中加入创意产业,还可以研究创意产业。一直以来固有的期望(几乎等同于一个行业神话)都是,你一定要选择其一,通常是先学(不学也行),然后进行实践(实践才是真正的目标)。这种偏见甚至到了轻视知识本身的地步(就像是一句很有名的奚落别人的话:"会做的人都去做了,不会做的人都是在'教'别人做。")。奇怪的是,一个在大学校园里被强化的观点是:理论之于实践相当于粉笔之于奶酪,因为大学始终将基于实践和基于理论的课程区分开来。在实践课程(如美术学士BFA或美术硕士MFA)中,表现最好的学生被期望和鼓励进入这个行业,并且永远不要再回到校园(如果他们的才能已崭露头角,即使尚未毕业也可以离开)。另一方面,在最具理论性的课程中,表现最好的学生可能希望进行博士阶段的学习,然后从事教学和研究工作,在本领域深造。这些不同的途径会带来不同的职业方向。

但是对于那些受过实践训练、想要转向知识创意的人来说,这种差异造成了真正的痛苦和困难。典型的情况就是,他们没有博士学位,所以他们需要重新接受学术训练,成为一名学者。在这个过程中,创意职场所需的非正式的专业技能和学术界的正式学科知识之间,有着很激烈的冲突,并且无法解决:行业人士被雇用是因为他们有行业经验,但同时他们又需要证明自己的学历才能成为教师,要成为研究人员更是如此。这种紧张关系的结果是,个人倾向于快速学习特定的理论来满足他们自己的需求(他们想谈论他们的艺术,最终却是在不断练习从时兴的元话语中找来的社会和文本理论)。还有一种相互怨恨的文化:艺术家憎恨院长,因为他们觉得自己的价值被低估了,反过来院长又憎恨艺术家,因为艺术家们有一种不劳而获的优越感。为研究创意产业而建立一个条理清楚的研究模式比想象中要难得多,这种模式需要包括适用于研究对象的实践和理论,因为正式的制度文化、程序和组织结构将实践和理论分开了。

教育以外的社会和文化差异进一步加剧了实践和理论的分离。比如进入名校

（如牛津或哈佛）就会带来不同，这些名校的毕业生可能比那些二流学校的毕业生更容易找到入行的途径，即使这位名校毕业生学习的内容与创意产业或所申请职位的工作内容无关。

另一个区别是"创意人士"和"西装革履人士"之间的差别：后者是拥有工商管理硕士（MBA）学位的经济学毕业生，或拥有法学学士（LLB）学位的律师，而不是拥有创意艺术与设计、表演、传媒、创意写作或新闻等创意产业学士学位的毕业生。工商管理硕士和法学学士是那些渴望管理或拥有这个行业的人，这一愿望和手工艺人式的"内容"生产背道而驰。与那些在创意学科的"研究"领域执教的人不同，如果这些工商管理和法学毕业生不能制作一部电影、一件衣服、一个图像、声音或故事，这并不可耻，因为他们的功能是创造财富。同样，在商学院，一个最适合进行创意产业研究的地方，人们可以进行行业分析，应用各种成熟可信的经济学方法和措施，将生产（被理解为一个行业过程）和消费（通过营销来理解）分开，同时二者又跟创意毫无关联，而创意被视为一种稀缺资源（知识产权）。

"游泳课"

如何在正式的教育环境中把"知"和"行"结合起来，目前还没有一个公认的、被广泛采用的模式。因此，知行合一是以非正式的方式实现的。在高等教育大众化、无薪实习、自由职业（临时的）和多种职业构成的时代，知行合一的实现是无法理论化的。你可以做研究（包括学习、教学、研究和出版），也可以同时实践。因此，学生们在课余时间到公司或相当于公司的地方工作；教师们也成为相关行业的自由职业者；公司也开始自己开展研究。创意产业的各个分支或多或少已经完全进入了研究生院（比如新闻业），这就要求学生在进入创意产业之前对一个正式知识领域有所了解。当然，有些领域的毕业生仍然很少（比如时装模特），或者在有些领域，那些上专业学院或音乐学院（比如表演艺术：音乐、舞蹈、表演）的人得到最好的机会。

知行合一在微观DIY层面，而不是中观机构层面起作用。个别学生在该行业找到了工作（通常是通过无薪实习）。个别观察人士找到了其中的原因：存在交叉培养的情况（你可以在工作室里找到一个拥有博士学位的人，或者在学院里找到一个艺术家）。但这样相当浪费，因为在新环境中，这种"不合时宜的知识"很少会"有价值"（获得尊重或加薪）。此外，正规教育的成本正在加速增加，因此，你拥有的资格证书越多,你就必须挣得越多才能实现收支平衡。

因此,知与行、理论与实践、思考与行动在创意产业中的融合比在正规研究中更为明显,这一点就不足为奇了。在这里,也许行业(在传统意义上不算是研究)最重要的知识来源之一是关于行业、为了行业、来源于行业的话语的产生和传播。这其中最重要的一点却讨论得最少,因为它属于宏观系统层面,而很少有观察人士研究这一层面。传播学教授维姬·梅耶(Vicki Mayer, 2014)针对创意产业作为一个整体(即作为一个经济"部门"),在多大程度上涉及虚构自己的角色,为创意媒体和文化表达争取社会中心地位,进而为创意产业的劳动实践争取特殊地位这一问题评论道:

> 创意产业成功地为自己加亮了光环,将自己的产品与现代化联系起来,并将执行者们置于自己所描述的美好生活的中心。……媒体和文化产业作为社会意义和价值的歌颂者,已经逐渐稳固了自身的重要性。如果低工资、周期性演出甚至失败带来的羞辱是过上权力和威望中心生活的一部分,谁又会不愿意接受这些呢?(Mayer, 2014: 59-61)

显然,梅耶本人对创意产业"作为社会意义和价值的歌颂者"的重要性持怀疑态度(尽管我们认为这种概念化是可以辩护的)[①]。她对创意产业保留产业视角:正如她简洁有力的说法,即"创意工作仍然是工作",只是伴随着一些问题:包括低薪(或无薪)、短期合同和"失败带来的羞辱"。在这种观点看来,创意产业对一种群体思维负有责任,这也是过去被称为"虚假意识"的当代版本,这时他们一边宣扬社会中心性,一边利用社会中心性来掩盖剥削劳动力的行为,这就"创造"了所谓的"不稳定无产者"。

现实是否真的那么有意识、有条理或诡秘?我们表示怀疑。行业"神话"(如果可称之为神话的话)的编者和那些从雇用廉价劳动力中获益的人之间没有必然的联系。确实,许多称赞创意工作的人自己也在努力维持生计。他们这样做不是为了蒙骗无辜的新人,而是他们自己是系统的一部分,在这个系统中,业内人士、旁观者和消费者都普遍认同这种假定,而这些人确实认为名人、娱乐圈、媒体和文化产业是

---

① 本书作者之一曾写过关于"当代大众媒体的'歌颂功能'"的内容,见Fiske and Hartley, 2003; Hartley and McWilliam, 2009。

"意义和价值"的源泉。要推翻这种价值体系，需要的远不止一位具有批判精神的社会学家。

现实情况是，在一个寻求创造未来意义、判断一个工作的价值不是基于机构地位或教育背景，而是"新事物"的混乱市场中，得到稳定的工作总是很有风险。因为"新事物"是由个人声誉、行业声誉、受众关注以及最没有保障的概念——"需求"（在供应之前无法得知）——来判断的。

管理（同样是非正式的，没有任何人"负责"）有意义的新事物产生的方式可以被描述为"游泳课"：通常是从学校或大学毕业之后的最初5年里，这段时间内，一个人"要么选择溺亡要么选择游泳"。许多人都换成了其他职业（或者说没有找到工作）；一些人找到了方法，将自己的才华、抱负和机会与行业的空缺和要求相结合，通过接近、模仿、无休止的重复排练和倒下—爬起来，以及在团队中学习和工作来获得专业知识，这样一来，一个人的抱负最终在许多方面会被打磨成与之相反的东西，即在系统中跟随系统有效工作的能力。这看起来可能比正规教育更加浪费，而且试图加入的人很容易受到经济和创意剥削。但这不是系统的用途。这个系统和所有这些潜在的新成员所做的，是在塑造未来，即在可能的候选人之中，寻找那些有能力的人来面对未来、生产创意产业中最有价值但又最难以捉摸的"商品"——新事物。

"新事物是乳蛋饼"

这也许就是为什么这个行业内会有这么多关于行业的讨论，为什么媒体花那么多时间表示关注，又或是那么多杂志和新闻报道用专栏版面谈论媒体关注和报刊杂志的报道。当然，这其中有自我关注的成分（好像在说"看我啊！"），但这也是一种探寻，一种要让创意系统保持在前沿的焦虑、反思性话语，这是事先无法知道的事情。

难怪业内人士对如何进入这个行业提出了大量的建议。我们有必要通过一个例子来了解这样的建议是如何处理知和行、学习和领导、对未来一无所知却又充满希望之间的紧张关系。这个例子出自英国的i-D杂志，一本成功、高端、引领潮流、有明确定位和面向国际读者群的杂志。正如其报头所言，i-D杂志致力于"创意、时尚、音乐和人"。2014年，i-D杂志发行了一期以"新事物"为主题的特刊。

卷首语即为整期杂志奠定了基调:"我们邀请了9位崭露头角的年轻摄影师和9位出色的新造型师,将他们组队,并邀请他们拍摄一张自己认为代表着'新事物'的照片。"(*i–D* 331, 2014: 25)下列照片说明紧接着解释了这是什么意思:

> 机会:"那些批评我们这一代的人忘了是谁抚养了我们。"
> 无畏:"年轻和未入世。"
> 灵感:"所有能称得上新的东西都已经旧了。"
> 纯粹:"这是天真的新时代。"
> 新鲜:"用新鲜的眼光看待事物。"
> 诙谐:"新事物是乳蛋饼。"
> 真相:"新事物来自对内部的观察,并思考什么是最有创意的。……我们渴望表现真实。"
> 梦想:新事物就是个性和性感,就是那些拒绝按照现代世界的生活标准生活的人。"
> 改变:"再创造和创新变革的机会。"

正如该杂志总编霍利·沙克尔顿所言:"这个世界需要新的想法,我们也想听听你们的新想法!所以让我们走出去,做一些新的事情。"(*i–D* 331, 2014: 20-41)

不论这些"新一代"投稿人的"精选留言"说了什么,或是他们如何拍摄"新事物",重点都在于团队合作。团队合作是自由作家蒂什·温斯托克所撰写社论的"正文"部分提到的一个主题。她以老生常谈的一句话开篇:"成功打入创意产业很不容易,要付出昂贵的代价,并需要很长时间。但不要就此放弃希望!"她的整版专栏详细介绍了这对实习生和新手来说有多困难。最后,她推荐了团队合作这一方法,指出*i–D*杂志就是从合作开始的:

> 毕竟*i–D*杂志是在1980年作为爱好者杂志起家,当时特里和特里西娅·琼斯冒险一试,在自制的爱好者杂志上直接贴出了朋克族的照片。这种尝试并不是为了赚钱,而是为了记录朋克的DIY审美,当时朋克的DIY审美在大街上四处溢散喷涌,但商业杂志却拒绝承认这一点。就像特里和特里西娅在20世纪80年代所做的那样,突破

创意的界限，和新人才一起工作，尝试创造一些新的、不同的东西，不仅会快速吸引创意产业的注意，还会让创意产业涌向你。①

蒂什·温斯托克践行着她所宣扬的理念，曾为《赫芬顿邮报》(*The Huffington Post*)的无薪实习辩护，这大概是基于个人经验②。她自己的网站上是这样介绍她自己的：在牛津大学获得艺术史学位后，她开始从事自由撰稿工作，为 *Lula* 杂志、《闲话报》(*Tatler*)、*Garage* 杂志、《名利场》(*Vanity Fair*)以及 *i-D* 等杂志撰稿。实践似乎是不可替代的，这意味着要么被业内人士注意到，要么跟一个团队单独进行实践，或者，更好的方法是两者兼而有之，既拥有DIY团队，又获得业内人士的关注。

融 合？

至于"理论"或"知识"，则是包含在实践中的。因为创意实践者想要把他们的知识融入他们正在创造的事物中，至于他们如何做，可能就是一个商业机密了。想要保持观望，制定更大的模式（就像我们在本书中尝试的那样），可能需要稍稍远离创作和创意，更不用说要努力获得和保持作品或与受众建立关系。

目前，在创意产业中创造"内容"所需的技能与创造有关创意产业的知识所需的技能并不相同。按照现状来看，获得这些知识仍然需要在一个机构环境中进行长期的训练，但无论你是在商学院还是创意产业学院，校园环境远离创意实践的情况是可想而知的。但是校园环境与创意实践这两个世界并没有完全分离：创意产业中到处都是致力于创造关于自己的知识的个人和组织，或是以"业内人士"的身份来分析创意产业的市场趋势和商业机会，或是通过自己的叙事能力来理解和传播创意产业，可能在创意产业成就一番事业，比如成为一个时尚杂志的专栏作家。

那些能够将这种DIY知识拟人化的人就成了（当时的）青少年博主、出版商、演员，以及像泰薇·盖文森（Tavi Gevinson）一样的公众演说家（见图7.1）。她以时尚博客"运动"的"海报女郎"的身份接受了 *i-D* 杂志上述同一问题的采访。*i-D* 杂志写道："说实话，泰薇为新一代才华横溢、有主见的年轻明星们开启了一道大门。现有时尚

---

① 出自"How to make it in the industry"，作者Tish Weinstock, i-D Magazine, 331, Summer 2014: 26。见http://www.tishweinstock.com/#!how-to-make-it-in-the-industry/crak。
② 见http://www.tishweinstock.com/#!im-an-intern-not-an-idiot/cfua。

图 7.1　泰薇·盖文森在纽约参加"创客：造就美国的女性"活动（2013 年 2 月）②

界满是灰尘的墙壁轰然倒塌，小众的时装秀突然开始走向大众，年轻人的声音比以往任何时候都重要。"①泰薇在11岁的时候就开始创作自己的时尚博客thestylerookie.com，15岁时又创办了Rookie杂志。

i-D杂志在泰薇·盖文森18岁生日时采访了她：

i-D杂志：泰薇，你和你的朋友们从十几岁开始就开创自己的职业道路……

泰薇：……我认为我们的文化不是完全没有等级制度的。我觉得是时候让文化把关者放弃关于成功的过时观念，不要再想谁"应该"出名、被人们注意到或变得有影响力。实际上这些都不重要……所以我希望人们对旧制度和著名出版物的赞颂能和考虑到底什么才能引起受众反应达到平衡（p.97）。

泰薇的线上杂志Rookie和出版的年刊是在尝试寻找"到底什么才能引起受众反应"，将一群志趣相投的工作人员和与读者互动的新方式结合在一起，这些读者此时便不再仅仅是消费者，同时还是投稿人。更贴切地说，Rookie杂志并不致力于在一个合适的少女市场中打造小众市场，而是作为这种文化的一部分存在。泰薇自己也属于其中的一部分，她还想让她的受众更了解他们自己。她指出，她开创的是"以一种……真正有效且让人兴奋的方式使用互联网"，而这正是那些著名的现有机构现在"争相"效仿的。

了解受众的反应不仅仅是为了受众群体本身，还是为了打造利德比特（2014）所构想的十几岁的女孩之间的"可持续创新单元"，即一个"带着使命的创意团体"。泰

---

① 出自"All you need is a little faith, trust and pixie dust"，i-D, 331, Summer 2014: 91–9。见《纽约时报》相关报道http://tmagazine.blogs.nytimes.com/2014/06/06/tavi-gevinson-on-rookie-magazine-and-growing-up/。

② 图片由维基媒体提供：知识共享许可（https://commons.wikimedia.org/wiki/File:MAKERS_event_New_York_Feb）原始图片来自Flickr账户The Jauretsi，见http://flickr.com/photos/11901158@N00/8453062878。全尺寸图片见https://upload.wikimedia.org/wikipedia/commons/archive/e/ed/201302080950。

薇说:"Rookie的很多内容都是关于利用网络让人们在线下做一些事情,所以我们有很多DIY活动,我们是真正地在进行尝试,在启发我们的读者。"她把特约撰稿人描绘成带着使命的人:

> 我和我们的许多员工都是女权主义者,这告诉了我如何处理一切……我这个年龄的女孩已经习惯了被灌输很多关于女孩权利的说辞,所以我想做一些更深入的事情,对那些从小就没有被灌输这类内容(女权主义理论)的女孩来说,这并不可怕(i-D, 331, 2014: 98)。

这里描述的是**知识关系**: 泰薇及其团队了解其受众,受众也了解他们,并通过实践("很多DIY活动")和理论(对于女孩来说是女权主义)相结合的方法,利用这种联系来提高他们自己的知识水平,通过媒体互相联系(这不仅是一种生产者/消费者**交易**,还是一种说话人/受话人**文化**)以达成这一目的。

"碧昂丝理论"

这更接近于知识增长的"众包"模式,而非"科班"模式,尽管双方(制作团队和受众)都在"边干边学"。文化科学是我们所倡导的方法,这一方法试图运用系统思维来理解创意(创意产业、创意经济、文化产业——随便叫什么吧!)。文化科学需要从这个设想中学习。

第一课: 在团队中工作至关重要,这既可以加强类似心理(带着使命的团体),也可以结合不同的技术技能和知识领域,例如将以下所有内容结合起来:

- 基于人文学科的意义分析;
- 了解结构、关系和机构的社会科学方法;
- 基于商业或经济的了解行业的方法;
- 网络动力学的计算机科学模型;
- 范围和概率的统计方法。

第二课: 如果认真对待创造新知识所要理解的系统的潜力,按照上述方法,创造新知识将会进行得更成功。如果你采用众包解决方案，你就能把"每个人""每个事物""每个地方"联系起来。众包解决方案的特点是：基于互联网，跨学科，分散，通常是非正式的，同时专注于实践和理论，可在必要时引入正式的学科方法。

泰薇已经停止更新她的（现在已经"几乎形同虚设"的）博客（thestylerookie.com），她解释说如何"记录"她十几岁的生活和如何生活（即知与行）其实是一件事。她把13岁到17岁的这段时间称为"永远"，"在这段时间里，一个人既会觉得自己始终无敌，又会觉得自己是被永远困住了"。她写道：

> 反思和归档不同于停留在过去。这并不是跟生活相反，而是生活的一部分，甚至是至关重要的一部分。我们这样做是为了在所有事情中突出一件事，这样，相较于一个无关紧要的时刻，那个特别的时刻在我们大脑中就能占据更多的空间。所以，通过简单的数学计算，我们的个人世界包含了更多好的东西、更少坏的东西。或者说是包含了更多有趣的事情、更少乏味的事情，因为你也要记录糟糕的事情。①

在接受*i-D*杂志采访时，泰薇分享了关于她应对大学学习的想法（毕竟她已经18岁了）："我希望设计出自己的专业……从我的杂志*Rookie*看来，这一点很明显，但是我对社会与流行文化的交集很感兴趣，所以我可能会采用碧昂斯理论，或者其他什么任意理论！"（*i-D*, 331, 2014: 98）

好极了！当我们读到这篇文章的时候，我们想也许我们应该把本书的标题改成《碧昂斯理论》，但事实上这样的书还没有写出来。在目前的制度安排下，有哪所大学能够想象到这门学科？碧昂斯理论会是什么样子？我们认为这一理论应该会包括理解微观、中观、宏观系统的尝试，在系统中，"碧昂丝"这个符号获得了意义、价值、能动性和全球传播的力量，以及这一理论如何展示社会和（流行）文化的交集，这些交集既具有系统性，也能塑造未来，因而，了解系统是如何运作的，对"每个人""每个地方""每个事物"都有益。

---

① 见http://www.thestylerookie.com/（2013年12月3日）；还可见http://www.rookiemag.com/2013/12/editors-letter-26/（2013年12月）。

参考资料

Albrechtslund, A-M.(2010)'Gamers telling stories: understanding narrative practices in an online community', Convergence, 16(1): 112-124.

Allen, R.(1991) Opening Doors: The Life and Work of Joseph Schumpeter, Vol.1: Europe.New Brunswick, NJ: Transaction Publishers.

Anderson, C.(2006) The Long Tail: Why the Future of Business is Selling Less of More.New York: Hyperion.

Anderson, C.(2012) Makers: The New Industrial Revolution.New York: Crown Business.

Andrejevic, M.(2007) iSpy: Surveillance and Power in the Interactive Era.Lawrence, KS: University of Kansas Press.

Arthur, W.B.(2009) The Nature of Technology: What it is and How it Evolves.New York: Free Press.

Banks, J.(2013) Co-creating Videogames.London: Bloomsbury.

Banks, J.and Deuze, M.(eds)(2009) Co-creative Labour, Special Issue of International Journal of Cultural Studies, 12(5).

Banks, J.and Potts, J.(2010) 'Consumer co-creation in online games', New Media and Society, 12(2): 253-270.

Barabási, A-L.(2003) Linked: How Everything is Connected to Everything Else and What it Means.New York: Plume.

Baulch, E.(2007) Making Scenes: Reggae, Punk, and Death Metal in 1990s Bali.Durham, NC: Duke University Press.

Bauman, Z.(2000) Liquid Modernity.Cambridge: Polity Press.

Baym, G.(2000) 'Constructing moral authority: "We"; in the discourse of television news', Western Journal of Communication, 64: 92-111.

Baym, N.(2000)Tune In, Log On: Soaps, Fandom, and Online Community.Thousand Oaks, CA: Sage Publications.

Baym, N.(2010)Personal Connections in the Digital Age.Cambridge: Polity Press.

Beck, U.(1992)Risk Society: Towards a New Modernity.London: Sage.

Becker, H.(1982)Art Worlds.Berkeley, CA: University of California Press.

Beinhocker, E.(2006)The Origin of Wealth.Evolution, Complexity, and the Radical Remaking of Economics.Cambridge, MA: Harvard Business School Press.

Benkler, Y.(2006)The Wealth of Networks: How Social Production Transforms Markets and Freedom.New Haven, CT: Yale University Press.

Bennett, A.and Peterson, R.(2004)Music Scenes: Local, Translocal, and Virtual.Nashville, TN: Vanderbilt University Press.

Bennett, W.L.and Segerberg, A.(2012)'The logic of connective action: Digital media and the personalization of contentious politics', Information, Communication & Society, 15(5): 739-768.

Bentley, R.A.(2009)'Fashion versus reason in the creative industries', in M.O'Brien and S.Shennan (eds), Innovation in Cultural Systems: Contributions from Evolutionary Anthropology. Boston, MA: MIT Press.pp.121-126.

Bentley, R.A.and Ormerod, P.(2010)'Agents, intelligence, and social atoms', in M.Collard and E.Slingerland (eds), Integrating Science and the Humanities.Oxford: Oxford University Press.

Best, K.(2010)'Living in the control society: Surveillance, users and digital screen technologies', International Journal of Cultural Studies, 13(1): 5-24.

Bickerton, D.(2009)Adam's Tongue: How Humans Made Language, How Language Made Humans.New York: Hill & Wang.

Boulding, K.(1977)'Economic Development as an Evolutionary System', 5th World Congress of the International Economic Association.Tokyo: International Economic Association.

Boulding, K.(1981)Evolutionary Economics.Beverley Hills, CA: Sage Publications.

Boyd, B.(2009)On the Origin of Stories.Cambridge, MA: Harvard University Press.

Breen, M.(ed.)(1998)Journalism: Theory and Practice.Sydney: Macleay Press.

Bromley, M.(2014)'Field maturation in journalism: The role of hackademics as "motley crew"; ', International Journal of Cultural Studies, 17(1): 3-19.

Burgess, J.(2006)'Hearing ordinary voices: Cultural studies, vernacular creativity, and digital storytelling', Continuum, 20(2): 201-214.

Burgess, J.and Green, J.(2009)YouTube: Online Video and Participatory Culture.Cambridge:

Polity Press.

Butler, J.(1990) Feminism and the Subversion of Identity.London: Routledge.

Castells, M.(2001) The Internet Galaxy: Reflections on the Internet, Business, and Society. Oxford: Oxford University Press.

Chadwick, A.and Howard, P.(eds) (2008) Routledge Handbook of Internet Politics.London and New York: Routledge.

Choi, J.(2008) 'The New Korean Wave of U', in H.Anheier and Y.Raj Isar (eds), The Cultural Economy.Los Angeles, CA: Sage.pp.148-154.

Cooke, P.and Lazzeretti, L.(eds) (2008) Creative Cities, Cultural Clusters and Local Economic Development.Cheltenham: Edward Elgar.

Council of Europe/ERICarts (2013) Compendium of Cultural Policies and Trends in Europe, 14th edn.Available from http://www.culturalpolicies.net.

Cowen, T.(2013) Average is Over: Powering America Beyond the Age of the Great Stagnation. New York: Dutton.

Crutzen, P.and Schwägerl, C.(2011) 'Living in the Anthropocene: Toward a new global ethos', Yale Environment 360.Available at: http://e360.yale.edu/feature/living_in_the_anthropocene_toward_a_new_gl.

Crutzen, P.and Stoermer, E.(2000) 'The "Anthropocene";', Global Change Newsletter, 41: 17-18.

Cunningham, S.and Higgs, P.(2008) 'Creative industries mapping: Where have we come from and where are we going?', Creative Industries Journal, 1(1): 7-30.

Cunningham, S.and Higgs, P.(2009) 'Measuring creative employment: Implications for innovation policy', Innovation: Management, Policy and Practice, 11(2): 190-200.

Currid, E.(2007) The Warhol Economy.How Fashion, Art, and Music Drive New York City (new edn 2008).Princeton, NJ: Princeton University Press.

DCMS (1998, revised 2001) Creative Industries Mapping Document.London: Department for Culture, Media and Sport.

Deuze, M.(2008) 'The changing context of news work: Liquid journalism and monitorial citizenship', International Journal of Communication, 2: 848-865.

Diamond, J.(2012) The World Until Yesterday: What Can We Learn From Traditional Societies? New York: Viking.

Doctorow, C.(2009) Makers.New York: Harper/Voyager; and free download from http://

craphound.com/makers/download/.

Dopfer, K., Foster, J.and Potts, J.(2004) 'Micro-meso-macro', Journal of Evolutionary Economics, 14: 263-279.

Douglas, M.(1966) Purity and Danger: An Analysis of the Concepts of Pollution and Taboo. London: Routledge.

Dutton, D.(2009) The Art Instinct: Beauty, Pleasure and Human Evolution.London: Bloomsbury.

Earls, M.(2007) Herd: How to Change Mass Behaviour by Harnessing Our True Nature. London: John Wiley.

Field, A.(2008) 'From D.Ds to Y.Y.to Park 97 to Muse: Dance club spaces and the construction of class in Shanghai, 1997-2007', China: An International Journal, 6(1): 18-43.

Fiske, J.and Hartley, J.(2003) Reading Television, 2nd edn.London and New York: Routledge (1st edn 1978).

Flew, T.(2012) Creative Industries: Culture and Policy.London: Sage.

Flew, T.(2013) Global Creative Industries.Cambridge: Polity Press.

Florida, R.(2002) The Rise of the Creative Class.And How It's Transforming Work, Leisure and Everyday Life.New York: Basic Books.

Florida, R.(2009) 'How the crash will reshape America', The Atlantic, March.Available at: http://www.theatlantic.com/magazine/archive/2009/03/how-the-crash-will-reshape-america/307293/.

Florida, R.(2010) 'Music scenes to music clusters: The economic geography of music in the US, 1970-2000', Environment and Planning A, 42: 785-804.

Gauntlett, D.(2011) Making is Connecting: The Social Meaning of Creativity, from DIY and Knitting to YouTube and Web 2.0.Cambridge: Polity Press.

Gauteng Department of Sport, Arts, Culture and Recreation (GDSACR) and British Council (2008) Gauteng's Creative Industries: An Analysis.Gauteng: GDSACR.

Giddens, A.(1998) The Third Way: The Renewal of Social Democracy.Cambridge: Polity Press.

Gilens, F.(2013) Affluence and Influence: Economic Inequality and Political Power in America.Princeton, NJ: Princeton University Press.

Gilens, F.and Page, B.(2014) 'Testing theories of American politics: Elites, interest groups, and average citizens', Perspectives on Politics, Fall.

Gillies, M.(2013) 'Capital gains and pains', Times Higher Education, 18 July.Available at:

http://www.timeshighereducation.co.uk/comment/columnists/capital-gains-and-pains/2005766.article.

Goffman, E.(1971) The Presentation of Self in Everyday Life.Harmondsworth: Penguin.

Goldman, A.(1993) Sound Bites.London: Abacus.

Goldsmith, B., Lee, K.and Yecies, B.(2011) 'In search of the Korean digital wave', Media International Australia, 141: 70-77.

Graaf, J.de, Wann, D.and Naylor, T.(2001) Affluenza: The All-Consuming Epidemic.San Francisco, CA: Berrett-Koehler Publishers.

Granovetter, M.S.(1973) 'The strength of weak ties', American Journal of Sociology, 78(6): 1360-1380.

Grazian, D.(2004) 'The symbolic economy of authenticity in the Chicago blues scene', in A.Bennett and R.A.Peterson(eds), Music Scenes: Local, Translocal, and Virtual.Nashville, TN: Vanderbilt University Press.pp.31-47.

Hall, S., Critcher, C., Jefferson, T., Clarke, J.and Roberts, B.(1978) Policing the Crisis: Mugging, the State and Law and Order.London: Macmillan.

Harari, Y.N.(2014) Sapiens: A Brief History of Humankind.London: Harvill Secker.

Hargreaves, I.(2011) Digital Opportunity: A Review of Intellectual Property and Growth. London: Intellectual Property Office.Available at: http://www.ipo.gov.uk/ipreview-finalreport.pdf.

Hargreaves, I., Bakhshi, H.and Mateos-Garcia, J.(2013) A Manifesto for the Creative Economy.London: Nesta.Available at: htt://www.nesta.org.uk/sites/default/files/a-manifesto-for-the-creative-economy-april13.pdf.

Hartley, J.(1982) Understanding News.London: Routledge.

Hartley, J.(1996) Popular Reality: Journalism, Modernity, Popular Culture.London: Arnold [now Bloomsbury].

Hartley, J.(2005) 'Creative industries', in J.Hartley(ed.), Creative Industries.Malden, MA and Oxford: Wiley-Blackwell.pp.1-40.

Hartley, J.(2008) Television Truths: Forms of Knowledge in Popular Culture.Malden, MA and Oxford: Wiley-Blackwell.

Hartley, J.(2009) The Uses of Digital Literacy.St.Lucia: UQP; New Brunswick, NJ: Transaction Press(2010).

Hartley, J.(2010) 'Creativity as emergence: Policy issues for creative cities', 5th Creative China Harmonious World International Forum on Cultural Industries, 11 October, Beijing, China.

Available at: http://eprints.qut.edu.au/39545/.

Hartley, J.(2012) Digital Futures for Cultural and Media Studies.Malden, MA and Oxford: Wiley-Blackwell.

Hartley, J.(2013) 'Authorship and the narrative of the self', in J.Gray and D.Johnson (eds), A Companion to Media Authorship.Malden, MA and Oxford: Wiley-Blackwell.pp.23-47.

Hartley, J.and McWilliam, K.(2009) Story Circle: Digital Storytelling Around the World. Malden, MA and Oxford: Wiley-Blackwell.

Hartley, J.and Montgomery, L.(2009) 'Fashion as consumer entrepreneurship: Emergent risk culture, social network markets, and the launch of Vogue in China', Chinese Journal of Communication, 2(1): 61-76.

Hartley, J.and Potts, J.(2014) Cultural Science: A Natural History of Stories, Demes, Knowledge and Innovation.London: Bloomsbury Academic.

Hartley, J., Potts, J.and MacDonald, T.with Erkunt, C.and Kufleitner, C.(2012) Creative City Index, Cultural Science, 5(1) whole issue.

Hartley, J., Potts, J., Cunningham, S., Flew, T., Keane, M.and Banks, J.(2013) Key Concepts in Creative Industries.London: Sage Publications.

Hebdige, D.(1979) Subculture: The Meaning of Style.London: Routledge.

Hélie, M.(2012) The Meaning of Emergent Urbanism, After A New Kind of Science.Available at: http://emergenturbanism.com.

Herrmann-Pillath, C.(2010) The Economics of Identity and Creativity: A Cultural Science Approach.St.Lucia: UQP; New Brunswick, NJ: Transaction Press.

Herrmann-Pillath, C.(2013) Foundations of Economic Evolution: A Treatise on the Natural Philosophy of Economics.Cheltenham: Edward Elgar.

Higgs, P., Cunningham, S.and Bakhshi, H.(2008) Beyond the Creative Industries: Mapping the Creative Economy in the United Kingdom.London: Nesta.Available at: http://www.nesta.org.uk/library/documents/beyond-creative-industries-report.pdf。

Hobbes, T.(1651, this edn 1968) Leviathan (C.B.Macpherson, ed.). Harmondsworth: Penguin Books.

Hodgkinson, J.(2004) 'The fanzine discourse over post rock', in A.Bennett and R.Peterson (eds), Music Scenes: Local, Translocal and Virtual.Nashville, TN: Vanderbilt University Press. pp.221-237.

Howard, S., Kjeldskov, J., Skov, M.B., Garnœs, K.and Grünberger, O.(2006) 'Negotiating presence-in-absence: Contact, content and context', CHI 2006, Montréal, Canada: ACM.

Howkins, J. (2001) The Creative Economy: How People Make Money from Ideas. London: Penguin.

Howkins, J. (2009) Creative Ecologies: Where Thinking is a Proper Job. St. Lucia: UQP; New Brunswick, NJ: Transaction Publishers (2010).

Hugo, V. (1831) Notre Dame de Paris. (1917 Harvard Classic Translation). Available at: http://www.bartleby.com/312/.

Hui, D. (2007) 'The creative industries and entrepreneurship in East and Southeast Asia', in C. Henry (ed.), Entrepreneurship in the Creative Industries: An International Perspective. Cheltenham: Edward Elgar. pp.9-29.

Hurford, J. (2007) The Origins of Meaning. Oxford: Oxford University Press.

Hutter, M., Antal, A., Farías, I., Marz, L., Merkel, J., Mützel, S., Oppen, M., Schulte-Römer, N. and Straßheim, H. (2010) Research Program of the Research Unit 'Cultural Sources of Newness'. Berlin: Wissenschaftszentrum Berlin für Sozialforschung (WZB). Available at: http://bibliothek.wzb.eu/pdf/2010/iii10-405.pdf.

Iqani, M. (2012) Consumer Culture and the Media: Magazines in the Public Eye. Basingstoke: Palgrave Macmillan.

Jacobs, J. (1985) Cities and the Wealth of Nations: Principles of Economic Life. New York: Vintage.

Jeffries, A. (2013) 'At Maker Faire New York, the DIY movement pushes into the mainstream'. Available at: http://www.theverge.com/2013/9/23/4760212/maker-faire-new-york-diy-movement-pushes-into-the-mainstream.

Jenkins, H. (2006) Convergence Culture. New York: NYU Press.

Jenkins, H., Ford, S. and Green, J. (2013) Spreadable Media: Creating Value and Meaning in a Networked Culture. New York: NYU Press.

Jin, D.Y. (2012) 'Hallyu 2.0: The new Korean wave in the creative industry', International Institute Journal, 2(1): 3-7. Available at: http://quod.lib.umich.edu/cgi/p/pod/dod-idx/hallyu-20-the-new-korean-wave-in-the-creative-industry.pdf?c=iij;idno=11645653.0002.102.

Jones, S. (ed.) (1998) Doing Internet Research: Critical Issues and Methods for Examining the Net. Thousand Oaks, CA: Sage Publications.

Kauffman, S. (1991) 'Antichaos and adaptation: Biological evolution may have been shaped by more than just natural selection. Computer models suggest that certain complex systems tend toward self-organization', Scientific American, August: 78 - 84.Available at: http://www.santafe.edu/media/workingpapers/91-09-037.pdf.

Kavanaugh, A., Reese, D.D., Carroll, J.M.and Rosson, M.B.(2005) 'Weak ties in networked communities', The Information Society: An International Journal, 21(2): 119-131.

Keane, M.(2007) Created in China: The Great New Leap Forward.London: Routledge.

Keane, M.(2011) China's New Creative Clusters: Governance, Human Capital and Investment.London: Routledge.

Keane, M.and Hartley, J.(eds) (2006) International Journal of Cultural Studies, 9(3) (September), special issue on Creative Industries and Innovation in China.

Kelly, S.(2013) 'Overview: Despite pushback, internet freedom deteriorates', in S.Kelly, M.Truong, M.Earp, L.Reed, A.Shahbaz and A.Greco-Stoner (eds), Freedom on the Net 2013: A Global Assessment of Internet and Digital Media.New York: Freedom House.pp.1-13.

Kelly, S., Truong, M., Earp, M., Reed, L., Shahbaz, A.and Greco-Stoner, A.(eds) (2013) Freedom on the Net 2013: A Global Assessment of Internet and Digital Media.New York: Freedom House.Available at: http://freedomhouse.org/sites/default/files/resources/FOTN%202013_Full%

Kenway, J., Bullen, E., Fahey, J.with Robb, S.(2006) Haunting the Knowledge Economy.London: Routledge.

Kotov, K.and Kull, K.(2011) 'Semiosphere is the relational biosphere', in C.Emmeche and K.Kull (eds), Towards a Semiotic Biology: Life is the Action of Signs.London: Imperial College Press.pp.179-194.

Kwanashie, M., Aremu, A., Okoi, K.and Oladukun, K.(2009) The Impact of Culture and Creative Industries on Nigeria's Economy.Available at: http://www.uis.unesco.org/culture/Documents/nigeria-pilot-research-impact-study-culture-industries.2009.pdf.

LaChapelle, D.(2006) LaChapelle: Artists and Prostitutes.Berlin: Taschen.

Lange, B.and Bürkner, H.(2012) 'Value creation in scene-based music production: The case of electronic club music in Germany', Economic Geography, 89(2): 149-169.

Lanham, R.(2006) The Economy of Attention.Chicago, IL: Chicago University Press.

Lapo, A.(2001) 'Vladimir I.Vernadsky (1863-1945), founder of the biosphere concept', Int.Microbiol., 4(1): 47-49.

Lawler, S.(2008) Identity: Sociological Perspectives.Cambridge: Polity.

Lazzeretti, L., Capone, F.and Seçilmiş, E.(2014) 'Cultural and creative industries in Turkey: A benchmarking with Italy and Spain', paper presented to Regional Studies Association

European Conference, Izmir, Turkey.Available at: htttp: //www.regionalstudies.org/uploads/Luciana_Lazzeretti%C2%B0__Fr.

Leadbeater, C.(1999) Living on Thin Air: The New Economy.London: Viking.

Leadbeater, C.(2006) We Think: Why Mass Creativity is the Next Big Thing.London: Profile Books.

Leadbeater, C.(2010) Cloud Culture: The Future of Global Cultural Relations.London: Counterpoint.

Leadbeater, C.(2014) The Frugal Innovator: Creating Change on a Shoestring Budget.London: Palgrave Macmillan.Leadbeater, C.and Wong, A.(2010) Learning from the Extremes.Available at: http: //www.cisco.com/web/about/citizenship/socio-economic/docs/LearningfromExtremes_WhitePaper.pdf.

Leaver, T.(2012) Artificial Culture: Identity, Technology, and Bodies.London and New York: Routledge.

Lee, R.E.(2010) Knowledge Matters: The Structures of Knowledge and the Crisis of the Modern World-System.St.Lucia: University of Queensland Press; New Brunswick, NJ: Transaction Books (2011).

Lennon, S.and Abdullah, S.(2013) 'Creative industries as a new growth

cluster for Brunei', CSPS Strategy and Policy Journal, 4.

Lessig, L.(2008) Remix: Making Art and Commerce Thrive in the Hybrid Economy.London: Bloomsbury.Available at: http: //www.bloomsburyacademic.com/remix.htm.

Levit, G.(2000) 'The biosphere and the noosphere theories of V.I.Vernadsky and P.Teilhard de Chardin: A methodological essay', Archives Internationales D' Histoire des Sciences, 144(50): 160-176.

Levit, G.(2011) 'Looking at Russian ecology through the biosphere theory', in A.Schwarz and K.Jax(eds), Ecology Revisited: Reflecting on Concepts, Advancing Science.Dordrecht: Springer.

Levy, P.(1997) Collective Intelligence: Mankind's Emerging World in Cyberspace.New York and London: Plenum Trade.

Li, C.and Bernoff, J.(2008) Groundswell: Winning in a World Transformed

by Social Technologies.Cambridge, MA: Harvard Business School Press.

Li, S.(2010) 'The online public space and popular ethos in China', Media Culture and Society, 32(1): 63-83.

Li, W.(2011) How Creativity is Changing China.London: Bloomsbury.

Licoppe, C. (2004) ' "Connected"; presence: The emergence of a new repertoire for managing social relationships in a changing communication technoscape', Environment and Planning D: Society and Space, 22(1): 135-156.

Lipari, L. (2010) 'Listening, thinking, being', Communication Theory, 20(3): 348-362.

Loasby, B. (1999) Knowledge, Institutions and Evolution in Economics. London: Routledge.

Lobato, R. (2010) 'Creative industries and informal economies: Lessons from Nollywood', International Journal of Cultural Studies, 13: 337-354.

Lobato, R. and Thomas, J. (2012) 'The business of anti-piracy: New zones of enterprise in the copyright wars', International Journal of Communication, 6: 606-625.

Lotman, Y. (1990) Universe of the Mind: A Semiotic Theory of Culture. Bloomington, IN: Indiana University Press.

Lotman, Y. (2009) Culture and Explosion. Berlin: Mouton de Gruyter.

Luhmann, N. (1991) 'What is communication' Communication Theory, X: 251-259.

Luhmann, N. (2012) Theory of Society, Vol.1. Stanford, CA: Stanford University Press.

MacNeilage, P. (2008) The Origin of Speech. Oxford: Oxford University Press.

Macpherson, C.B. (1962) The Political Theory of Possessive Individualism: Hobbes to Locke. Oxford: Oxford University Press.

Malbon, B. (1999) Clubbing: Dancing, Ecstasy and Vitality. London: Routledge.

Mandelker, A. (1995) 'Logosphere and semiosphere: Bakhtin, Russian organicism, and the semiotics of culture', in A. Mandelker (ed.), Bakhtin in Contexts: Across the Disciplines. Evanston, IL: Northwestern University Press. pp.177-190.

Martinez, S. (n.d.) Gaming, Film and Digital Animation: Mexico's Creative Industry's Climb to Recognition. Available at: www.nearshoreamericas.com/wp-content/uploads/whitepappers/developing-nations-contributed-43x100-of-total-world-trade-creative-industries-2008.pdf.

Marwick, A. and boyd, d. (2011) 'I tweet honestly, I tweet passionately: Twitter users, context collapse, and the imagined audience', New Media and Society, 13(1): 114-133.

Maxwell, R. and Miller, T. (2011) 'Eco-ethical electronic consumption in the smart-design economy', in T. Lewis and E. Potter (eds), Ethical Consumption: A Critical Introduction. London: Routledge. pp.141-155.

Maxwell, R. and Miller, T. (2012) Greening the Media. New York and Oxford: Oxford University Press.

Mayer, V. (2014) 'Creative work is still work', Creative Industries Journal, 7

(1): 59-61.

Mazzucato, M. (2013) The Entrepreneurial State: Debunking Public vs.Private Sector Myths. London and New York: Anthem Press.

McCloskey, D. (2010) Bourgeois Dignity: Why Economics Can't Explain the Modern World. Chicago, IL: University of Chicago Press.

McGuigan, J. (2010) Cultural Analysis.London: Sage.

McKay, G. (ed.) (1998) DiY Culture: Party and Protest in Nineties Britain.London: Verso.

Mesoudi, A. (2007) 'A Darwinian theory of cultural evolution can promote an evolutionary synthesis for the social sciences', Biological Theory, 2 (3): 263-275.

Metcalfe, J.S. (2008) Restless Capitalism—The Evolutionary Nature of Competition.Princeton, NJ: Princeton University Press.

Metcalfe, J.S. (n.d.) Restless Capitalism: Increasing Growth and Returns in Enterprise Economies.Manchester: CRIC.Available at: www.cric.ac.uk/cric/staff/J_Stan_Metcalfe/pdfs/restcapit. pdf.

Metcalfe, J.S.and Ramlogan, R. (2005) 'Limits to the economy of knowledge and knowledge of the economy', Futures, 37 (7): 655-674.

Miller, T. (2004) 'A view from a fossil: The new economy, creativity and consumption – two or three things I don't believe in', International Journal of Cultural Studies, 7 (1): 55-65.

Minter, A. (2013) Junkyard Planet: Travels in the Billion-Dollar Trash Trade.London: Bloomsbury.

Mokyr, J. (2009) The Enlightened Economy.An Economic History of Britain 1700-1850.New Haven, CT: Yale University Press.

Montgomery, L. (2010) China's Creative Industries: Copyright, Social Network Markets and the Business of Culture in a Digital Age.Cheltenham: Edward Elgar.

Morozov, E. (2011) The Net Delusion: How Not to Liberate The World.New York: Public Affairs (Perseus); London: Allen Lane.

Morozov, E. (2013) To Save Everything, Click Here: The Folly of Technological Solutionism. New York: PublicAffairs/Perseus Books.

Neuwirth, R. (2011) Stealth of Nations: The Global Rise of the Informal Economy.New York: Pantheon.

O'Connor, J. (2005) 'Cities, culture and "transitional economies": Developing cultural industries in St.Petersburg', in J.Hartley (ed.), Creative Industries.Malden, MA and Oxford:

Wiley-Blackwell.pp.244-258.

O'Connor J.(2010) The Cultural and Creative Industries: A Literature Review (2nd edn). Newcastle-upon-Tyne: Creativity, Culture and Education (CCE) Series.

Ong, W.(2012) Orality and Literacy.30th Anniversary Edition with New Chapters by John Hartley.London: Routledge.

Ormerod, P.(2007) Why Most Things Fail: Evolution, Extinction and Economics.London: Wiley.

Packard, V.(1960) The Waste Makers.New York: David McKay Co.

Pagel, M.(2012a) Wired for Culture: The Natural History of Human Cooperation.London: Allen Lane.

Pagel, M.(2012b) 'The culture bandwagon', New Humanist.Archived at: http://www.eurozine.com/articles/2012-02-21-pagel-en.html.

Papacharissi, Z.(ed.)(2010) A Networked Self: Identity, Community, and Culture on Social Network Sites.New York: Routledge.

Piketty, T.(2014) Capital in the Twenty-First Century.Cambridge, MA: Belknap/ Harvard University Press.

Popper, K.(2002) The Logic of Scientific Discovery.London: Routledge.

Postman, N.(1985) Amusing Ourselves to Death: Public Discourse in the Age of Show Business.New York: Penguin.

Potts, J.(n.d.) 'Art and innovation: An evolutionary economic view of the creative industries', UNESCO Observatory (University of Melbourne Faculty of Architecture refereed e-journal). Available at: http://education.unimelb.edu.au/__data/assets/pdf_file/0017/1105721/art-innovation.pdf.

Potts, J.(2008) 'Creative industries & cultural science: A definitional odyssey', Cultural Science Journal 1(1).Available at: http://cultural-science.org/journal/index.php/culturalscience/article/view/6/15.

Potts, J.(2009) 'Do developing economies require creative industries? Some old theory about new China', Chinese Journal of Communication, 2(1): 92-108.

Potts, J.(2010) 'Can behavioural biases in choice under novelty explain innovation failures?', Prometheus, 28 (2): 133-148.

Potts, J.(2011) Creative Industries and Economic Evolution.Cheltenham: Edward Elgar.

Potts, J.and Cunningham, S.(2008) 'Four models of the creative industries', Cultural Science

Publications.Available at: http://cultural-science.org/FeastPapers2008/StuartCunninghamBp.pdf.

Potts, J., Cunningham, S., Hartley, J.and Ormerod, P.(2008) 'Social network markets: A new definition of the creative industries', Journal of Cultural Economics, 32(3): 167-185.

Potts, J.and Montgomery, L.(2009) 'Does weaker copyright mean stronger creative industries? Some lessons from China', Creative Industries Journal, 1(3): 245-261.

Prince, R.(2010) 'Globalising the creative industries concept: Travelling policy and transnational policy communities', Journal of Arts Management, Law and Society, 40: 119-139.

Puckett, J.et al.(2002) Exporting Harm: The High-Tech Trashing of Asia.Basel: The Basel Action Network (BAN); Seattle, WA: Silicon Valley Toxics Coalition (SVTC).

Radjou, N., Prabhu, J.and Ahuja, S.(2012) Jugaad Innovation: Think Frugal, Be Flexible, Generate Breakthrough Growth.San Francisco, CA: Jossey-Bass.

Redmond, S.(2010) 'Avatar Obama in the age of liquid celebrity', Celebrity Studies, 1(1): 81-95.

Richerson, P.and Boyd, R.(2005) Not By Genes Alone: How Culture Transformed Human Evolution.Chicago, IL: Chicago UP.

Roodhouse, S.(2010) Cultural Quarters: Principles and Practice.Bristol: Intellect Publishers.

Ross, A.(2007) 'Nice work if you can get it: The mercurial career of creative industries policy', in G.Lovink (ed.), My Creativity Reader: A Critique of Creative Industries.Amsterdam: Institute of Network Cultures.pp.17-40.

Runciman, W.G.(2009) The Theory of Cultural and Social Selection.Cambridge: Cambridge University Press.

Ruutu, K., Panfilo, A.and Karhunen, P.(2009) Cultural Industries in Russia: Northern Dimension Partnership for Culture.Copenhagen: Nordic Council of Ministers, TemaNord Publications, 590.

Saefullah, H.(2011) The Silenced Protest: Punk and Democratisation in Indonesia, unpublished working paper.

Sahlins, M.(1974) Stone Age Economics.New York: Aldine de Gruyter (Reissued 2011 by Routledge).

Sahlins, M.(1976) Culture and Practical Reason.Chicago: University of Chicago Press.

Samson, R.and Pitt, D.(1998) The Biosphere and Noosphere Reader: Global Environment, Society and Change, with a Foreword by Mikhail Gorbachev.London: Routledge.

Sawyer, K.(2005) Social Emergence: Societies as Complex Systems.Cambridge: Cambridge

University Press.

Schlesinger, P. (2009) 'Creativity and the experts: New labour, think tanks, and the policy process', International Journal of Press-Politics 14 (1): 3-20.

Schumpeter, J. (1942) Capitalism, Socialism, and Democracy. New York: Harper & Brothers.

Senft, T. (2008) Camgirls: Celebrity and Community in the Age of Social Networks. New York: Lang.

Sennett, R. (2012) Together: The Rituals, Pleasures, and Politics of Cooperation. New Haven, CT: Yale University Press.

Shirky, C. (2008) Here Comes Everybody. London: Allen Lane.

Silver, D., Clark, T. and Rothfield, L. (2005) A Theory of Scenes, unpublished manuscript, University of Chicago. Available at: http://cas.uchicago.edu/workshops/money/PDF/Clark Silver Rothfield2005 A Theory of Scenes.

Simatupang, T., Rustiadi, S. and Situmorang, D. (2012) 'Enhancing the competitiveness of the creative services sectors in Indonesia', in T. Tullao and H. Lim (eds), Developing ASEAN Economic Community (AEC) into A Global Services Hub. ERIA Research Project Report 2011-1, Jakarta: ERIA. pp.173-270.

Spigel, L. (1992) Make Room for TV: Television and the Family Ideal in Postwar America. Chicago, IL: University of Chicago Press.

State Council, PRC (2006) National 11th Five Year Plan for Cultural Development. Beijing: State Council, PRC.

State Council, PRC (2014) Suggestions on Promoting the Development of International Cultural Commerce. Beijing: State Council, PRC.

Stockwell, F. (2000) A History of Information Storage and Retrieval. Jefferson, NC: McFarland & Co.

Straw, W. (1991) 'Systems of articulation, logics of change: Communities and scenes in popular music', Cultural Studies, 5 (3): 368-388.

Straw, W. (2001) 'Scenes and sensibilities', Public, 22/23: 245-257.

Sullins, L.L. (2006) ' "Phishing"; for a solution: Domestic and international approaches to decreasing online identity theft', Emory International Law Review, 20 (2): 397-434. Available at: http://bit.ly/hrHTfK.

Taylor, T.D. (2005) 'Book review of A. Bennett and R.A. Peterson (Eds.), Music Scenes: Local, Translocal, and Virtual', Notes, 61 (4): 1026-1028.

Throsby, D.(2010) The Economics of Cultural Policy.Cambridge: Cambridge University Press.

Tomaselli, K.and Mboti, N.(2013) 'Film Cities, Film Futures: Political Economy of Production, Distribution, Exhibition', paper presented at Archaeology of the Future conference, Bayreuth University, Germany, January.Available at: http://ccms.ukzn.ac.za/files/articles/African_cinema/film%20cities%2018%.

Towse, R.(2014) Advanced Introduction to Cultural Economics.Cheltenham: Edward Elgar.

Turkle, S.(1997) Life on the Screen: Identity in the Age of the Internet.New York: Touchstone.

UKTI(2011) UK Creative Industries in India: A Guide to Architecture, Design and Digital Content.UK: Trade and Industry Department.Available at: http://bis.ecgroup.net/Publications/UKTradeInvestment/SectorReports/1111.

UNCTAD(2008) Creative Economy Report 2008: The Challenge of Assessing the Creative Economy Towards Informed Policy-making.Available at: http://www.unctad.org/creative-economy.

UNCTAD/UNDP(2010) Creative Economy Report 2010.Available at: http://unctad.org/en/pages/PublicationArchive.aspx?publicationid=946.

UN/UNDP/UNESCO(2013) Creative Economy Report 2013 Special Edition: Widening Local Development Pathways.Available at: http://www.unesco.org/new/en/culture/themes/creativity/creative-economy-report-2013-special-edition/.

Vaidhyanathan, S.(2005) The Anarchist in the Library: How the Clash Between Freedom and Control is Hacking the Real World and Crashing the System.New York: Basic Books.

Veblen, T.(1898) 'Why is economics not an evolutionary science?', Quarterly Journal of Economics, 12.Available at: http://socserv.mcmaster.ca/econ/ugcm/3ll3/veblen/econevol.txt.

Veblen, T.(1899) The Theory of the Leisure Class: An Economic Study of Institutions.Available at: http://www.gutenberg.org/files/833/833-h/833-h.htm.

Vernadsky, V.(1938) 'Scientific thought as a planetary phenomenon' [extracts], trans.and introduced by W.Jones, 21st Century, Spring-Summer 2012.Available at: www.21stcenturysciencetech.com/Articles_2012/Spring-Summer_2012/04_Biospere_Noosphere.pdf.

Vernadsky, V.I.(1943) 'Some words about the noösphere', 21st Century, Spring 2005: 16-21. Available at: https://www.21stcenturysciencetech.com/translations/The_Noosphere.pdf.

Wang, F., Kuehr, R., Ahlquist, D.and Li, J.(2013) E-Waste in China: A Country Report, United Nations University Institute for Sustainability and Peace.Available at: http://collections.unu.edu/eserv/UNU:1624/ewaste-in-china.pdf.

Wang, W.J., Yuan, Y.and Archer, N.(2006) 'A contextual framework for combating identity theft', Security & Privacy, IEEE 4(2): 30-38.

Wang, Y.Z.(2007) 'Cultural industries' and 'Creative industries', in X.M.H.Zhang et al.(eds), Development of Cultural Industries in China 2007.Beijing: Social Science Academic Press. pp.40-45.

Warner, M.(2002) 'Publics and counterpublics', Quarterly Journal of Speech, 88(4): 413-425.Available at: http://knowledgepublic.pbworks.com/f/warnerPubCounterP.pdf.

Whitson, J.R.and Haggerty, K.D.(2008) 'Identity theft and the care of the virtual self', Economy and Society, 37(4): 572-594.

Williams, J.P.(2006) 'Authentic identities: Straightedge subculture, music, and the internet', Journal of Contemporary Ethnography, 35(2): 173-200.

Wilson, E.O.(1998) Consilience: The Unity of Knowledge.New York: Vintage Books.

Winnicott, D.W.(1971) Playing and Reality.London: Tavistock Publications.

Yoshimoto, M(2003) 'The status of creative industries in Japan and policy recommendations for their promotion', NLI Research.Available at: www.nli-research.co.jp/english/socioeconomics/2003/li031202.pdf.

Yousafzai, M.with Lamb, C.(2013) I Am Malala.The Girl Who Stood Up for Education and was Shot by the Taliban.London: Weidenfeld & Nicolson.

Zappavigna, M.(2011) 'Ambient affiliation: A linguistic perspective on Twitter', New Media and Society, 13: 788-806.

Zittrain, J.(2008) The Future of the Internet: And How to Stop It.New Haven, CT: Yale University Press; London: Penguin.Available at: http://futureoftheinternet.org/.